イリヤ・ソミン 著
森村 進 訳

民主主義と政治的無知

小さな政府の方が賢い理由

Ilya Somin   DEMOCRACY
AND
POLITICAL
IGNORANCE

Why Smaller Government Is
Smarter

信山社

わが祖父母
今はともに亡き Ben Somin と Pauline Somin
および
Basya Firun と Nathan Firun
に捧げる

Democracy and Political Ignorance: Why Smaller Government Is Smarter
by Ilya Somin.
Copyright © 2013 by the Board of Trustees of
the Leland Stanford Junior University.
All rights reserved.
This translation is published by arrangement with
Stanford University Press, www.sup.org
through Tuttle-Mori Agency, Inc., Tokyo

日本語版への序文

　私が最初『民主主義と政治的無知』を書き始めた時、この本が外国語に訳されることになるとは思ってもみませんでした。本書の中のデータと歴史的実例の大部分は合衆国から来ていますし、私が依拠したり応答したりした学術文献の多くもアメリカに焦点を当てています。

　しかし政治的無知という問題は合衆国特有のものではなく、かなりの程度まで、現代のあらゆる民主政を悩ませているものです。その理由から、本書とそれが取り上げる争点とが他の国々でも関心を集めることは私にとって幸いです。この日本語版は二番目の翻訳になります。イタリア語版が少し前に出版される予定です。

　私は日本の政治について特別の知見を持っているわけではありません。私よりも日本の読者の皆さんの方が、私の分析が日本にとって持つ意義をよりよく判断できるでしょう。それでも、『民主主義と政治的無知』が日本、さらに合衆国以外の国々一般でどのような意義をもちうるかについて、簡単に述べたいと思います。

　第一に、そして明らかに、入手可能な証拠が示唆するところでは、多くの民主政もまた広範な政治的無知に苦しんでいます。

　英国の世論調査会社 Ipsos MORI の最近の調査は、それが調査した14の民主主義国（日本と合衆国を含む）のすべてにおいて広範な政治的無知を見出しました[1]。それらの国々すべての回答者は、自国の失業率をはなはだしく過大評価するとか、殺人の率が下降ではなく上昇していると誤って信ずるとか、人口中の移民とムスリムの割合を過大視するといった誤りを犯しました。

　これらの誤りの多くは政治的な結果をもたらします。経済的争点がいつも投票者の優先順位の上位にあることを考えれば、経済に関する不当な悲観論は明らかに重大です。人口中の移民とムスリムの過大視は、外国文化に「飲み込まれる」という誇張された恐怖を助長し、移民規制への公衆の支持を強化するで

しょう。そのような規制は，移民になりうる人々（彼らは一層豊かで自由な社会で新しい生活を始める機会を失います）にも自国民（彼らは移民の労働と企業家がもたらす経済的利益を失います）にも大きな害を与える可能性があります。犯罪率に関する不正確な認識もまた，過酷な法執行への支持を増加させて，世論に重大な影響を与えます。

政治的無知の決定的な国際比較は困難ですが，その理由は，部分的には政治システムの構造が異なるということにあります。たとえばアメリカの大統領制の統治システムと日本の議院内閣制では，有権者にとって有益でありうる知識のタイプは常に同じではないでしょう。それでも，Ipsos MORI の調査がカバーしたすべての国々において，広範な政治的無知が存在しました。

それらの国々の間の類似性は相違よりも顕著です。すべての国が知識の一般的な低いレベルを示しています。最高の成績を示すスウェーデンでさえ，回答者は失業率（回答者は実際よりも3倍多いように考える）と移民（回答者は45パーセント過大に見積もる）といった政治的に重要な事実について，平均的に大きく間違っています[2]。

日本における政治的知識に関する調査はアメリカやいくつかのヨーロッパの国々ほど広範ではありませんが，入手できる証拠が示唆するところでは，政治的無知は日本でも重大な問題です。日本人は，自国が平均すると Ipsos MORI 調査で14か国中3位を占め，13位の合衆国よりもはるかに上位にあるという事実にいくらか安堵することができます[3]。しかしそれでも平均的な日本の回答者は，失業率を大幅に過大評価し，殺人の割合が減少ではなく増加していると誤って信じ，人口中の移民の割合を実際よりも5倍多いと信じています[4]。さらに，質問の取り方によって国々の順序は別になるでしょう。

これまで入手できるデータは限られていますが，それも投票者の無知が日本で問題になりうるということを示唆しています。たとえば2005年の調査によれば，中央政府の官僚が公共政策に巨大な力をもっているにもかかわらず，日本人の約3分の2は政府の14の省の名前を半分もあげられませんでした[5]。同じ調査によれば，大部分の日本人は自分の選挙区の国会議員立候補者についてもほとんど知識をもっていません[6]。

これらやその他の調査は，政治的無知の問題はどこかの国だけに限られるわ

けではないということを示しています。このことは本書の主要な論点の一つを強化します。──政治的無知は大部分，選挙の結果に影響を及ぼす確率が小さいことから来る投票者の合理的行動の結果だ，ということです[7]。政治的無知は一次的には，ある国に特有の政府の政策や文化的要因の結果ではないようなのです。

合衆国と同じように日本でも，政治的無知という問題は現代の政府の巨大さと範囲と複雑性によって悪化しています。OECDによると，2013年の日本の政府支出は国内総生産の42.3パーセントで[8]，この数字は合衆国の39パーセント[9]よりもまだ高いものです。またどちらの国でも，政府は予算データに十分含まれていない多くの活動にも従事しています。

問題は単に政府が多額の金を支出したくさんの規制をしているというだけでなく，支出と規制が多種多様な争点──老齢年金から便器まであらゆるもの──をカバーしている，ということです。かりにアメリカと日本の投票者が実際よりも多くの情報を持っているとしても，彼らが監視できるのは現代の政府の多くの機能のうちのわずかな部分でしかありません。

合衆国とその他の諸国が政治的無知について同じような問題を抱えているとすれば，可能な解決策も似ているということはありそうです。日本も合衆国も複数の政府のレベルを持っているので，そこから投票箱の代わりに「足による投票」で一層多くの決定をすることによって政治的無知の問題に対処するという可能性が開かれます。本書の第5章で論じたように，大部分の人々は，選挙で誰に投票するかを決めるときよりも自分がどの都市あるいは地方に住むかを決めるときの方が，必要な情報をずっとうまく獲得し，それを評価しています。

政治権力を地方あるいはローカルな権力へと分権化することによって，市民が一層広い争点について「自分の足で投票する」ことができるようになります。ヘルスケア政策，教育政策，労働政策といった問題が地方政府によって決定されれば，市民は自分の住所を決めることによって政策を選べます。またそうすれば全体として，市民は全国を支配する中央政府を選ぶ投票者としてよりも，同一の争点について，よりよい情報に基づいて決定することができるでしょう。

歴史的には，日本は合衆国や他の多くの民主主義国よりも中央集権的な政治システムを持ってきました。学者を含む多くの人々は，日本やその他の相対的

に同質的な国々は連邦制などの分権的政治形態を必要としない，なぜなら分断された社会においてそれを必要とするような民族的分裂がないからだ，と信じています。

日本にもいくつかの民族的マイノリティは存在しますが，この点では合衆国や多くのヨーロッパの国々ほど多様でないということは本当です。しかし「足による投票」が有する情報面の長所は，相対的に同質的な国々も政治的分権化から利益を受けられる，ということを示唆します。実際，本書の第5章で述べたように，「足による投票」は分断された国家よりも民族・言語の点で同質的な国家における方が一層効果的だ，ということもありえます。前者の国家においては，移動しようとする人は，ある地方で支配的な言語や文化が自分自身のものと違うために，その相違さえ存在しなければ選ぶであろう当該地方への移動の可能性が狭められる，ということがあるからです。

「足による投票」が連邦制において持つ情報面の長所は，民間セクターにおける決定にもあてはまります。平均的なアメリカ人と同じように，平均的な日本人も，一番重要な選挙で投票する時よりもどのテレビを買うか選ぶ時の方が，情報の獲得と考慮に一層多くの時間と努力を費やすでしょう。アメリカ人も日本人も，テレビを買うときの決定は結果に相違をもたらしそうである一方，投票の決定が結果に相違をもたらす確率はほとんど無に等しいということを理解しているのです。

本書の主要な論点は，われわれの決定のもっと多くが，われわれがもっと情報を持つような動機を持つ状況でなされるべきだ，というものです。われわれは大統領や議員を選ぶ時のような無知な仕方よりも，テレビを買うときのような相対的に注意深い仕方で，より多くの決定を行うべきです。

政府権力の最善の範囲と集権化の程度は，日本と合衆国では違っているでしょう。政治的無知の問題だけが，社会における政府の適切な構造を決める際に考慮されるべき唯一の要素ではありません。それ以外に考慮されるべき要素も，しばしば部分的には，国ごとに異なる諸条件に依存しているでしょう。

『民主主義と政治的無知』は，社会の中の政府の役割についてあらゆる時代のあらゆる国々にあてはまる完全な理論を提出するものではありません。しかしともかく本書は，政府の役割がもっと限定され，もっと分権化されるべきだ，

ということを示唆しています。もし皆さんが本書を読んでその分析のすべてに同意するとしても，政府の適正な役割に関する皆さんの選択は私の選択と大きく異なるかもしれません。それでもその際に皆さんが支持する国家は，政治的無知が深刻な問題でない世界において皆さんが選ぶであろう国家よりも，小さくて分権化されたものになるはずです。

イリヤ・ソミン

注

1 ）Ipsos MORI, "Perceptions are Not Reality: Things the World Gets Wrong," Oct. 29, 2014, available at https://www.ipsos-mori.com/researchpublications/researcharchive/3466/Perceptions-are-not-reality-Things-the-world-gets-wrong.aspx
2 ）Ibid.
3 ）さらに成績がよかった2つの国はドイツとスウェーデン。Ibid.
4 ）Ibid. 殺人率に関する日本の調査回答者のデータは公表されていないが，Ipsos MORI が私に教えてくれた。彼らの調査では，日本人の42パーセントが日本の殺人の率が増大していると信じていて，それが減少していると正しく述べた人は29パーセントにすぎなかった。
5 ）Ken'ichi Ikeda and Sean Richey, *Social Networks and Japanese Democracy: The Beneficial Impact of Interpersonal Communication in East Asia*, (London: Routledge, 2012), 72, 131. 平均として，回答者があげられたのは14の省のうち5.7だった。Ibid., 131.
6 ）候補者に関する平均的知識は，16点満点の5.1だった。Ibid., 131.
7 ）特に第3章を見よ。
8 ）OECD Economic Surveys: Japan 2015, available at http://www.keepeek.com/Digital-Asset-Management/oecd/economics/oecd-economic-surveys-japan-2015_eco_surveys-jpn-2015-
9 ）OECD Economic Surveys: United States 2014, available at http://www.keepeek.com/Digital-Asset-Management/oecd/economics/oecd-economic-surveys-united-states-2014_eco_surveys-usa-2014.

謝　辞

　書物の著者は返すことが難しい数多くの負債を持つことになる。
　ジョージメイソン大学とペンシルヴァニア大学ロースクールでのすぐれた調査協力について，私は Eva Choi, Susan Courtwright-Rodriguez, Ryan Facer, Bryan Fields, Matthew Hart, Marisa Maleck, Haidee Schwartz に感謝する。
　私は原稿のかなりの部分を読んでコメントして下さった何人かの学者に多くを負う。それは Bryan Caplan, Jeffrey Friedman, Heather Gerken, Guido Pincione, David Schleicher, そして二人の匿名の審査者である。私はまた，原稿の特定の部分あるいはその基になった初期の仕事に明確な示唆を与えて下さった他の同僚にも感謝する。それは Peter Boettke, Roderick Hills, Sanford Levinson, Mark Pennington, Donald Wittman である。
　本書の一部の初期の原稿を次のところで行った際に有益なコメントを下さった多くの学者と学生にも感謝する。その場所は，ニューヨーク大学経済学部，ニューヨーク大学ロースクール，ノースウェスタン大学ロースクール，ジョージメイソン大学経済学部，ジョージメイソン大学ロースクール・レヴィ・セミナー，IVR 法哲学国際学会，カリフォルニア大学サンタクルーズ校経済学部，アテネ大学，ブエノスアイレスのトルクアート・ディ・テッラ大学法学部，韓国制度経済学学会，ケイトー研究所，リバティ・ファンド，ハンブルク大学〈法と経済学〉研究所である。
　スタンフォード大学出版局の Michelle Lipinski は，原稿のすばらしい編集作業のために特別の感謝に値する。同じ出版局の Frances Malcolm は出版原稿の用意にあたって助けになってくれた。私はまたスタンフォード大学出版局の校正者たちの測り知れない努力にも感謝したい。
　Colin Hall は本書の最終的な副題「小さな政府の方が賢い理由」を示唆してくれたために感謝に値する。私の求めに応じていろいろな副題を示唆していただいた他の多くの友人と同僚にも感謝しなければならない。

謝　辞

　ジョージメイソン大学ロースクールでは，研究のためにこれほど助けになる環境を提供していただいている件で Daniel Polsby 学科長と他の同僚に，また資金援助の件で〈法と経済学〉センターに感謝する。私の助手の Katherine Hickey は本書に関するさまざまの事務的問題に対処するにあたってこの上なく有能だった。

　以前の論文の内容の一部を利用する許可を私に下さった出版社をあげなければならない。第1, 2, 6章の一部は私の論文 "Political Ignorance and the Countermajoritarian Difficulty: A New Perspective on the 'Central Obsession' of Constitutional Theory," *Iowa Law Review* 87 (2004): 1287–1371 を用いている。第1, 2, 4章は "When Ignorance Isn't Bliss: How Political Ignorance Threatens Democracy," Cato Institute Policy Analysis No. 525 (2004) から内容を借りている。第3, 4章の内容の一部は "Voter Ignorance and the Democratic Ideal," *Critical Review* 12 (1998): 413–58 から来ており，また "Knowledge About Ignorance: New Directions in the Study of Political Information," *Critical Review* 18 (2006): 255–78 は第3章のために役立った。第5章を展開させる際には，"Foot Voting, Political Ignorance, and Constitutional Design," *Social Philosophy and Policy* 28 (2011): 202–227 に加えて，ニューヨーク大学出版会から刊行予定の *Nomos* 所収の近刊論文 "Foot Voting, Federalism, and Political Freedom" を利用した。

　私の最大の負債は妻の Alison に対するものである。彼女は思慮深い助言と激励を与えるとともに，私が本書執筆のため彼女にかけたあらゆる苦労に耐えてくれた。

　最後に，しかし最小でなく，われわれのゴールデン・レトリバーの Willow は賞賛に値する。私が本書にかかりきりになっているために，われわれとの生活の最初の一年間，彼女が当然受けるべき注意を私は与えられなかったのだが，彼女はそのことを理解してくれた。レトリバー犬はしばしば人間よりも合理的で，おそらくは一層知識を持ってさえいるのだ。

目　次

日本語版への序文
謝　辞

序　論 …………………………………………………………… 1
政治的無知はなぜ重大なのか　2
政治的知識を定義する　9
本書の見取り図　13

第1章　政治的無知の程度 ……………………………………… 17
無知の遍在　17
政治的無知の最近の証拠　21
含　意　37

第2章　有権者は十分知っているか？ ………………………… 39
知識のレベルは民主政理論の要求を満たすか？　41
有権者は知りすぎているということがありうるか？　55
知識マークに達しない　62

第3章　政治的無知の合理性 …………………………………… 64
政治的無知が合理的であるのはなぜか　65
非論理的情報利用の合理性　80
合理的無知と政治的関心の役割　85
無知，不合理性，だまされやすさ　87
頭はよいが無知な公衆　91

ix

目　次

第4章　ショートカットの欠点 …………………………………… 93
　　日常生活から得る情報　94
　　政　党　97
　　オピニオン・リーダーからの合図　101
　　回顧的投票　103
　　争点の公衆　109
　　「オンライン」情報処理　111
　　「集計の奇跡」　114
　　ショートカットでは不足だ　122

第5章　足による投票　対　投票箱による投票 …………………… 123
　　足による投票の情報上の利点　125
　　逆境における足による投票の力　133
　　　　──ジム・クロウ時代の南部におけるアフリカ系アメリカ人
　　民間セクターにおける足による投票　139
　　足による投票と，民間で計画されたコミュニティ　142
　　政治的無知と政府の規模　144
　　足による投票が持ちうるいくつかの欠点　148
　　憲法の設計にとっての含意　154
　　足による投票を支持する論拠　156

第6章　政治的無知と司法審査 …………………………………… 159
　　広範な無知の存在が反多数決主義の難問にとって持つ含意　160
　　政治的無知と代表の補強　166
　　代表補強論へのいくつかの警告　168
　　足による投票と連邦制問題の司法審査　169
　　結　論　173

目　次

第7章　有権者の知識を向上させられるか？ ……………………… 174
　　　教育を通じた政治的知識の向上　175
　　　熟議の日の提案　181
　　　選挙権の制限　185
　　　専門家に権力を委ねる　187
　　　メディア改革　189
　　　有権者の学習に対して金を払う　193
　　　政治的知識の向上のための限られた展望　194

結　論 ………………………………………………………………… 196
　　　公共政策への含意　198
　　　民主的参加の諸理論への含意　202
　　　民主政の未来　203

補　遺　205

注　207

　　　訳者あとがき
　　　索　引

凡　例

1．本書は Ilya Somin, *Democracy and Political Ignorance: Why Smaller Government Is Smarter*,（Stanford, Calif., Stanford University Press, 2013）の全訳である。

2．原著の引用符は「　」で示した。

3．原著のイタリックの部分はゴチック体とした。なお書名は『　』で示した。

4．［　］内は訳者による注である。

5．索引は，原著巻末のものをベースとしながら，訳者が新たに作成した。

序　論

　　民衆が情報あるいは情報獲得手段を持たない民衆統治は，笑劇か悲劇，あるいはその両方のプロローグにすぎない。知識は永遠に無知を統治するだろう。そして自分自身の統治者であろうとする民衆は，知識が与える権力によって必ず武装しなければならない。
　　——ジェイムズ・マディソン[1]

　アメリカにおいて政治に関する民衆の無知が広範だということを示唆する証拠は多い。重要な 2010 年の議会選挙で最大の争点は経済だったが，民衆の 3 分の 2 は前の年の間に経済が成長したのか縮小したのか知らなかった[2]。その選挙の終わった後，アメリカ人の過半数が，共和党が下院を支配したが上院は支配しなかったということを知らなかった[3]。
　バラク・オバマ大統領が 2009 年に就任した時，オバマ政権と民主党が支配する議会は特にヘルスケアと環境政策を野心的なアジェンダとして追求した。メディアは両方の問題を広範にカバーした。それでも 2009 年 9 月の調査が示したところによれば，アメリカ人のうちオバマ政権のヘルスケア・プランを理解していると信じるのは 37 パーセントにすぎなかったが，この数字でも知識の真のレベルの過大評価だろう[4]。2009 年 5 月の調査が示したところでは，アメリカ人のうち，地球温暖化に対する努力として下院が最近通過させたばかりの重要な「キャップ・アンド・トレード」［排出量の上限を定めてそれによる差分を取引する方法］政策が「環境問題」に対応するものだと認識していたのは 24 パーセントにすぎなかった[5]。約 46 パーセントが，それは「ヘルスケア改革」か「ウォールストリートのための規制改革」だと考えていた[6]。重要な政策提案を評価するためには，それがいかなる争点に対する対策であるか

を知る必要がある。2003年に，アメリカ人の約70パーセントはジョージ・W・ブッシュ大統領が最近メディケア処方薬法案を通過させたことを知らなかったが，それは最近数十年間における最大の政府プログラムだった[7]。

それほどの無知が存在するというだけでは，われわれの政治システムに何か間違いがあるということにはならない。これらの調査結果は何らかの仕方で代表的でないのかもしれない。いずれにせよ，有権者は知識をたくさん必要としないもしれない。それでも，これらの例や類似の例は少なくとも心配すべき原因になる。もし公衆が本当にしばしば無知ならば，われわれは重大な問題を抱えているのかもしれない。

政治的無知はなぜ重大なのか

デモクラシーは民衆による支配である。元来のギリシア語の**デモクラシー**という言葉はまさにそれを意味する。つまり，一般の人々を意味するギリシア語「デモス」による支配である。政府の日々の仕事は選挙で選ばれた役人が行うかもしれないが，それらのリーダーも究極的には民衆に責任を負っている。もし彼らが有権者の利益に奉仕することを怠るならば，われわれは「奴らをほうり出し」，もっとうまくやってくれそうな「奴ら」を選ぶことができる。このようにして，民主的プロセスはアブラハム・リンカーンの言った「民衆の，民衆による，民衆のための統治」[8]をわれわれが得られるように確保してくれる，と考えられている。このシステム全体の鍵になるのが，選挙された公務員が有権者に対して負う説明責任だ。

政治理論家の中には民衆による政府の支配をそれ自体のために評価する人がいる[9]。別の理論家たちは，第一には道具的な理由のためにそれを評価している[10]。だがいずれにせよ，説明責任は中核的な部分にある。しかし民主的な説明責任が効果を持つためには，有権者が少なくともいくらかの政治的知識を持っていなければならない。政府がしていることを有権者が知らなかったら，政府の役人にその行動について説明責任を取らせることは一般的に不可能だ。そしてまた候補者たちの政策とそれらがもたらしそうな効果について有権者が少なくともいくらか理解していなければ，有権者はどの候補の提案が公の利益に

なるかを知ることができない。

　どの公務員がどの論点について責任を負うのかを有権者が知らないときにも，説明責任は実現困難だ。公立学校がうまくいっていないとき，有権者が責任を問うべき対象は，地方政府か，州政府か，連邦政府か，それともその三つのすべてか？　経済の不況に責任を負うべき公務員がもしいるとしたら，それは誰か？〈テロに対する戦争〉の行動における間違いは大統領だけの責任か，それとも議会もその責めの一部を負うのか？　これらの問題に答えるためには，少なくともいくらかの政治的知識が必要だ。

　たとえ有権者が個人としては政治的説明責任に関心を持たなかったり，政府のパフォーマンスを気にしていなかったりしても，彼は自分の同胞市民のためにもっと知識を持っているべき責任を負っているかもしれない。結局のところ，次の選挙の勝者たちが，その有権者だけでなく，彼の社会に住む人々すべてを統治するのだから。一票を投ずるということは，有権者だけにしか関係しない純粋に個人的な選択なのではない。それが選挙の結果に影響するという場合は確かにあまりありそうもないが，そういう場合には他の何千人，何百万人もの人々の生活にも影響する。公共政策の性質について個人的には関心のない市民も，自分が投票の意図を持っているならば，もっと情報を持つべき道徳的義務を感ずべきだろう[11]。

　明らかに，有権者は民主政を機能させるために少なくともいくらかの政治的知識を持つ必要がある，という結論に至るだけでは足りない。われわれはまた，どれだけの知識ならば十分なのかを知る必要がある。有権者の知識が少なすぎるとわかったならば，なぜそうなのかを知ることが役に立つだろう。さらに一層重要なことだが，行き過ぎた政治的無知が引き起こす害悪を軽減させるために何かできることがもしあるとすれば，それが何かを知る必要がある。

　これらの問題が本書の焦点になる。私にせよ他の誰かにせよ，これらの問題に確定的な答を与えられる者がいるかどうか，私は疑っている。一冊の本が二千年以上にわたって議論されてきた諸問題を解決できると考えるとしたら，それは傲慢なことだろう。だが私は，この議論に少なくとも有用な寄与をしたいと思う。

　本書の前半は，アメリカの民主政における政治的無知という問題の性質と範

3

序　論

囲を分析する。政治的無知は広範であり，それは民主主義理論に極めて深刻な挑戦をつきつける，ということを証拠は示している。この問題を悪化させるのは，大部分の市民にとって政治的無知は愚かさや利己性の結果ではない，という現実だ。無知はむしろ合理的行動なのだ——決して愚かでなく，国の福利を本当に考慮している，多くの人々にとってさえも。いかなる一票も選挙結果には無意味であるために，大部分の市民にとっては，政治的知識獲得のためにほとんど努力をしないことが合理的になる。彼らはまた，自分たちが実際に持っている知識をバイアスなしに評価することについてもほとんど動機を持っていない。

　最後の4つの章は，解決策として考えられるものを考察する。有権者たちの知識をわずかに増大させることはできるかもしれないが，私の結論は，政治的知識の大幅な増大は予想可能な将来にはありそうもない，というものだ。それゆえ，政治的無知の問題には知識の増大よりも無知の影響力の減少を試みることによって効果的に対処できそうだ。

　これを部分的にでも実現できる方法は，市民が投票箱だけでなく，「自分自身の足で投票する」ことができるように政治権力を制限し分権化させることだ。連邦制内部の異なった法体系あるいは民間セクター内部の異なった選択肢の間で選択する人々は，投票箱の投票者たちよりも，自分たちの選択肢について情報を持つよい動機を持っていることが多い。投票箱の投票者たちと違って，足による投票者たちは自分たちの決定が相違をもたらしそうだということを知っている。その結果，彼らは関連する情報を探してそれを合理的に評価しようとする傾向が強い。

政治的無知に関する憂慮はパターナリスティックか？

　政治的無知に関する憂慮は不当なほどパターナリスティックだと感ずる批判者たちがいる。おそらく市民たちは自分たちの欲するどんな理由によっても政策と指導者を選ぶ自由を持つべきなのだろう——たとえそれらの理由が無知の結果であっても。この見解に肩入れしている民主主義者は，本書が取り上げる論点を，民衆の権利に対する，よくて重要でない攻撃，悪くて不当な攻撃とみなすかもしれない。有権者が無知のためにまずい決定をするに至ったとしても，

民主主義に制約を課することは正当化されない，なぜなら有権者は自分たちの好きなように統治する権利を持っているからだ，というのだ。ロバート・ボークが言ったように，「生活の多くの領域において，多数派はもし欲するならば統治する権限を有する。なぜなら彼らは多数派だからである。」[12] H. L. メンケンがこの点を風刺してこう書いたことは有名だ。「民主主義とは，一般の民衆は自分たちの欲することを知っていて，それを得て痛い目に遭うに値する，という理論である。」[13]

しかしながら不幸なことに，有権者が無知のためにまずい決定を行うとき，「それを得て痛い目に遭う」のはすべての人であって，間違った候補者に投票しその有害な政策を支持した人たちだけではない。そのことが投票と個人的決定の間の違いだ。後者は決定者自身と，彼らと随意的に相互作用する人々だけにしか影響しない。ジョン・スチュアート・ミルが1861年の著書『代議制統治論』［第10章冒頭近く］で言ったように──

> 投票箱による投票の精神──選挙人の念頭にありそうな解釈──は，選挙権は自分自身のために，自分固有の利益のために与えられたのであって，公衆のための信託として与えられたのではない，というものである。……民主主義者は，選挙権は彼らのいうところの権利であって信託ではないという見解を自分たちは重視すると考えている。……われわれが権利という観念をいかに定義あるいは解釈するとしても，**誰一人として，他の人々に対する権力を持つ権利は持っていない**。人が持つことを許されているそのようないかなる権力も，道徳的には，言葉のあらゆる意味で，信託なのである。しかし選挙人としてであれ代表としてであれ，政治的機能の行使は，他の人々を支配する権力である[14]。

ミルが強調したように，投票による決定は個人的な選択だけでなく，「他の人々を支配する権力」の行使を含んでいる。この理由から，無知あるいは他の原因から有権者が体系的な誤りを犯すとき，われわれはその選択の範囲の制限を主張することが正当化される。むろんそのような制限が弁護できるのは，それに代わる制度の方が情報問題をよりよく扱えるだろうと信ずべき理由があるときに限られる。本書はまさにその議論を行う。

政治的無知について憂慮しその無知の影響を減少させる手段を提唱すること

序　論

が，有権者の自由に対するパターナリスティックな侵害ではないという，第二の理由もある。第3章で論ずるように，政策に関する広範な無知はかなりの部分，集合行為問題の結果だ。個人としての有権者は政治について学ぶ動機をほとんど持っていない。なぜなら彼または彼女の十分な情報を持った一票が現実に選挙の結果に影響するチャンスはごくわずかだからだ。それゆえ政治的無知は，危険な集合的結果を引き起こす可能性がある合理的な個人行動の一例だ。

　そのような「公共財」問題に対応するためには外からの干渉が必要かもしれないということを，経済学者たちは以前から認めてきた[15]。そのような干渉はパターナリスティックだとは限らない。なぜならそれが現実に与えるものは，人々が欲しているが，調整されない個人の行為を通じて自分たち自身で生みだす動機を持たないものかもしれないからだ。

　同様にして，大気汚染の制限を提唱することはパターナリスティックだとは限らない。個々の市民と会社は，それらのいずれも実際に欲していないほど大量の大気汚染を生みだしているかもしれないが，その原因は，彼らが調整されていない個人的制約から得られるものがほとんどないと知っているからだ。もし私が大量のガソリンを必要とする自動車の運転を避けるとしても，それが大気汚染の全体的レベルに及ぼす影響は全くとるにたりないものだろう。だから私はたとえ大気汚染の減少に大いに関心を持っていても，そのことを私の運転に関する決定において考慮する動機を持たない。広範な政治的無知は，われわれの物理的な環境よりも政治体制に影響する汚染の一タイプだ。

　最後に，たとえ有権者が同胞市民への影響を度外視して自分の好きな政策を何でも選ぶ権利を持っているとしても，無知はやはり問題かもしれない。結局のところ，無知に基づいて選択を行う人物は自分自身の意図した結果を実現できないことがよくある。もし私が，欠陥車をよい状態にあるという誤った信念の結果買うならば，その購入における私の目的は，その車がすぐに故障したときに挫折してしまうだろう[16]。同様にして，保護主義政策が経済全体を弱めるよりも改善させるだろうと誤って期待して保護主義政策を支持する有権者は，自分たち自身の目的を掘り崩す結果になるだろう[17]。有権者の選択が無知に基づいているならば，彼らは自分が望む政策を選ぶ権利を効果的に行使できないかもしれないのだ。

もし世論が政策に全くあるいはほとんど影響を持たないならば，政治的無知は重要でないかもしれない。その場合，有権者は本当の「他の人々に対する力」を，実際には行使していなかったことになるだろう。しかしながら，多くの文献が示すところでは，世論は少なくとも政策の大枠には重要な影響を及ぼしている[18]。むろん世論だけが政策決定に影響する要素ではない。本書で後に論ずるように[19]，現に起きていることに有権者が気づいていないために世論が比較的に影響しないような個々の争点がしばしば存在する。官僚による裁量や利益集団のロビー活動といった他の影響も重大な効果を持っている。しかしながら，他のファクターも重要だとしても有権者の意見が多くの政策決定においてかなりの影響力を持っているということに疑いの余地はない。

　ある影響が政府の行動にたやすく結びつけられるとき，あるいは何らかの注目を集める事件について政府が賞賛か非難を受けるとき，相対的に無知な有権者も政策に影響することがある[20]。無知な有権者も，その無知を操作する機会を政治家や活動家や利益団体にとって作り出すことによって，政策に影響することがある[21]。これらの効果があるから，有権者の知識は政策決定過程への重要なインプットになりうる。選挙での当選や再選を望む政治家は，有権者の支持を得る政策を実現しなければならない。そしてその支持がいかに分布しているかは，有権者の無知に影響されうる。

　現状では世論が政策に影響しないとしてさえも，ほとんどの主要な規範的民主主義理論は，世論が影響**すべきだ**と想定している —— 少なくともある程度実質的には。第2章で説明するように，これらの理論家たちは，有権者がその影響を効果的に行使するために満たしていなければならない知識の必要条件をも暗黙のうちに考慮に入れている。

　有権者の無知に焦点を当てる際に，私は政治的エリートと専門的政策作成者における無知が重要であることを否定するつもりはない。彼らがその性質上知ることができないタイプの情報が存在する[22]とか，彼らはたやすく手にはいる重要な社会科学的データを無視する[23]といった原因によって，彼らもまた時には政治的無知を免れない。しかしエリートの知識のレベルがどうであれ，有権者は民主政の政治システムにおいて決定的な役目を持っていて，彼らの無知は重要だ —— 政治的エリートもまた同じような欠点を持っているかどうかに

かかわらず。

政治的無知に関する歴史的論争

　政治的無知という問題は新しいものではない。民主政という統治システムが古代ギリシアの都市国家アテナイで最初に発生して以来，政治哲学者たちは有権者の無知が民主政にとって持つ含意を議論してきた。アテナイ民主政の初期の批判者たちは，その政策が無知な庶民によって決められているから，アテナイは没落する定めにあると論じた[24]。偉大な哲学者プラトンは『ゴルギアス』において，民主政は無知な大衆の意見に基づいていて，哲学者やその他の専門家のよりよい知識に基づく勧告を無視するから欠陥がある，と主張した[25]。

　アリストテレスはプラトンよりも政治的知識について楽観的だった。彼も市民が普通は個人としてはほとんど知識を持っていないと認めたが，集団としてはずっとたくさんの知識を得られると論じた[26]。それにもかかわらずアリストテレスは，女性や奴隷や肉体労働者や，その他にも徳と政治的知識を十分なレベルまで得る能力がないと彼がみなした人々を政治への参加から排除すべきだと主張した[27]。

　近代になって，自由民主政に共感を持つ思想家たちの中にさえ，政治的無知を抑制するために有権者の権力を制限しようとした人がいた。アメリカ建国の父たちは彼らが無知で非合理的な有権者と考えた人々をチェックするために，憲法の中に数多くの反多数決主義的要素を入れた。ジェイムズ・マディソンが『ザ・フェデラリスト』第63編で言っているように，間接選挙で選ばれる上院のようなチェックは「人民を彼ら自身の一時的な誤りや惑わしから守るため」に必要とされた[28]。ジョン・スチュアート・ミルは一般的には民主政に共感を持っていた政治理論家だが，政治的無知を大いに恐れていたので，よい教育を受けて知識を持っている人々に余分の票を与えることが正当化されると主張した[29]。

　20世紀には，左右いずれの全体主義の指導者も，有権者の無知は選挙による民主政の廃止と少数エリートへの権力集中を正当化するというプラトンの主張を掘り起こした。ウラジミール・レーニンの1902年の著書『何をなすべきか？』は，労働者が自分たち自身で社会主義革命を起こす十分な政治的知識を

開発させるとは期待できないと論じた。「自生的」な労働者階級は，自分たちだけで放っておかれると，単なる「労働組合意識」を超えられず，社会主義に沿った本格的な社会の再構成の必要性を認識できないだろう。それだから，共産主義への移行のためには，労働者自身よりも労働者階級の政治的利益をよく理解しているメンバーからなる「前衛」政党による強力な指導が必要だ，とレーニンは結論した[30]。

アドルフ・ヒトラーも民主政を斥けたが，その原因の一部は，有権者は愚かでたやすく操作でき，この問題は遠くを見通せる指導者が率いる独裁の設立によってしか解決できない，と彼が信じたことにあった。彼の見解では，「大衆が知識を受け入れる能力はごく限られており，彼らの知性は小さいが，彼らの忘却力は巨大である。」[31]

他方，現代の多くの学者——経済学者や政治学者——は，政治的無知は重要ではない，あるいは「情報ショートカット」の利用によってたやすく克服できる，と論じてきた[32]。「人民に意味ある権力を与えよ。そうすれば彼らはすぐに知識の必要性を感ずるだろう」と政治哲学者のベンジャミン・バーバーは言う[33]。

プラトンや全体主義者たちと違って，私は民主政の全面的な排除を主張するわけではない。民主政はそれに代わる統治システムよりも大体においてよく機能しているという証拠を私は受け入れる[34]。民主政は独裁政や寡頭政よりも繁栄して平和である傾向があり，たいてい一層大きな自由を市民に与える[35]。それはまた重大な政策の破滅を避ける傾向が強く，自らの人民を大量に殺すことがない[36]。

ソヴィエト連邦から合衆国への移民として——共産主義とナチズムの両方の被害者たちを親類に持つ者として——私は独裁政にまさる民主政の長所を痛いほど感じている。しかし民主政が他の統治形態よりもすぐれているにせよ，民主政の権力がもっと厳しく制限されているならばその機能はよりよくなるという可能性は残っている。

政治的知識を定義する

政治的無知を分析する前に，われわれが政治的知識によって何を意味するか

を定義することが重要だ。本書を通じて私がまずもって焦点を当てる政治的知識は，政治と公共政策に関係する事実的問題について知っていることとして定義される。その中には，特定の政策的争点と指導者たちの知識が含まれる。第1章でもっと詳しく見るように，多くの有権者は立法府が実行する重要な公共政策の基本要素を知らない。事実にかかわる政治的知識の中には，どの公務員がどの争点について責任を負うかといった，政府についての広い構造的な基本要素や，リベラリズムと保守主義のような競合する政治的イデオロギーの基本要素の知識も含まれる。たとえば，市民の多数は政府のどの部局が開戦を宣言する権限を持っているのか知らない[37]。

有権者が自分の実際に持っている情報をどの程度まで合理的に評価できるかを考えることも重要だ。「合理的に」という言葉で私が意味しているのは，単に情報を論理的に一貫した，バイアスのない仕方で評価するというだけではないし，公共政策に関する道徳的に弁護しうる結論に達するということでもない。たとえば，ある有権者が経済的成長を増大させたいと望み，そして自由貿易はその目標を推進させそうだという証拠を与えられたならば，保護貿易へのその有権者の支持は低下すべきだ。しかしながら，もしこの人が経済成長を評価しておらず，その代わりに，保護された国内産業の収入の最大化を選ぶ——経済全体や外国人への影響にかかわらず——ならば，この証拠を無視することは合理的でありうる。

事実的知識と価値中立的合理性をこのように重視するからといって，価値と道徳的知識の重要性をおとしめるつもりはない。理想的には，われわれが望む有権者は，事実について知識を持っているだけでなく，その知識を道徳的に立派な目標のために使うことができる人々だ。われわれは，残酷と抑圧をそれ自体として評価する高度に知識を持った有権者がその知識を利用して，そのような邪悪な選好をもっとも効果的に実施するような政策を提唱する指導者を選ぶことを望まない。

しかし事実的知識と道徳的決定とは完全に別々ではない。有権者が行う邪悪な道徳的決定の多くは，部分的には事実に関する無知の結果だ。たとえば，同性愛者に対する公衆の敵意は部分的には，同性愛の指向が遺伝的に決定されたもので，自由な選択や環境的因子によるものではないという，蓋然性について

の無知から来ている[38]）。第5章で説明するように，20世紀前半の白人有権者の多くが黒人を抑圧する政策を支持したのは，部分的には彼らがアフリカ系アメリカ人は犯罪的傾向を本来持っていて，リンチで脅かされる可能性がなければ白人女性を強姦するだろうと信じていたからだった。

人工中絶[39]のようないくつかの争点に関する意見の相違は，衝突する根本的な価値によって決定される程度が大きくて，事実に関する情報はほとんど役割を果たしていないのかもしれない。しかしながらたくさんの重要な政治的争点において，対立する政党とイデオロギーの間の対立は，経済的繁栄とか犯罪の減少とか環境保護とかテロリストと外国勢力による攻撃の脅威に対する安全といった，広い合意のある目標を達成するためにはどうすべきかに関する見解の相違に，何よりもまずかかっている[40]。これらの目的はアメリカ社会の中で政治的スペクトラムを超えた人々によって広く共有されており，公衆の大部分はこれらが公共政策の最も重要な目的だと考えている[41]。

政治的な争いが根本的な価値における相違にまず焦点をおいているような争点でさえ，事実に関する知識はやはり重要であることが多い。たとえば，自分の価値観から中絶禁止の試みを支持している有権者は，それでも政府が現実に大部分の中絶をなくすことができるのか，またいかなるコストを払うのかを知る必要があるだろう[42]。本書で考察する無知の実例の大部分は，政治的見解の対立が根本的な価値の相違の産物だけである争点よりも，共有された価値を達成する競合する手段に政治的討論の焦点があるような争点だ。事実に関する知識だけが政治的決定に関係する種類の情報ではないが，それはしばしばもっとも重要なものの中に含まれる。

政治的無知が重大だという考えを斥ける，価値にもっと根本的な基礎を置いた主張がある。それは，有権者たちの価値観から独立した基準によって民主政の道徳的決定を評価することは何らかの点で正統性を欠く，というものだ。たとえば政治理論家のイアン・シャピロは，「民主的手続き以前にそれから独立して存在して，民主的手続が生み出す結果をわれわれが評価できる基準となる，何らかの『上からの』視点」という観念を斥ける[43]。

有権者が民主的過程に持ちこむ**価値**について後から評価することがたとえ不当だとしても，彼らが適切な政治的知識を持っていないためにそれらの価値を

序　論

十分効果的に実現できないかもしれない，ということを指摘するのが間違っているとは思われない。そのような議論は有権者の目的に異を唱えるわけではなくて，有権者は民主的過程を通じてそれらの目的を効果的に実現する手段を欠いていることがある，ということを指摘するにすぎない。シャピロの言い方を使えば，このアプローチは民主的過程に対する「『上からの』視点」をとっているのではなくて，むしろそれがもたらす結果を有権者自身の価値と目的という基準によって判断しているのだ。

しかしながら民主的決定への批判を手段の選択だけに限定すべき内在的な理由はない。完全な道徳的相対主義者でない限り，われわれは有権者が時には人種差別とか性差別とか反ユダヤ主義といった，欠陥のある，あるいは不正な価値観に基づく決定を行うかもしれないという可能性を認めなければならない。

もし本当に絶対的な道徳的相対主義者であることを選ぶならば，われわれは民主的決定を批判する根拠を実際持たない。だがわれわれはまた，君主政や寡頭政や全体主義国家といった他の統治形態よりも民主政の方がすぐれていると主張すべき根拠も持たない[44]。もしいかなる価値も他の価値よりよいということがないならば，自由民主政が提唱する価値はヒトラーやスターリンが提唱した価値よりもよいと信ずべき理由は何もない，ということになる。われわれが外部の「『上からの』視点」で民主政を判断できないように，独裁政治も判断できないことになるのだ。

他方，もしわれわれが民主政は権威主義や全体主義よりもすぐれていると正当に結論できるならば，民主政とこれらの代替的な体制とを比較するために用いるその同じ基準は，民主政の異なったタイプを比較するためにも用いることができる。民主政は全体主義的な政府よりも多くの自由なり幸福なり平等なりを与えるから後者の政府よりもすぐれているのだとすれば，全く同じ理由によって，民主政のあるタイプが別のタイプよりもすぐれているということも可能だ。

本書は政治体制を判断すべき基準の理想的集合に関する理論を提供するものではないが，ある体制が他の体制よりもよいと判断することが合理的に可能だとは想定している。

本書の見取り図

　本書の前半の4章は，アメリカの民主政治における政治的無知の問題の範囲と性質の大要を述べる。第5章から第7章はさまざまのありうべき解決法を考察する。その中には有権者の知識を増大させるための提案もあれば，無知の所与のレベルが引き起こすリスクを減少させる制度的調節もある。私の結論は，政治的無知という問題はとても深刻なもので，それに対する迅速あるいは簡単な解決策はありそうにない，というものだ。しかしその影響はかなりの程度まで，政府の規模と複雑さと集権化を制限することで緩和できる。

　第1章は合衆国における広範な政治的無知の証拠を要約する。このデータの多くはこの分野の専門家を驚かせるものではないだろうが，それでも無知の範囲が広く，時間を通じて継続していることを認めることは大切だ。第2章は有権者の知識の現実のレベルを，政治参加に関するいくつかのよく知られた規範的理論が要求するものと比較する。その知識のレベルが，「熟議民主主義」のように要求水準の高い理論の要求にはるかに達しないのは驚くべきことではないが，それはまた，要求水準がもっと低いと普通みなされている他の諸理論の最小限の要求にも足りない。政治参加に関する相対的に控えめな諸理論の要求にさえ有権者が応えていないということは，民主主義理論に対して政治的無知が突きつける課題を目立たせることになる。政治的無知が現実には有益であるような例外的なケースもあるが，全体としては，広範な政治的無知は民主政にとって資産というよりも危険だ。

　第3章において，私は大部分の市民にとって政治的無知が実際には合理的行動であるのはなぜかを説明する。中心となる議論は政治的知識の研究者にとっておなじみのものだ。アントニー・ダウンズは有名な1957年の書物の中で，政治的無知が一般には合理的だということを示した[45]。有権者は情報を持つべきインセンティヴをほとんど持たない。なぜなら投票した人が選挙の結果に影響を及ぼす確率は極端に小さいからだ。このことは，メディアその他の資源を通じてたやすく情報を得られる世界の中でさえ，これほどたくさんの人々が基本的な政治の争点について無知なままでいるのはなぜか，その原因を説明す

る。政治の学習を制約する主要因は情報が得られないことではなくて，有権者が情報を学び理解するために必要な時間と努力を惜しむことにある。

　第3章はまた，合理的無知と経済学者ブライアン・キャプランの「合理的非合理性」理論との関係を考察する。この理論は，有権者は無知であるべきインセンティヴを持っているだけでなく，自分が持っている情報を大変バイアスのかかった仕方で評価するインセンティヴも持っている，というものだ[46]。合理的無知と合理的非合理性が結びつくと，片方だけよりも重大な危険が生ずる。特に深刻な問題は，この二つが結びつくと，有権者は誤った情報と欺瞞にずっと引っかかりやすくなるということだ。

　第4章では，私は有権者の無知は「情報ショートカット」の利用によって打ち消されるだろうという主張を検討する。それを用いることによって，有権者は事実に関する情報をほとんどあるいは全く知らなくても，情報に基づく投票ができると主張されている。これらのショートカットの中には情報の足りない有権者によりよい選択をさせることができる真の価値を持つものもあるが，全体として見れば，ショートカットは無知がもたらす危険を帳消しにするにははるかに足りない。さらに，実際にはより悪い結論に導くようなショートカットも存在する。なぜならそれらは，合理的に無知であるとともに合理的に非合理な有権者を積極的に誤導することがあるからだ。

　第5章は「足による投票」の情報インセンティヴを，慣習的な投票箱による投票のそれと比較する。自分が住んでいる地域の政策を嫌う市民は，時には選挙政治を通じて改革を求める代わりに，もっとよい政策を持った別の地域に移ったり，あるいは私的セクターの中で選択したりすることによって改善を求めることもできる。

　投票箱による投票と違って，「足による投票」は，情報の獲得と合理的利用の両方にとってはるかによいインセンティヴを作り出す。その理由は単純だ。大部分の足による投票者にとって，去るか留まるかの選択は個人的に決められる。移住したいと思う人は，自分の一票が相違をもたらす確率のほとんどない投票をする必要はない。むしろその人は，自分がどんな決定をするにせよ，それを実行できる――おそらくは何人かの家族の合意に従って――ということを知っている。この単純なポイントは，民主的な政治システムにおける制度設計

にとって重要な意味を持っている。それは分権化された政治権力への支持論を強めるのだ。分権化の程度が強くなればなるほど，政治的決定は投票箱による投票だけよりも，足による投票によって行われやすくなる。

　足による投票が情報の点で有利だということは，私的セクターと比較した政府の範囲を制約する主張をも強化する。市場と市民社会において，諸個人はしばしば分権化された連邦システムにおけるよりもなお一層効果的に足による投票ができることがよくある。私的セクターにおける足による投票は，国を超えた移住ほど高い移動コストを通常伴わない。それに加えて，政府の規模を制限すれば，有権者に課される知識に負担を軽減することによって，情報問題を軽減できる。政府が小さく単純になるほど，合理的に不合理な有権者たちでさえも政府の機能を理解できる確率が大きくなる。政府が小さくなることは，われわれの知性を増大させるという意味でわれわれを賢くするわけではないが，われわれがすでに持っている知性を効果的に活用するインセンティヴを改善して，われわれがより賢い決定をするように助けることができる。

　第6章は，民主政における司法審査の役割をめぐる長い論争にとって政治的無知が有する含意を考察する。政府の権力を拘束し（時には）分権化することによって，司法審査は政治的無知の問題の軽減を助けることができる。伝統的に司法審査の批判者たちは，民主的に選出された立法府の制定した法律を無効とする裁判官の権限は排除されるか重大な制約を受けなければならないと論じてきた。さもなければ民主政は掘り崩され，かくして「反多数決主義の難問」を生みだすというのだ。政治的無知の重大さを認識すると，司法審査に対するこの昔からの反論は大いに弱まる。現代の国家が実現に移している政策の多くは，民主政という起源による正統性をほとんどあるいは全く持たない。なぜなら合理的に無知な有権者たちはそれらについてほとんど知らないか，それどころかその存在にさえ気づいていないかもしれないからだ。有権者たちが実際に知っているような政策の中にも，彼らがそれらの真の効果を理解していないために制定されたものがいくつもある。政府の大きさと範囲を制限し「足による投票」を容易にすることによって，司法審査は民主的説明責任を掘り崩すのではなくむしろ実際は強化することができよう。

　最後に第7章は，選挙民の政治的知識を向上させるためのもっともよく知ら

れた提案のいくつかを検討する。その中には，選挙権の制限，公民教育の改善，メディアによる政治報道の変化，専門家へのより大きな権限委任，市民をより大きな討議に参加させるための提案，というものがある。だがその多くは，合理的無知が存在する世界では政治的知識への主たる拘束は情報の供給ではなく情報への需要にあるという現実と衝突する。たとえ情報がたやすく入手できても，有権者はそれを学ぶために時間をとろうとしないかもしれないのだ。

　政治的知識を向上させるための諸提案は，現実世界の政治的拘束を考えると実現困難でもあろう。それらを必然的に考慮させる政治的な無知と非合理性自体が，実効的なしかたでそれらの提案を制定することへの主たる障害物だ。いかなる改革の提案も民主的過程によって制定されねばならないが，その過程自体が無知による多大の影響を受けている。それに加えて，現代国家が支配している多くの複雑な論点のほんの一部以上のものに有権者たちが効果的に対処できるようになるほど，十分に知識を向上させることは，ほとんど不可能だろう。

　これらの拘束を前提とすると，政治的知識における重要な改善を期待することはしばらくの間難しい —— かりにいつかあるとしても。それゆえわれわれは，広範な政治的無知ともっとうまく付き合っていく方法を見出さなければならない。

　本書は政府の適切な大きさと範囲と組織に関する完全な分析を与えるものではない。そのようないかなる理論においても，政治的無知は考慮に入れられるべき唯一のファクターでは決してない。しかしそれは議論の中で，これまでよりもはるかに大きな役割を果たすべきだ。

第1章
政治的無知の程度

> ほとんどの人々が政治について持っている情報の乏しさほど，
> 世論と民主政の研究者を力強く打ちのめすものはない。
> ——政治学者ジョン・フェアジョン[1]

　ほとんどの有権者はごく基礎的な政治的情報についてさえ無知であるという現実は，社会科学の確立した発見の一つだ。数十年にわたる証拠の蓄積がこの結論を強化している[2]。

無知の遍在

　大部分の有権者の無知の深さは，この研究になじみのない読者にとってショッキングなものかもしれない。政治的知識のどの一つをとっても，有権者にとって絶対的に必要だということは——かりにあるとしても——稀だろう。大部分のアメリカ人が政治に関するあれやこれやの特定の事実について無知であっても，それは重要な問題ではないかもしれない。しかし広範囲にわたる政治的な争点と指導者について無知が遍在しているということは，はるかに人を不安にさせる。
　たくさんの実例がこの点の例証に役立つ。共和党は2012年8月にポール・ライアンを副大統領候補に選んだが，その直前に行われた世論調査では，アメリカ人の43パーセントがライアンのことを聞いたこともなく，彼が下院議員だということを知っていたのは32パーセントにすぎなかった[3]。2008年のサラ・ペイリン知事と違って，ライアンは比較的無名なところを副大統領候補として全国的ステージに押しだされたというわけではなかった。予算・財政問題に関する共和党のスポークスマンとして，彼は何年間もアメリカ政界の立役者

第 1 章　政治的無知の程度

だったのだ。

　バラク・オバマ大統領が 2012 年の再選に成功した際に取り上げた主要政策の一つは，年収 25 万ドル以上の人々からの所得税を引き上げる計画だった。これは選挙キャンペーン中大いに論じられ，世論の過半数——2012 年 12 月のピュー研究センター世論調査では 69 パーセント——が支持した計画だ[4]。政治新聞『ザ・ヒル』が 2012 年 2 月に行った調査は実際に，異なった収入層の有権者がどれだけの税率を支払うべきかを回答者に質問した。その結果，投票を予定している人々の 75 パーセントが，最高の所得を得ている人々の支払うべき税率を収入の 30 パーセント以下と考えていることがわかったが，これは 2012 年の選挙当時の最高の税率だった[5]。この不一致から示唆されることは，多くの人々が高所得者の支払う税率の引き上げを支持しているのは，彼らがその税率がすでにどれだけ高いかを実感していなかったからだ，というものだ。

　テロに対する戦争や，イラク戦争や，ムスリムとのアメリカの関係に関する論争が何年も続いてきたにもかかわらず，2007 年の調査ではアメリカ人の 32 パーセントしか，「イラクで政治的支配を争っているイスラム教の二つの主要な宗派」の一つとして「スンニー派」をあげられなかった——この質問はもう一つの主要な宗派の名（シーア派）をあげてヒントを出したのだが[6]。おそらくこのような基本的な知識も，ムスリム世界に対するアメリカの政策を評価するためには必須でないのかもしれない。しかしそれは少なくとも有用ではあるだろう。

　同じくらい驚かせるのは，2003 年にアメリカ人の 60 パーセント以上が，国内支出の大規模な増加が連邦の赤字の近年の爆発にかなり寄与しているということを認識していなかった，ということだ[7]。公衆の大部分は，税控除とかサービスのための支出として構成された広範な重要な政府プログラムを意識していない[8]。その結果，彼らはまた，これらのプログラムのほとんどが主として相対的に豊かな人々に利益を移転する程度がいかに膨大かを意識していない[9]。

　激しい論争を呼んだ 2002 年 11 月の下院選挙の直後に行われた調査は，回答者のうち 32 パーセントしか共和党が選挙の前に下院を支配していたことを知らなかったということを示した[10]。この結果は，それ以前の選挙における下

院の政党支配についての広範な無知を示す調査と軌を一にしている —— ただし多くの点において，2002 年よりも知識のレベルは高かったのだが[11]。

このような広範な政治的無知は最近起きたことではない。下院がニュート・ギングリッチの共和党に支配されるに至る一カ月前の 1994 年 12 月，アメリカ人の 57 パーセントがギングリッチの名前も聞いたことがなかった。しかし彼の選挙戦略と政策に対する態度は，その直後の数週間に大変有名になっていた[12]。冷戦さなかの 1964 年に，ソヴィエト連邦がアメリカの率いる NATO のメンバーで**ない**ことを知っていたのは 38 パーセントにすぎなかった[13]。その後 1986 年になって，過半数の人々は当時論争を呼んでいたソヴィエト連邦の新指導者ミハイル・ゴルバチョフの名前を挙げることができなかった[14]。多くの時期において，上院を支配しているのがどちらの政党であるかを知っている人々は過半数をわずかに超えるにすぎず，70 パーセント以上の人々は自分が住んでいる州の二人の上院議員の名前を両方あげることができず，過半数の人々は，自分の選挙区の下院議員候補者の名前を選挙戦たけなわの時でさえ一人もあげられない[15]。

有権者の無知には，特に注意されるべき三つの側面がある。第一に，多くの有権者は特定の政策の争点について知らないだけでなく，政府の基本的構造とその作用についても知らない[16]。戦争を宣言する権限を持っているのは誰か，政府の三つの分野それぞれの機能は何か，金融政策を支配するのは誰かといった，合衆国の政治体制の基本的側面について，過半数の人々は無知だ[17]。2006 年のゾグビー世論調査は，アメリカ人の 42 パーセントしか連邦政府の三つの部門 —— 行政・立法・司法 —— の名前を言えないということを示した[18]。2006 年の別の調査は，憲法第一修正が保障している五つの権利のうち二つ以上をあげられるのは 28 パーセントしかいないということを示した[19]。2002 年のコロンビア大学の研究が示すところでは，35 パーセントの人々が「各人からその能力に応じて，各人にその必要に応じて」というカール・マルクスの言葉は憲法の中にあると信じており（34 パーセントは知らないと答えた），三分の一の人々しか，Roe v. Wade 判決を覆した最高裁判所の決定は妊娠中絶を全国的に違法にするわけではないということを理解していない[20]。

政府の基本構造に関する無知が示唆するところでは，有権者は特定の競合す

る政策プログラム間で選択できないだけでなく，政策の**結果**の功罪を正当な担当役職者に帰することもたやすくできない。また有権者は憲法が政府に科する制約を知らないために，選挙で選ばれた公職者の権限の範囲を誤解しているかもしれない。

政治的無知の第二の顕著な側面は，大部分の有権者は，いくつかの基本的原理から導き出された単一の分析枠組の中に多数の争点を統合することができるような「イデオロギー」的政治観を持っていない，ということだ。政治的エリートたちを調査した場合には，争点に対する態度の中でイデオロギー的一貫性が明らかなのだが，通常の有権者はこの種の一貫性をめったに示さない[21]。学者の中にはアントニー・ダウンズ[22]に従って，公職をめぐって対立する政党がとるであろう政策を予言するための「ショートカット」としてイデオロギーが役に立つということを強調する人がいる[23]。だがそれと少なくとも同じくらい重要なのは，イデオロギー的でない有権者は争点間の**相互関係**がとらえられないということだ。十分な情報を持った少数の有権者は，少ない情報しか持たない大衆よりも新しい政治的情報を処理する能力が高く，操作に対する抵抗力がある[24]。

最後に重要なこととして，アメリカの選挙民の政治的知識のレベルは1930年代後半に初めて大衆の調査が行われて以来，向上しているとしても，それはわずかでしかない[25]。教育水準が大幅に上がり，一般大衆が小さな費用で得られる情報の量も質もこれまでにないほど向上しているにもかかわらず，無知のレベルは相対的に固定したままなのだ[26]。

大部分，テレビやインターネットのような新しい情報テクノロジーの拡張も政治的知識を向上させてきたようには見えない[27]。1950年代と60年代のテレビ放送の成立は，人口の中で最も貧しい人々や最も情報を持たない人々の間で政治的知識をいくらか向上させた[28]。しかしケーブルテレビとかインターネットのようなもっと最近の進歩は，魅力的な別の娯楽の元を与えることによって，それらの人々の関心を実際には政治的情報からそらせている[29]。大部分，新しい情報テクノロジーを利用して政治的知識を獲得しているのは，一次的にはすでに十分な知識を持っていた人々のようだ[30]。この事実は〈情報と教育が手に入れやすくなれば，民主主義の理想が要請するような，情報を持った選挙

民が生み出されうる〉という，ジョン・スチュアート・ミル以来の政治理論家たちの期待に疑念を投げかける[31]。

政治的無知の最近の証拠

最近の 2010 年，2008 年，2004 年の選挙の時に得られたデータは広範な政治的無知の存在を再び確証する。〈2000 年アメリカ全国選挙調査（ANES）〉から導き出される 2000 年の選挙の時の一層大規模なデータも同じだ[32]。残念ながら本書の草稿は 2012 年の大統領選挙のデータをあまり考慮できずに完成した。だがこれまでのところ，その選挙でも以前の選挙に比べて政治的無知の大幅な向上のしるしはなく，無知が続いているという証拠が少なくともいくらかある[33]。

政治的無知と 2010 年選挙

2010 年の選挙は最近のアメリカ史上最も重要な中間選挙の一つだったと言えよう。争点の中には，ここ数十年の中で最悪の不況と財政危機への連邦政府の対処，オバマ政権の歴史的な 2010 年ヘルスケア改革法案，アフガニスタンとイラクで続いている紛争問題があった。共和党は下院で 62 議席を獲得し——1948 年以来下院で最大の党派——，上院で 6 議席を獲得した。争点の重要さからして，有権者はいつもよりも政治に熱心に注目したと期待する人もいるだろう。しかしながら，調査データは基本的な争点についてさえ広範な無知と混乱があることを示している。

表 1.1 は 2010 年に選挙キャンペーンが行われていたかその直後に行われたさまざまな調査から得られた，政治的無知に関するデータをまとめたものだ。このデータは，公衆の過半数がいくつかの極めて基本的な点についてはよく知っていたことを示す。たとえば，77 パーセントは連邦予算の赤字が 1990 年代よりも 2010 年に大きくなっていることを知っており，73 パーセントは議会がヘルスケア改革法案を 2010 年に制定したことを知っていた。半数をわずかに超える 53 パーセントは，失業率が 5 パーセントや 15 パーセントや 20 パーセントでなく 10 パーセントあたりだということを知っていた。

第 1 章 政治的無知の程度

表 1.1 政治的無知と 2010 年選挙

質問 （調査の日）	正答%	誤った答%	わからない%
2010 年における赤字が 1990 年代よりも大きいということを知っていた（2010 年 11 月 11‐14 日）	77	12	11
議会がヘルスケア改革法案を 2010 年に通過させたということを知っていた（2010 年 7 月 1‐5 日）	73	14	13
失業率が（5, 15, 20 パーセントではなく）10 パーセントだということを知っていた（2010 年 11 月 11‐14 日）	53	30	17
2010 年の選挙で共和党が下院を支配したが上院は支配しなかったということを知っていた（2010 年 11 月 11‐14 日）	46	27	27
合衆国軍が 2009 年にイラクよりもアフガニスタンで多くの戦闘死を受けたということを知っていた（2010 年 1 月 14‐17 日）	43	32	25
オバマの景気刺激法案が少なくとも「いくつかの」税金カットを含んでいるということを知っていた（2010 年 11 月 6‐15 日）[a]	43	54	3
防衛費が連邦予算の中で最大の項目だということを知っていた（2010 年 11 月 11‐14 日）[b]	39	42	19
Harry Reid が上院の多数派リーダーだということを知っていた（2010 年 1 月 14‐17 日）	38	18	44
John Boehner が下院の新議長になるということを知っていた（2010 年 11 月 11‐14 日）	38	24	38
TARP 救済法案がオバマ政権下でなくブッシュ政権下で通過したということを知っていた（2010 年 7 月 1‐5 日）	34	47	19
2010 年に経済が成長したということを知っていた（2010 年 10 月 24‐26 日）[c]	33	61	6
John Roberts が最高裁判所長官だということを知っていた（2010 年 7 月 1‐5 日）	28	18	53
David Cameron が英国首相だということを知っていた（2010 年 11 月 11‐14 日）	15	25	60

出典：別記しない限り，Pew Research Center 調査。
a. World Public Opinion/Knowledge Networks poll. 2010 年 11 月 4‐6 日。
b. この質問で与えられた選択肢は「国防」，「教育」，「メディケア」，「公債利子」だった。
c. Bloomberg National News survey. 2010 年 10 月 24‐26 日。

選挙の主要争点に関係するその他の多くの基本的な問題について，アメリカ人の多数は驚くほど無知だった。この選挙でおそらく最大の争点だったのは経済状態で，それは最近数十年間に最悪の不況からの脱出を始めていた。選挙の直前に行われた CNN の世論調査では，アメリカ人の 52 パーセントが「経済」をアメリカの直面する最も重要な争点としてあげた[34]。しかしながら 2010 年 10 月調査の示すところでは，アメリカ人の 67 パーセントは経済が前年中に成長したということを知らず，61 パーセントは経済が縮小したと誤って信じていた。2010 年の経済が比較的不景気だったということは確かに本当だ。だが経済が成長しつつあるか縮小しつつあるかの知識は，有権者の大部分が最も重要な争点だと信ずるものについて現職の政治的指導者が行うことを評価しようとする有権者にとって，確かに考慮すべき事柄だった。それは有権者にとって有益は唯一の情報ではないが，それでも明らかに重要な情報だった。

2008 年に始まった不況を終わらせるために連邦政府がとった，おそらく一番重要な手段は，オバマ大統領の 2009 年経済刺激法案だろう。しかしながら公衆の 57 パーセントはその法案が税の削減を含んでいる —— 法案の中で景気刺激のために支出される 8190 億ドル全体の中で，税の削減は実際には約 2750 億ドルを占めるのだが —— ということを認識していなかった[35]。同様にして，公衆の中で不良債権買取プログラム (Troubled Assets Relief Program) による銀行救済法案が成立したのはジョージ・W・ブッシュ大統領の下だったということを知っていたのは 34 パーセントにすぎず，47 パーセントはそれがオバマ大統領のもとで成立したと誤解していた。TARP が効果を持つか否かに関する論争は 2010 年選挙において政党間の最大の争点の一つで，多くの共和党員はその法案を批判し，法案の責任を民主党員に負わせたのだった。

共和党員はキャンペーンの中心的な争点として，連邦の支出にも大いに焦点を当てた。しかし選挙直後に行われた 11 月の世論調査が示すところでは，防衛費が，教育費よりもメディケア・ヘルスケアプログラムよりも国債の利子の支払いよりも，連邦の予算の中で大きな比率を占めているということを知っていたのは公衆の 39 パーセントにすぎなかった。連邦の支出の現在の分配を理解することは，未来に向けていかなる変化を行うべきかを有権者が評価する助けになりうるはずなのに。

第1章　政治的無知の程度

　キャンペーンの中の経済的でない争点についても，公衆の広範な無知があった。公衆の過半数は，2009 年中に合衆国の戦闘死傷者がイラクよりもアフガニスタンにおいて多かったということを知らなかったが，おそらくこのことは，軍事力をイラクからアフガニスタンに転換しようとするオバマ政権の戦略を十分理解していないことを表わしているのだろう。死傷者の相対的な数を知ることも，これらの戦争から得られるかもしれない利益と費用を考量しようとする有権者にとって有益な知識でありそうなものだが。

　2010 年のキャンペーンでは，最高裁判所の保守的な多数派の役割に関する広範な論争もあった。その中でも議論を呼んだ Citizens United v. Federal Election Commission 判決[36]が論争の対象になったが，これは選挙宣伝のために法人と組合の資金を使うことを制限する立法を無効としたものだ。オバマ大統領と他の民主党員はキャンペーン中，繰り返して最高裁判所を攻撃した。最高裁判所の役割は，2010 年夏のエレナ・ケイガンの任命公聴会でも広範に議論された。彼女は最高裁判所へのオバマ大統領の二人目の指名者だった。しかし 7 月の調査では，アメリカ人の 28 パーセントしか最高裁判所長官としてジョン・ロバーツ ―― 最高裁の保守的な多数派のリーダー ―― の名をあげられなかった。理論上は，有権者が最高裁判事の名を一人も知らなくてもその裁判所の判決について十分な知識を持つということはありうるし，実際にそういう知識を持っている人もいるだろう。しかし最高裁に関するたくさんの新聞記事の最小以上の関心を払う市民ならば，その長官の名前には何度も出くわしているだろう。さらに，ロバーツが率いる保守的な多数派が行うことは，最高裁の役割をめぐる政治的論争の中で争われていた中心的な論点の一つだった。

　公衆の 60 パーセント以上は上院の多数派の指導者ハリー・リードの名をあげられなかったが，彼は 2009 年と 2010 年の民主党の立法アジェンダの核心である景気刺激立法とヘルスケア立法の立役者だった[37]。英国はアフガニスタンの激化する戦闘において以前から合衆国の最も重要な同盟軍であり，さらに他の外交政策や世界不況の中での経済協力政策においても中核的なパートナーである。しかしアメリカ人の 15 パーセントしか英国の首相としてデイヴィド・キャメロンの名をあげられなかった。リードやキャメロンの名前は知識をもって投票するために必須ではない。理論上，有権者が政策に関する争点につ

いて高度の知識を持ちながら，個々の政治的指導者の名前を知らないということはありうる。しかしながら，国内政策の争点にいくらかの注意を払う市民ならリードの名に繰り返し出くわすだろうし，外交政策に注意を払う市民ならキャメロンの名を見ないことはありえないだろう。

選挙後，共和党が下院の支配を得たが上院は支配できなかったということがわかっていたのは46パーセントにすぎず，下院の新議長としてジョン・ベーナーの名をあげられたのは38パーセントにすぎなかった。

上記の質問のすべては複数選択肢形式だった。その結果これらの質問は無知の真の程度を過小に示しているだろう。なぜなら調査の回答者の中には，自分が正解を知らない質問について，そのことを認めるよりも当て推量で回答することを選ぶ人がいるからだ[38]。わずか三つか四つしか選択肢がない質問については，純粋にランダムな当て推量でも正解に達する蓋然性が大きい。

政治的無知と2008年選挙

おそらく2010年の中間選挙よりもはるかに大きな程度で，2008年の選挙は極めて重要だった。その争点の中にはアフガニスタンとイラクにおける戦争，ヘルスケア・システムの未来，モーゲージ［住宅抵当貸付債権］不履行危機，キャンペーンの最中の2008年9月に起きた金融危機への政府の対応の展開があった。

2010年と同様，公衆の大部分はキャンペーン中のもっとも基本的な争点のいくつかについて，印象的なほどの知識を示した。たとえば，2008年の夏までに，アメリカ人の約76パーセントは民主党の候補者バラク・オバマがイラクからのアメリカ軍撤退のタイムテーブルを支持していることを知っていたし，62パーセントは共和党の候補者ジョン・マケインがそれに反対していることを知っていた（表1.2）。10月には66パーセントがナンシー・ペロシが下院議長であることを知っていたが，この割合は数か月前よりも増大しており，公衆が議会のレースにいくらか関心を払っていることを示すものだ。同様に，61パーセントは民主党が選挙前に下院を支配していることを知っていた。

これらに比べるとやや基本的でないことに関して，公衆の知識はずっと乏しかった。民主党の予備選挙の間，ヘルスケアはバラク・オバマとヒラリー・ク

第 1 章　政治的無知の程度

表 1.2　政治的無知と 2008 年選挙

質問 (調査の日)	正答%	誤った答%	わからない%
オバマがイラクからの撤退のタイムテーブルを支持したことを知っていた（2008 年 6 月 18 - 29 日）[a]	76	6	19
Nancy Pelosi が下院の議長だということを知っていた（2008 年 10 月 3 - 6 日）[b*]	66	34	
Jon MacCain がイラクからの撤退のタイムテーブルに反対したことを知っていた（2008 年 6 月 18 - 19 日）[a]	62	20	18
選挙前に民主党が下院を支配していることを知っていた（2008 年 10 月 29 - 31 日）[c]	61	22	18
サダム・フセインが 9.11 攻撃に「直接関与」していなかったことを知っていた[d]	56	34	10
すべてのアメリカ人の健康保険加入を要請するヘルスケア・プランを少なくとも一人の大統領候補者が提案したことを知っていた（2008 年 2 月 14 - 24 日）[c]	48	23	28
Hillary Clinton がすべてのアメリカ人の健康保険加入を要請するプランを提案したことを知っていた（2008 年 2 月 14 - 24 日）[e**]	42	31	27
Condoleeza Rice が国務長官だということを知っていた（2008 年 4 月 30 日 - 6 月 1 日）[a*]	42	3	55
Nancy Pelosi が下院議長だということを知っていた（2008 年 6 月 18 - 19 日）[f*]	39	3	58
Ben Bernanke が連邦準備制度理事会議長だということを知っていた（2008 年 6 月 18 - 19 日）[f]	36	29	35
Henry (Hank) Paulson が財務長官だということを知っていた（2008 年 10 月 3 - 6 日）[g*]	36	64	
Gordon Brown が英国首相だということを知っていた（2008 年 4 月 30 日 - 6 月 1 日）	28	14	58
スンニー派が「世界のムスリム集団」の中で最大だということを知っていた（2008 年 6 月 18 - 19 日）[f]	20	41	39
John Roberts が最高裁判所長官だということを知っていた（2008 年 6 月 18 - 19 日）[f*]	15	7	78
オバマがすべてのアメリカ人の健康保険加入を要請するプランを提案していないということを知っていた（2008 年 2 月 14 - 24 日）[e***]	35	24	41

| 合衆国の防衛費は年4000億ドルから5990億ドルの間にあるということを知っていた（2008年6月17-26日）[h] | 7 | 48 | 45 |

注：いくつかのケースで，この表では回答を拒んだ回答者を「わからない」と言った回答者と同じカテゴリーに入れている。調査が示唆するところでは，正答を知っている回答者が回答を拒むことはごく稀である。
*は選択問題でないということを示す。
**ここでは，いかなる候補者もそのようなプランを提案しているとは信じないと言った人々を「誤り」に入れている。Kaiser 調査では，少なくとも一人の候補者がそのような提案をしたと述べた回答者だけが，個々の候補者の立場についての特定された質問をされた。
***ここでは，少なくとも一人の候補者がそのような提案をしたということを知り，しかもオバマは想定しないということも知っていた12パーセントだけでなく，いかなる候補者もそのようなプランを提案していないと述べた23パーセントも，オバマに関する限りで正答として数えている。

a. Pew Research Center 調査。
b.『タイムズ』調査。2008年10月3-8日。
c. CBS News poll. 2008年10月29-31日。
d. Newsweek/Princeton Survey Research Associates poll.
e. Henry Kaiser Foundation/Harvard School of Public Health poll.
f. Newsweek/Princeton Survey Associates poll.
g.『タイムズ』調査。2008年10月3-8日。"Henry" Paulson も "Hank" Paulson も正答として数える。
h. Public Interest Project/Greenberg Quinlan Rosner Research poll. 2008年6月17-26日。

リントンとの接戦の中で主要な争点だった。オバマは，すべてのアメリカ人が健康保険にはいることを要求する計画をクリントンが提案しているとして強く批判したのだが[39]，大統領候補の**いずれか**がそんな計画を提案しているということを知っていたのはサーベイの回答者のうちわずか48パーセント，そしてクリントンがそう提案していたということを知っていたのは42パーセントにすぎなかった。オバマがこの種の計画を提案して**いない**と知っていたのは35パーセントにすぎず，24パーセントは彼が提案したと誤解していた。皮肉なことに，オバマは大統領就任後，クリントンの計画のこの側面を自らのヘルスケア法案の中に取り入れた。しかし2008年の予備選挙の時には，これは両候補者の間の主要な争点だった。

イラク戦争，テロに対する戦争，そしてムスリムと合衆国との関係が，政党間の討論の主たる焦点だった。しかしスンニー派が「世界規模でムスリムの最大のグループ」だと言えたのは20パーセントにすぎなかった。スンニー派とシーア派の抗争がイランと中東全体の合衆国の政策にからみあっていたにもかかわらずである。

金融危機が2008年9月に起きた時，TARP［不良債権買取プログラム］法案

その他の連邦の対応を指導したのは財務省長官ヘンリー・「ハンク」・ポールソンだった。『ニューズウィーク』11月29日号の表紙は、ポールソンがこの危機で果たした主要な役割ゆえに彼を「キング・ヘンリー」とさえ呼んだ[40]。しかし10月の調査は、公衆の36パーセントしかポールソンが財務省長官だということを知らないということを明らかにした。ポールソンも金融危機もTARP法案も、キャンペーンの主要な争点になっていたのだが。

6月のサーベイは、連邦準備制度理事会の議長としてベン・バーナンキをあげられるのは36パーセントだけだということを明らかにした。たしかに、これは金融危機が起きる前で、彼がそれに対する連邦政府の対策を決定する主要な政策決定者として現われていなかった時のことだ。しかしながらすでにその当時、連邦準備制度理事会の政策は当時のモーゲージ不履行危機の原因かもしれないし、アメリカが不況に落ち込むのを救わなかったのではないかとして、論争の種になっていた。

経済と支出と連邦予算の赤字に関するひきつづく議論を考えてみると、連邦予算の中で最大の項目である防衛費支出を、正しい2千億ドルの範囲（4千億以上6千億未満）で当てられたのがたった7パーセントにすぎなかった、ということは言っておく価値があるかもしれない。有権者が防衛費の正確な額を知っている必要があると論ずる人はほとんどいないだろうが、それでも大まかな知識は有用だろう。防衛費のレベルを隣接する2千億ドルの二つの範囲（2千億以上4千億未満と、6千億以上8千億未満）に置いた人たちも、それに加えて11パーセントにすぎなかった[41]。かくしてわずか18パーセントの人たちしか、正しい**6千億ドル**の範囲内に防衛費を置くことができなかったのだが、この調査では六つの可能な選択肢のうち三つまでが正答として認められるだろう。

政治的無知と2004年選挙

2004年の選挙キャンペーンは、テロリズム、イラク戦争、経済・社会政策の主要問題の将来といった重要な争点を含む、重大な対決だった。しかしながら、表1.3は当時のキャンペーンの主要な争点に関する広範な政治的無知を示す、いくつかのサーベイから得られた証拠を示している。

表 1.3 政治的無知と 2004 年選挙

質問 (調査の日)	正答%	誤った答%	わからない%
防衛費が連邦予算の中で最大の二つの項目のうちの一つだということを知っていた（2004 年 3 月 15 日 - 5 月 11 日）[a]	51	43	6
イラクにおけるアメリカ軍死者の概数を知っていた（2004 年 4 月 23 - 25 日）[b]	40 (200 以内)	34	26
国内プログラムの支出増が少なくとも「いくらか」現在の連邦予算の赤字をもたらしているということを知っていた（2004 年 2 月 11 - 16 日）[c]	39	57	4
合衆国〈愛国者 PATRIOT〉法について少なくとも「いくらか」の情報を聞いたか読んだと主張した（2004 年 4 月 28 日）[b]	39 (「いくらか」(27) あるいは「たくさん」(12))	58 (「あまりない」 (28) あるいは 「全くない」(30))	3
2004 年中に職の純増があったと知っていた（6 月 7 - 9 日）[d]	36	61	3
議会が最近「部分的出生」の中絶を禁止する法案を通過させたということを知っていた（2003 年 12 月 7 - 9 日）[a]	36	17	48
議会が最近メディケア処方薬給付適用案を通過させたということを知っていた（2004 年 4 月 15 日）[a]	31	16	54
社会保障支出が連邦予算の中で最大の二つの項目のうちの一つだということを知っていた（2004 年 3 月 15 日 - 5 月 11 日）[a]	32	62	6
ブッシュ政権はサダム・フセインが 9.11 攻撃にかかわっていたと信じていなかったということを知っていた（2003 年 12 月 14 - 15 日）[b]	25	58	17
現在の失業率が過去 30 年間の平均より低いということを知っていた（2004 年 3 月 23 日）[e]	22	63	15

	22	77	
EU について少なくとも「かなりのこと」を知っていると主張した（2004年5月21-23日）f	（「多くのこと」あるいは「かなりのこと」(19))	（「ほとんどない」(37) あるいは「全くない」(40))	1

a. Princeton Survey Research Associates survey.
b. *New York Times*/CBS survey.
c. Pew Research Center survey, Feb. 11 - 16, 2004.
d. AP/IPSOS Public Affairs poll, June 7 - 9, 2004.
e. Fox News/Opinion Dynamics survey, March 23 - 24, 2004.
f. Gallup survey, May 21 - 23, 2004.

　そのデータは，プレスの報道と政治的討論の両方で目立っていた広く論じられる争点に関する，いくつかの基本的問題をカバーしている。中でもおそらく一番人を懸念させる結果は，大多数の人々がブッシュ政権の国内政策のうちもっとも重要で論争的なもののいくつかの成立について知らなかった，ということだろう。ほとんど70パーセントの人は巨大なメディケア処方薬給付の成立を知らず，約65パーセントが「部分的出生」の中絶が最近禁止されたことを知らなかった。同様にして，58パーセントが「合衆国愛国者法」について「ほとんど」あるいは「全く」聞いたことがないと認めたが，論争を呼んだこの2001年の法律は，テロリズムと戦うという公言された目的のために法執行機関の権限を増大させたのだ。現実には，この結果はこの法律についてほとんどあるいは全く知らない回答者の数を過小に見積もっているだろう[42]。

　このサーベイの結果はまた，強い反応を呼ぶさまざまの国内・外交政策の争点に関するかなりの無知を示してもいる。選挙に先立つ数ヵ月間の大幅な雇用増をプレスが広く報道したにもかかわらず[43]，2004年6月の世論調査の回答者の過半数は，2004年には雇用の純減があったと誤って信じていた。キャンペーンの中でもっとも重要な外交政策問題について見ると，過半数の人々はブッシュ政権がサダム・フセインと9・11攻撃との間に関係があると主張したと（政権自身がそのような関係を繰り返して否定したにもかかわらず）誤って信じていたし，大部分の人々はイラク戦争で約何人のアメリカ人が死んだか知らなかった。同様に，イラク戦争後の困難な対ヨーロッパ関係に関する継続していた議論にもかかわらず，77パーセントの人はEU［ヨーロッパ連合］について「ほとんど」あるいは「何も」知らないと認めていた。イラクで死んだアメリ

カ人の人数を知っていることは，この戦争に関する知識に基づく見解を形成するために絶対欠かせないというわけではない。しかしそれは，戦争がもたらすかもしれない利益とそのコストをはかりにかけようとする有権者にとって，確かに重要な情報だった。

多くの争点について，過半数の人々は単に事実に無知なのではなく，積極的に誤った情報を持っていた。たとえば，61パーセントが2004年に雇用の純減があったと信じ，58パーセントが政府はサダム・フセインと9・11との間に関連を見出したと信じ，57パーセントが国内の支出の増加が現在の連邦予算の赤字をもたらして**いない**と信じていた。

表1.3のデータは，公衆がどの争点においてもすべて無知だということを示す証拠と解されてはならない。現在の公共政策に関する基本的事実の中には，事実よく知られているものもある。たとえば，82パーセントは連邦予算の赤字を知っていたし[44]，79パーセントはその赤字が最近4年間に増大したことを知っていた[45]。それにもかかわらず，表1.3にまとめられた証拠が実際に示しているのは，過半数の人々はキャンペーンにおいてもっとも重要でもっとも広範に論じられた争点のいくつかに関する多くの基本的事実を知らなかった，ということだ。この選挙戦がごく接戦で論争を呼び，そしてこれらの争点の多くについてプレスが大いに報道したということを考えると，上記の結果は特に重大だ。

2000年ANES調査から得られる政治的無知の証拠

1948年以来，選挙の年ごとに行われてきたアメリカ全国選挙調査（ANES）は一般に，合衆国の選挙民を対象としたもっとも徹底的な社会科学調査とみなされている。

2000年のANES調査は政治的知識に関連した全部で30の質問を含んでおり[46]，これは他の最近のいかなるANES調査よりも多い[47]。これらは正答者のパーセンテージと共に表1.4に表示されている。

表1.4に挙げられている30の調査項目の大部分は相対的に基本的なもので，当時の政治的エリートと活動家にはよく知られていたものだったろう[48]。その多くは2000年のキャンペーンで広く論じられていた争点で，その中には環

第 1 章 政治的無知の程度

表 1.4 2000 年 ANES 調査からの政治的知識に関する質問

項目	正答パーセント
ジョージ・W・ブッシュの地元の州としてテキサスをあげられた	90
ビル・クリントンが穏健派あるいはリベラルだと知っていた	81
アル・ゴアがブッシュよりも高いレベルの政府支出を支持すると知っていた	73
民主党の副大統領候補 Joe Lieberman がユダヤ人だということを知っていた	70
ゴアの地元の州としてテネシーをあげられた*	68
1992 年から 2000 年の間に連邦予算の赤字が減少したということを知っていた	58
ゴアがブッシュよりもリベラルだということを知っていた	57
民主党が共和党よりも高いレベルの政府支出を支持すると知っていた	57
法務長官 Janet Reno の官職をあげられた	55
選挙前は共和党が下院を支配していたと知っていた	55
ゴアがブッシュよりも銃規制を支持すると知っていた	51
選挙前は共和党が上院を支配していたと知っていた	50
民主党が共和党よりも政府によるジョブと生活水準の保障を支持すると知っていた	49
ブッシュが保守派だということを知っていた	47（30 は「穏健」を選んだ)
ゴアがブッシュよりも中絶の権利を支持すると知っていた	46
ゴアがブッシュよりも政府によるジョブと生活水準の保障を支持すると知っていた	46
民主党が共和党よりも高いレベルの黒人への政府援助を支持すると知っていた	45
ゴアがブッシュよりも環境規制を支持すると知っていた	44
ブッシュがゴアよりも環境に対してジョブを優先させそうだということを知っていた	41
大統領候補 Pat Buchanan が保守派だということを知っていた	40
ゴアがブッシュよりも高いレベルの黒人への政府援助を支持すると知っていた	40

ゴアがリベラルだということを知っていた	38（36は「穏健」を選んだ）
1992年から2000年の間に貧困層への連邦支出が増大したということを知っていた	37
1992年から2000年の間に犯罪率が減少したということを知っていた	37
英国首相トニー・ブレアの官職をあげられた*	35
民主党の副大統領候補 Joe Lieberman の地元の州としてコネティカットをあげられた*	30
共和党の副大統領候補 Dick Cheney の地元の州としてワイオミングをあげられた*	19
回答者の選挙区の下院議員候補者の名前を少なくとも一名正確にあげられた*	15
上院多数派のリーダー Trent Lott の地位をあげられた*	9
回答者の選挙区の上院議員候補者の名前を二人目まで正確にあげられた*	4

注：すべてのパーセンテージは，1545人の全回答者について四捨五入したもの。質問の正確な表現は著者から得られる。あるいはまた2000年ANESコードブックの中にも見出される。これはICPSRのウェブサイト http://www.ipsr.umich.eru/index-merium.html でダウンロードできる。コーディングの変更は，依頼があれば著者から得られる。
*選択問題ではない。

境政策，公共サービスへの政府支出，妊娠中絶などが含まれている。いくつかの問題はクリントン政権のしたことに関する事実にかかわっているが，それについて大統領候補アル・ゴアやもっと一般的には民主党は，自らの業績だと主張しようとした[49]。

30の質問が重要な争点と事実のすべてをカバーするわけではないが，広範なトピックを確かに含んでいるから，アメリカの政治的知識の代表的サンプリングとして十分だ。さらに，以前の調査が見出したことには，ある領域の政治的知識と別の領域における知識との間には異常に高い相関関係が存在する[50]。かくして次のように信ずることができる。──2000年のANES調査の30の質問についてよい成績を収めた人々は，悪い成績を収めた人々よりも，他の問題に関する政治的知識を平均的には多く持っている，と。この調査や別の調査でいくつかの事実について無知だったからといって，そのことは回答者の政治的知識の全体としてのレベルについて多くを語らないかもしれないが，調査の広

い範囲にわたって大幅に無知であるということは，証拠としての力がもっとある。

　　　グラスは半分空なのか，それとも半分はいっているのか？　ANESのデータが明らかにした知識のレベルはどのくらい低いのか？

2000年のANES調査の平均的知識レベルは一般に低かった。平均すると，回答者は30の質問のうち14.3にしか正解しなかったのだ[51]。このデータは，回答者の約三分の一は政治的に重要な知識をほとんどあるいは全く持たないという，スティーヴン・ベネットの以前の発見を確認するように見える[52]。回答者の25パーセントは8.5以下の正答しか収めなかった[53]。30問中17問は三つの選択肢しかなく[54]，2問は二つしか選択肢がなく[55]，1問は三つの選択肢中二つが正解で[56]，その他のいくつかの問題も他の選択肢がありそうもないので正解が推測できただろうから[57]，8.5という成績[58]は，ほぼあてずっぽうに得られる結果と等しい[59]。25パーセントが「何も知らない」という私の発見は，29パーセントがそうだというベネットの発見と似ている[60]。

それにもかかわらず，2000年のANES調査が明らかにした平均的な知識レベルは低すぎると言うほどではない，と論ずることもできる。なぜなら平均的回答者はほとんど半分（48パーセント）の正解を収めたからだ。だがこの主張は二つの理由から欠点を持つ。第一に，少数の例外はあるが，この調査項目はごく基礎的な政治知識に関するものだ。知識のある政治活動家なら，いや政治をそれなりにフォローしている市民でさえも，一握り以外の質問のすべてに正解できただろう。

2000年のANES調査結果について悲観的になる第二の理由は，それが実際には政治的知識のレベルについて過大評価しているかもしれない，ということだ。この過大評価は二つの要素から来る。第一に，すでに述べたように，選択回答式の調査は一般に公衆が持つ政治的情報の量をいささか過大評価する。というのは，回答者はあてずっぽうで答えることができるし，知識のある市民の方が調査対象に選ばれる確率が大きいからだ[61]。2000年のANES調査の平均的な回答者は，単なるあてずっぽうで正答できるよりも約6問多く正答したにすぎない[62]。ANESの回答者は質問に対して「知らない」という選択をするこ

表 1.5 2000 年 ANES 調査からの集合的知識スケール

スケール	正答の集計数	「何も知らない」回答者のパーセンテージ
30 問スケール	14.3 (48 %)	25
25 問スケール（価値の低い 5 問を除く）	11.6 (46 %)	34
24 問スケール（上記 5 問とクリントンのイデオロギーに関する質問を除く）	0.8 (45 %)	35 *

*「何も知らない」の中には，24 問中正答が 7.5 以下の回答者が含まれる。この計算は 25 問スケールで使ったものと同一である。ただしクリントン問題が存在しないので，私は当て推量に基づく期待されるスコアから 0.67 を引いた。

ともできたが，過去の調査が示すところでは，調査の回答者は無知だと見られたくないために，自分が何も知らない争点についてもしばしば意見を述べる[63]。だからさまざまの知識問題への回答を知らなかった回答者の中には，あてずっぽうで回答した人が多いということはありそうだ——特に可能な回答が二つか三つしかない場合には。

第二に，最高の正答率を得た五つの質問のうち三つは 2000 年の選挙の候補者に関する個人的情報についてだったが，それは一般的な政治理解にはほとんどあるいは何も価値のないものだった[64]。この三つの質問とは，ジョージ・W・ブッシュとアル・ゴアの本拠の州についてのもの（それぞれ 90 パーセントと 68 パーセントが正答）とジョー・リーバーマンの宗教に関するもの（70 パーセント）だった。ビル・クリントンのイデオロギーに関する質問は二番目の正答率（81 パーセント）を得たが，それは「リベラル」も「穏健」も正答とする，私の甘い分類の結果にすぎない。価値が乏しいこれら三つの最大正答率の質問と，それよりも正答率がずっと小さかった二つの同じような質問[65]を除くと，平均の結果は 25 問中正答が 11.5 ということになる[66]。もっと重要なことだが，価値が乏しい五つの質問を除く（ただしクリントンのイデオロギーについてのものは除かない）と，「何も知らない」の比率は 34 パーセントに上昇する[67]。表 1.5 は 2000 年 ANES 調査から得られた三つの知識の尺度の集計を要約したも

のだ。

　表1.5が示すように，2000年のANES調査のただでさえ低い知識の結果は，基本的な政治的知識を全くとはいわなくてもほとんど持っていない，「何も知らない」という多数の政治的低知識層の存在を隠している。用いる尺度によって，このグループはアメリカの公衆の25パーセントから35パーセントを占めることになる。

　全体として，問われた質問が極めて基本的なものだったということ，そして「何も知らない」回答者が大きな割合を占めたということを考慮すると，2000年のANES調査は，それ以前の証拠を用いた調査と同様，政治的知識が低いレベルにあることを示していると結論せざるをえない。

自由回答の質問 対 選択肢の質問

　自由回答の質問は公衆の知識の真のレベルを過小評価しすぎる，なぜなら選択肢の質問はしばしばもっとよい結果を示すからだ，と主張する学者がいる。たとえば，最高裁判所の首席判事を答えさせる質問では，自由回答の調査よりも選択肢からの調査の回答者の方がずっと多く答えを出せる[68]。だが政治学者ロバート・ラスキンとジョン・ブロックの最近の調査の結果は，自由回答の質問に対する批判の多くは誇張されているということを示唆する[69]。それに加えて，選択肢による質問もそれ自体の欠陥を抱えている。この方法は回答者が推量によって正答に至ることを可能にするために政治的知識を過大評価させるし，多くの回答者は自分が正答を知らないと認めるよりもむしろ推量によって回答する[70]。さらに自由回答の質問に対して正しく答えられる回答者の方が，選択肢によってしか答えられない回答者よりも当該の主題についてたくさんのことを知っているだろう。

　理にかなった解決策は，両方の種類の質問の限界を考慮に入れながら両方を利用することだ。本章で引用した質問の大部分は選択肢によるものだったから，知識レベルを過小評価するよりも過大評価する傾向がある。私は表の中の選択肢によらない少数の質問についてはそのむねを明記した。2000年のANES調査の分析では，最高裁判所首席判事が誰かについての自由回答を含めなかった。これは特に詳細な批判の対象になってきたものだ[71]。

最後に，世論調査者が公衆に尋ねた質問の大部分は，政治と公共政策に関して得られる情報全体に比べればかなり単純なものだ，ということを念頭に置くべきだ[72]。本章で分析した質問の圧倒的大部分が，相対的に単純な事実上の争点にかかわる，選択肢による質問だった。

投票者と非投票者［棄権者］

　選挙民の真の知識レベルは世論調査が示唆するよりも高いということはありそうだ。なぜなら相対的に無知な有権者は，相対的に知識を持った有権者よりも投票しそうにないからだ。調査が示唆するところでは，一番知識の乏しい市民は投票やその他の形態の政治参加に参加する傾向が少ない[73]。しかしながら知識のある市民とない市民との間の投票率の相違は，ほとんどの調査が示唆するところよりも小さい。なぜなら知識のない市民よりも知識のある市民の方が，投票したと嘘をつく傾向がずっと大きいからだ[74]。年齢と収入と政治への関心とイデオロギーへのコミットメントの程度は，投票について嘘をつくことと強い相関関係があり[75]，また政治的知識とも相関関係がある[76]。政治に知識と関心があるがそれでも棄権する人々は，そのことをやましく感じがちで，それゆえ自分が棄権したことを調査者に隠す傾向が強い。その結果，投票する人々の知識のレベルは，考えられるかもしれないほど一般の公衆と違うわけではないだろう。

　さらに，棄権者が特に無知だとしても，彼らの政治的知識の欠如は完全には無害ではないかもしれない。もし彼らがもっと知識を持っていたら，彼らはもっとよい情報に基づく投票をして，選挙民の知識のレベルを向上させられるだろう。

含　　意

　広範な証拠の示唆するところでは，大部分のアメリカ人は政治的知識をほとんど持っていない。その無知の中には，特定の争点に関する無知，政治的指導者と政党に関する無知，政治制度に関する無知がある。この証拠は最近の2004年，2008年，2010年の選挙における決定的争点の多くに及ぶ。この最後

の二つの選挙戦は，経済とかヘルスケアとかイラクとアフガニスタンの戦争といった大切な争点に関する政策を形成するのに特に重要だった。さらに無知の証拠の大部分は，政治家や政党や政治の争点や構造に関するかなり基本的な点にかかわっている。

これらの結果はそれ自体としては，有権者の知識レベルが不十分だということを示すものではない。少しの知識でも立派なものかもしれない。それでも公衆の無知の程度は，少なくとも有権者の知識に関する楽観主義が説明に苦労するくらいに大きなものだ。

だがわれわれは現在の政治的知識のレベルを測定すべき基準を持たないことには，そのレベルが十分かどうかを本当に知ることができない。公衆の知識のレベルは民主的参加に関するいくつかの有力な理論が要求する基準に達していない。次章はそれがどのように達していないのかを説明する。

第2章

有権者は十分知っているか？

> 典型的な市民は，彼が政治的な分野に足を踏み入れるとたんにいっそう低い精神的能力の水準へと押し流されることになる。彼は，自分が本当に関心を寄せている分野においてならば，たやすく子どもらしい方法だと認めるに違いないような仕方で，議論したり分析したりする。彼はふたたび原始人に立ち帰ることになる。
> ── ヨゼフ・A・シュンペーター[1]

　有権者はどれだけのことを知っているべきなのか？　政治についていくつかの基本的な事実さえ知っていれば十分なのか？　それともはるかにそれ以上のことを知って，おそらくはアマチュアの政策オタクになるべきなのか？　単なる事実に関する知識だけで足りるのか，それともいくらかの政治哲学を知っている必要もあるのか？　それはすべて，われわれがいかなる種類の民主政を持ちたいのかにかかっている。民主的政治参加に関する異なった諸理論は，これらの問題に対して別々の回答を与える。それらの理論が有権者に求める程度は異なる。不幸なことに，有権者の知識はこれらの中で一番要求するところが少ない理論の要請にも及ばないことが多い。

　この点を証明するためには，民主的代表に関する四つの重要な理論が要求する政治的知識のレベルと現実のレベルとを比較しなければならない。四つの理論をそれが要求する知識の少ない順にあげると，回顧的投票[2]，バーク的信託[3]，特定の争点に関する民衆の選好の代表[4]，熟議民主主義[5]となる。この四つの理論はすべて，立法過程で多数派として支配する選挙民の政治的知識がかなりのレベルにあることを要請している。この結論は，有権者に要求するものがほとんどないとしばしば考えられている最初の二つの理論の場合，特に重要だ。たいていの場合，さまざまの理論はすべて，有権者が多様な争点につ

第2章 有権者は十分知っているか？

いて意見を持っているだけでなく，それらの意見が少なくとも最小限の知識によっていることをも要請する。さもなければ，有権者たちの意見が通っても，そこから生ずる政策が本当に彼らの基礎にある目的に役立つことになると信ずべき理由はないからだ[6]。

すべての論点について有権者たちが完全な知識に近いものを持つように要求する理論は存在しない。しかしすべての理論は少なくともいくつかの肝要な基礎的事実に関する知識を要求する。不幸なことに，公衆が持つ知識は上記の四理論のいずれに照らしても不十分だ。ここでは民主的政治参加に関する想像可能な理論をすべて考慮することはできない。だが上記の四理論はとてもよく知られていて，政治的知識の要請に関する広い範囲を代表している。もし公衆の知識がその中で一番要求するところが少ない理論の要請にさえ応えないならば，政治的無知は実際に深刻な問題だということになるだろう。

本章の後半では〈有権者の知識が**多すぎる**ということがありうるか？〉[7]という，たいてい無視されてきた問題を取り上げる。政治的無知が善よりも害をもたらすことが多いならば，われわれは政治的無知について心配する必要がない。政治的無知が有益であるようなシナリオも確かに起こりうる。だがそのようなケースの大部分は，ある領域における知識が有害であることの原因が別の領域における無知にあるような場合だ。全体として見れば，有益な政治的無知というものは原則ではなくて例外に属する。

本章が検討するのは個々人の政治的知識だけであって，有権者は「情報ショートカット」を用いて低い知識のレベルを埋め合わせることができると示唆する議論は考察しない。情報ショートカットは有権者を一見したところよりもはるかに知識ある人々にするかもしれない。また有権者個々人は民主主義理論が要求する基準に達しないとしても，全体としての有権者はその部分の集計以上の知識を持っているかもしれない。これらの根本的な問題は後の章で取り扱う[8]。だが個人としての有権者の知識がそれ自体で十分ならば，これらの問題はそもそも論ずる必要がないだろう。

知識のレベルは民主政理論の要求を満たすか？

　古代から，政治哲学者たちは民主政を機能させるために有権者が持っていなければならない知識の程度について論じてきた[9]。現代の政治思想の中では，回顧的投票とバーク的信託と争点ごとの代表と熟議民主主義が，政治参加についておそらく最も広く受け入れられている理論だろう。それぞれの理論は有権者が満たさなければならない知識について暗黙の要請をしている。

　　回顧的投票

　回顧的投票は政治参加に関する理論の中で，一番要求するところが少ないとしばしばみなされている。この理論が言うところでは，有権者たちが不満足だとみなすようなパフォーマンスしかあげなかった指導者を有権者が排除する能力を持っていれば，多数決的な政府の支配が十分達成できる。この理論の現代におけるもっとも有名な提唱者である経済学者のヨゼフ・シュンペーターによれば，選挙民が指導者の努力に満足しないとき，「選挙民は，通常彼らの指導者に対して，その再選を拒否するという方法以外には，なんら統御の手段を持っていない」[10]。回顧的投票の提唱者が希望するのは，「多くの人々が不満足であるか，あるいはもっとよい仕事を望むならば，選挙民は政府担当者を変更できる」という理由で，民衆の投票による「政府担当者の交代」が政治的指導者に規律を与えるだろう，ということだ[11]。

　市民は現在公職についている人々の業績を評価して，パフォーマンスが悪い人々や，「よりよいパフォーマンス」[12]を期待できる競争者よりも劣っていそうな人々を投票によって排除することができる，とこの理論は想定している。かくして最小限，回顧的投票はこう要求している。――選挙民は，政治的指導者が彼らに課せられた任務をどのくらいよく遂行しているかを確定できるに足る知識を持っている，と。

　政治学者のモリス・フィオリーナが，「現在その職にある人のパフォーマンスがよいか悪いかを確定するために，市民たちは自分たち自身の福利の変化さえ計算できれば足りる」からこの仕事は容易に行える，と論じたことはよく知

41

第2章　有権者は十分知っているか？

られているが[13]，不幸なことにそのような定式化は回顧的投票が市民に要求する知識の負担を過小評価している。

　現在公職についている人々が市民たちの「自分自身の福利」に及ぼす影響を計るためには，市民たちはまず自分の「福利」のいかなる部分に政府が影響を及ぼしうるのかを知らなければならない。たとえば，不況が生じたのは政治的指導者の間違いのためなのか，それとも指導者たちがコントロールできない景気循環のためなのかを知る必要があるかもしれない。現実の状況によれば現在の公職者の政策が実現可能な最善のものだとすれば，回顧的投票をする人々が投票によって彼らを罰することは反生産的だろう —— たとえひどい不況が続いているとしても。

　政府一般が特定の問題に影響を与えられるかを理解するのに加えて，市民は特定の争点についてどの特定の公職者に責任があるのかを知る必要がある。たとえば特定の問題について非難すべき公職者は連邦のものなのか，州のものなのか，地区のものなのか，あるいは三つのすべてなのかを知る必要がある。市民はさらに，特定の問題なり争点なりが現在の公職者の任期中にどうなってきたのかを知らなければならないが，それは自分自身の個人的「福利」の変化を見るだけで常にわかるわけではない。

　最後に，回顧的投票が効果を持つためには，代替的な政策と比較した「よりよいパフォーマンス」を期待できるかどうかを市民が決められなければならない[14]。投票によって現在の公職者を追い出すことが政治的指導者をして選挙民のニーズに配慮させることができるのは，新しい指導者がその前任者よりもそれをうまくしそうな場合に限られる。もし現在の公職者の政策が現在の状況下では可能な最善のものならば，効果的な回顧的有権者は彼らを職にとどめておくべきだ —— たとえ政治や経済の現状に満足していなくても。

　たとえば1930年代の大不況のような巨大でわかりやすい災厄の時に現在の公職者が支配していた場合は，野党が与党よりも悪いことはありえないという判断がたやすくできるかもしれない。しかしながら大部分の選挙では，それほど巨大な災厄が存在するわけではなく，現在の公職者の相対的なパフォーマンスははるかに評価しにくい。

　かくして回顧的投票は四つの重要な知識の要請を持つことになる。有権者は

1．どの問題が政府の政策によって引き起こされているのか，また緩和できるのかをある程度理解し，
2．どの現在の公職者がどの争点について責任を負うのかを知り，
3．現在の公職者の任期中にそれらの争点に関して何が起きたのかについて，少なくとも基本的な事実を知り，
4．現在の公職者の政策がこの状況下で可能な最善のものだったのか，それとも野党の考えの方がうまく行ったかもしれないかを，少なくともある程度までは決めることができなければならない。

「回顧的投票は予測的投票よりも有権者に要求することがはるかに少ない」ということは本当かもしれない。後者において，有権者は対立する候補者の政策が持ちそうな影響を前もって評価しなければならないからだ[15]。確かに，回顧的投票が効果を持つためには，争点についての専門的知識のようなものまでは必要でない。それでも回顧的投票は，この理論の熱情的提唱者が認める用意があるよりもはるかに大きな政治的知識を要求する[16]。

証拠が示唆するところでは，有権者は回顧的投票が要求する知識よりもはるかに乏しい知識しか持っていない。2010年の選挙中，経済状態は何にもまして政策の中で重要な争点だった。その事実にもかかわらず，公衆の三分の二は前年に経済が成長していたことを知らず，61パーセントは実際に縮小していたと信じ込んでいた[17]。

2000年の〈アメリカ全国選挙調査〉(ANES)はまた，市民が現職者の任期中に重要な争点に関し何が起きたかについて基礎的な知識を持っているかどうかという問題に，いくらかの光を投げかける。市民の37パーセントしか，現職のクリントン大統領の任期中犯罪率が低下したということを知らなかったし，貧困者への連邦の支出が増加したことを知っていたのも37パーセントにとどまった。もっと印象的なことに，連邦予算の赤字が減少したことは58パーセントが知っていた[18]。犯罪と予算の赤字と福祉改革は1990年代に最も重要な政治的争点の中の三つであり，この三つとも二大政党が重視したものだ。それだから2000年ANES調査が明らかにしたような知識レベルの低さは，回顧的投票が要求する知識を大部分の市民が持っているということを真剣に疑わせる。

第2章 有権者は十分知っているか？

赤字の減少について58パーセントが知っていたという数字も，これが1990年代の政治的言論の中で目立っていたということを考えれば，あまり大したものではない。それだけではない。この三つの問題のいずれについても，回答者は増加か減少かという変化の方向だけを正しく答えれば「正解」とされたので，その変化の**程度**を過大評価しても過小評価しても，それは構わなかった[19]。これらの結果は他の調査結果との軌を一にする。それらの調査結果は，有権者はインフレーションとか失業といった極めて基本的な争点についてしばしば無知だということを示している[20]。

争点となっている事態の変化に関する基本的情報について無知な人々が多数派だということを考えると，大部分の市民は回顧的投票理論が要請する知識を満たしていないという結論を避けることは難しい。要するに，彼らはしばしば現状を知らないのだ。彼らがこの特定のハードルを越えられるとしても，数十年間にわたって観察されてきた知識レベルの低さからすると，過半数の人々が(1)政府の政策がいかなる問題に影響を与えられるかを判断し，そして(2)どの公職者がどの争点に責任を負うかを理解するという，もっと難しい課題を達成できることはありそうもない。後者の問題について言えば，市民はせいぜいのところでも，諸争点に関する権限がわれわれの複雑な政治システムの中でどう分配されているのかについて極めて限られた知識しか持っていない，ということが諸調査によって繰り返し明らかにされてきた[21]。

回顧的投票は政治参加に関する規範的理論であるだけでなく，有権者がしばしば頼る，よく使われる情報ショートカットの名称でもある。このショートカットについては第4章で論ずる。

バーク的信託

18世紀の政治家・政治理論家エドマンド・バークと結びつけられる政治的代表の受託者理論は，一見したところごくわずかの政治的知識しか要求しない別のモデルだ。バークの主張によれば，有権者は特定の政策の争点について決定するか，それどころか政治的指導者の仕事のパフォーマンスを評価することさえせずに，すぐれた判断と徳の代表者——「自然的貴族」——を選んで，現実の政策の決定を彼らに任せるべきなのだ[22]。バークは有権者の無知という

要素をその理論の中に明示的に取り込んで，政治的決定を選ばれたエリートの裁量に任せることこそが最善の選択肢だ，なぜなら大部分の普通の市民は「指導なしに考えたり行動したりする」に足りるだけの洗練を欠いているからだ，と論じた[23]。

表面的には，信託理論は有権者にほとんど知識の負担を課さないように見えるかもしれない。有権者は複雑な公共政策の選択肢の評価や，それどころか現職者のパフォーマンスの回顧的評価さえもする必要がなくて，単にどの候補者が最大の能力と徳を持っているか —— 言いかえれば，誰が最善の受託者か —— さえ決めればよい。

しかしながら不幸なことに，この決定をするために必要な知識の量は決して些細なものではない。一番基本的なレベルで言うと，この受託者理論によって行動する有権者は，誰が候補者であるかと，彼らの経歴や適格性についていくらかのことを知っている必要がある。受託者の任につくに一番ふさわしい資格を持っているのは誰かを決めるために，市民はその職務の責任 —— つまり，政治的指導者になろうとする者が何についての受託者になるか —— についても確かに知らなければならない。この理由から，受託者理論における有権者は結局政策について少なくともいくらかの知識を持っている必要があるだろう。

さらに，バークの現代の批判者たちが指摘してきたように，よき受託者－指導者にとっていかなる才能と徳が一番大切かという問題については見解の相違があるだろう。異なったイデオロギーと利害を持つ有権者はこの問題について異なった結論に至るかもしれない[24]。1998－99年のビル・クリントン大統領弾劾に関する激しい論争は部分的には，政治的指導者の道徳的資質の重要さについてリベラル派と保守派との間にある深い見解の対立の結果だった[25]。

バークのいう受託者を有権者が選べるためには，彼らは候補者たちの異なった個人的資質と，よき公共政策を行う能力との間の関係を理解しなければならない。対立するイデオロギーはこれらの問題に別々の解答を与えるから，その程度において，有権者はそれらのイデオロギーをも評価する能力をいくらか持たなければならない。

回顧的投票と同じように，バーク的受託者理論も，一見して思われるよりも大きな知識を選挙民に要求するということがわかった。有権者が最小限知って

第 2 章 有権者は十分知っているか？

いなければならないことは，(1)特定の官職の責任内容と，(2)対立する候補者の能力と徳と，彼らがそれらの義務を果たせる能力との間の関係だ。それに加えて，対立するイデオロギーが(2)の問題に対して与える異なった回答をいくらか理解することも，また必要だろう[26]。

受託者理論は政治的指導者の政策や争点上の立場よりも彼らの個人的資質にかかわる。もっとも基本的な知識の要請は，誰が指導者なのかを有権者が少なくとも知っているということだが，大統領候補者の場合を別にすると，この要請は満たされないことが多い。2010 年の選挙の直後，新しく下院議長に選出されたジョン・ベーナーの名を知っていたのはアメリカ人の 38 パーセントにすぎなかった[27]。

その年のもっと前には，同じ 38 パーセントの人々だけが上院における民主党の指導者かつその党の立法運動の主導者として，ハリー・リードの名をあげられた[28]。2000 年の ANES 調査では，回答者のうち自分の選挙区の下院立候補者の名を一人でもあげられたのはわずか 15 パーセントにすぎなかった[29]。それ以前の調査が明らかにしたところでは，自分の州の上院委員の名前を両方あげられたのは 30 パーセントだけだった[30]。2000 年の ANES 調査はまた，9 パーセントの人しか上院の与党指導者トレント・ロットの職をあげられなかったということを明らかにしたが，彼は当時連邦政府の中でもっとも有力で顕著な，選挙された共和党員の公職者だった[31]。大統領と副大統領は確かに名前がよく知られているが，その他の選出された指導者の大部分はそうでない。

有権者が問題の候補者について実際に何か知っている場合，彼らが関心を持つ個人的属性は仕事のパフォーマンスには無関係かもしれない。たとえば最近のいくつかの調査からは，候補者の見た目の身体的魅力が彼あるいは彼女の得票率に有意に影響するということが明らかになっている[32]。

市民の多数は彼らの政治的指導者が誰かさえも知らないということを考えると，彼らが受託者理論の要求に応えるほど指導者たちの適格性や徳性について十分知ることができるということはありそうもない。多くの場合，受託者アプローチを適用しようとする有権者は，問題の職務に伴う責任について無知であるということによってもその実現を阻止されるかもしれない。その職に就く人が持つべき能力が何であるかを判断することが難しくなるからだ[33]。

特定の争点について多数派の選好を代表する

特定の争点に関する多数派の見解の代表というのが、おそらく政治的代表に関する一番直観的な概念だろう。その基本的発想は、民主的コントロールは公衆が——あるいは少なくともその多数派が——選んだ政策目標を政府が追求することを確保する、というものだ[34]。残念ながら、それは有権者がかなりの政治的知識を持っていることを要求する。アンガス・キャンベルとその同僚たちによる古典的な1960年の定式化によると、特定の争点についての多数決による政策実施コントロールは、有権者が(1)争点の存在を知っており、(2)争点について立場を持っており、(3)対立する候補者たちの争点に関する立場を知っている、ということを要求する[35]。これら三つの要請は——それ自体で大変なものだが——実際には不十分だ。有権者は、対立する候補者たちの政策提言が自分たちの最終的目標の達成にどう関わるかについても、いくらか理解していなければならない[36]。

候補者Xが政策Yを支持しているということを単に知っているだけでは、Xを選出することがその争点において有権者の目標を推進させることになるかどうかを決めるために十分ではない。有権者は犯罪の減少という目標を持っており、選挙においてある候補者は刑務所のスペースの拡大によってこの目的を達成すると提案しており、その一方、対立する候補者はそのアプローチに反対している、としてみよう[37]。明らかに、有権者が犯罪の減少を望んでいて、一方の陣営が刑務所の増設でそれを実現しようとしている、ということを有権者が知っていれば十分だということにはならない。有権者はまた、刑務所の新設が本当に犯罪抑制に役立つかどうかを判断するために十分な知識をも持っていなければならない。あまりないことだが、有権者は帰結とは関係なく、ある政策が存在することをそれ自体のために評価するかもしれない。これは国旗や州旗のデザインのように純粋に「象徴的」な争点に関する政策にはあてはまるかもしれないが、大部分の場合、有権者は象徴だけでなく帰結をも望んでいる。

これら四つの知識の要請を満たすことはしばしばとても難しい——特にその争点が複雑であったり、公衆にとって明確でなかったりする場合には。現代の政府の規模と範囲は、大部分の普通の市民にとって、政府がしていることの多

くを意識することさえ事実上不可能なほどであり，ましてそれについて見識を持つなどということは無理な相談だ[38]。

個々の争点に関する有権者の知識は多年にわたって広範な社会科学的調査の焦点になってきたが，その結果が常に示してきたのは，有権者は多くの重要な政策の争点についてほとんど知識を持っていない，ということだ[39]。すでに述べたように，2010年の選挙では経済状態が何にもまして有権者の関心を集める最も重要な争点だったのに，公衆の過半数は選挙の前年に経済が実際には成長していたということを知らなかった[40]。公衆の大部分はまた，税の削減がオバマ政権の景気刺激法案の中に含まれているということも知らなかったが，この政策は経済状況を改善しようとして行われた政策の中でもおそらく最も重要なものだった[41]。

2008年の大統領選挙の間，有権者の過半数は「テロに対する戦争」についても，対立する候補者たちのヘルスケア・プランについても，二大政党間で争われている他の重要な争点についても，基礎的な事実を知らなかった[42]。

2004年に行われた調査が示したところでは，大部分の市民はその選挙で争点になっていたいくつかの重要な政策に関する基礎的な事実を知らなかった。その中には，「愛国者法」のような主要な反テロリズム政策，ブッシュ政権の大規模な新しい処方薬利用権，経済状態があった[43]。なんと有権者の70パーセントが処方薬プランの存在自体も知らなかった――これは最近数十年間に制定された最大の新しい政府プログラムだったにもかかわらず。

相対的に単純で感情を刺激する争点についても，しばしば無知が問題となる。たとえば Kelo v. City of New London（ケロ対ニューロンドン市）判決[44]は，「経済発展」のために家屋を含む私有財産を収用することを認める最高裁判所の2005年の判決で，これは過去数十年間のいかなる判決にもまして広範な政治的バックラッシュをもたらした[45]。調査によると，公衆の80パーセント以上がこの判決に反対し，中でも63パーセントは「強く」反対した[46]。記録的な44もの州と連邦の政府は，最高裁判所が支持したタイプの公用収用を禁止する趣旨の立法を行った[47]。それでも2007年のセイント・インデックス調査によれば，回答者の21パーセントしか，自分の州がその判決の後で法改革を行ったかどうかを知らなかった。また自分の州で制定された法律が「経済発展

表 2.1　特定の政策論点に関する政治的知識調査項目：2000 年アメリカ全国選挙調査（ANES）

項目	正答パーセント
アル・ゴアはジョージ・W・ブッシュよりも高いレベルの政府支出を支持する	73
民主党は共和党よりも高いレベルの政府支出を支持する	57
ゴアはブッシュよりも銃規制を支持する	51
民主党は共和党よりも政府によるジョブと生活水準の保障を支持する	49
ゴアはブッシュよりも中絶の権利を支持する	46
ゴアはブッシュよりも政府によるジョブと生活水準の保障を支持する	46
民主党は共和党よりも高いレベルの黒人への政府援助を支持する	45
ゴアはブッシュよりも環境規制を支持する	44
ブッシュはゴアよりも環境に対してジョブを優先させそうだ	41
ゴアはブッシュよりも高いレベルの黒人への政府援助を支持する	40

注：すべての質問は表 1.4 から取ったもの。すべてのパーセンテージは，1545 人の全回答者について四捨五入したもの。

のための私有財産の収用を防止するために効果があるか」という，引き続いての質問に対して正しく回答したのは 13 パーセントにすぎなかった[48]。このような広範な無知が「改革」立法の背景にある重要なファクターだった。この立法は大部分の州において，経済発展のための公用収用を禁止しようとしながらも，実際にはそれを別の名前の下で継続させたのだ[49]。

多くの州で，新しい法律は財産を私人に移転するような「経済的発展」のための収用を禁じたが，「荒廃 blight」をなくすという名目の下で事実上同一の収用を続けることを許した。多くの州は「荒廃」をとても広く定義したので，地方政府がある地域を収用しようとするならば，事実上いかなる地域でも「荒廃」していると判断して収用できるほどだった。最近裁判所は，ラスベガスのダウンタウンやニューヨークのタイムズ・スクエアのような地域さえも「荒廃」していると判断して，それゆえ荒廃を理由とする収用が許される地域だとした[50]。残念なことに，相対的に無知な有権者は，経済発展のための収用を本当に廃止した新法と廃止するふりをしただけの新法との間の違いがわからな

かっただろう。

　2000 年の ANES 調査データは，主要な政策上の争点に関するジョージ・W・ブッシュとアル・ゴアの立場，あるいは共和党と民主党の立場を比較するよう回答者に求める 10 の質問を含んでいた。表 2.1 はその結果を要約したものだ。

　回答者の過半数が両政党あるいは両候補者の相対的な立場を正しく答えたのは，10 問中わずか 3 問であり，そのうち 2 問では，正答の割合は 50 パーセントをわずかに超えただけだった[51]。このデータは回答者の知識の真のレベルを過大評価しているかもしれない。なぜなら争点について民主党をイデオロギー上共和党よりも左に，あるいはゴアをブッシュよりも左に置く回答はどれも完全な正答だとされるからだ。この分類は調査の尺度における政党あるいは候補者の絶対的な位置の正確さを考慮していないし，二つの立場の間に回答者がどれだけの大きさのギャップを認めているか，その正確さも測定しない。

　これらのファクターをもし考慮することができれば，比較項目で計った争点に関する有権者の知識について，一層荒涼たる像が浮かび上がってくることはほとんど確実だ。いずれにせよ次のことは明らかだと思われる。──基本的な公共政策の争点の広い範囲において，対立する候補者と政党が問題の争点でいかなる位置にあるのかを知っているという，争点ごとの政治的代表モデルの前提条件である基礎的な知識を市民の過半数は持っていない。

　いくつかの争点上の相違について，公衆の理解は 2000 年よりも 2004 年の方がはるかに高かった[52]。よくあることだが，候補者がどの政党に属しているかを知れば，有権者はその候補者の争点上の立場がどうなりそうかを判断しやすい[53]。しかし対立する政党の立場に関する知識は，争点に基づく投票に必要な四つの条件の内の一つにすぎない。

　ここで提出された証拠は，市民は争点に基づく効果的投票のために必要な知識のうち，一番容易なものについても情報を欠いていることがよくある，ということを示している。その容易な知識とは，基本的な争点と政策の存在自体と，特定の政策争点に関する基本的事実と，政党相互間の相対的な位置に関する知識だ。この証拠は，対立する政党の政策が有権者自身の価値観と利益にいかなる帰結をもたらすだろうかを予測するという，はるかに難しい仕事を行うために十分なだけの知識を有権者が持っているかどうかを直接に測るものではない。

この点に関する調査の証拠は残念ながら相対的に乏しい。しかし公共政策について基本的な知識を持っていない人々がはるかにもっと複雑な知識を持っていることが多いということは，ありそうもない[54]。

　熟議民主主義

　最近30年以上にわたってたくさんの政治理論家と法学者が，民主的統治についてそれほど要求するところが多くない考え方に対する選択肢として，熟議民主主義を提唱している[55]。熟議民主政の提唱者によれば，有権者が特定の争点について政治的指導者を彼らの「裸の選好」に従わせることができるだけでは十分でない[56]。その代わりに，市民は公共政策に関するかなり洗練された熟議に参加して，特定の政策の支持を正しい「理由のタイプ」に基づかせる能力を持つべきだ[57]。

　政治参加に関する規範的理論としての熟議民主主義は，政治的知識の向上に努めるという，純粋に道具的な目的のために熟議を用いることとは異なる。学者の中には後者は擁護しても，熟議民主主義を内在的に価値ある理想として支持する一層広範なアジェンダには必ずしも賛同しない人がいる。政治的知識向上のツールとして熟議を用いることを支持する議論は第7章で考察する[58]。

　規範的な熟議的民主主義の擁護者たちの間でも，市民の熟議が満たすべき基準については争いがある[59]。たとえばエイミー・ガットマンとデニス・トムソンは，市民は「形式において道徳的であると認められ，内容において相互に受容可能な理由に訴えかけ」ねばならず，そしてもし経験的な主張に依拠するならば，その断言は「相対的に信頼のおける探求方法と首尾一貫」していなければならない，と主張する[60]。多くの熟議民主主義者は，自分たちの「理想は，全市民の公共善に資するもののついての市民たちの不偏的判断を市民が表明し，そして彼らの個人的あるいは集団的利益への影響に関する判断に基づく彼らの個人的選好を表明しないことを要求する」と信じている[61]。多くの熟議民主主義者はまた，何が公共善を増進させるかに関する有権者の判断は熟議あるいは「情報を与えられた」選好に基づいていなければならないとも信じている[62]。故ジョン・ロールズやロナルド・ドゥオーキン ── いずれも熟議民主主義の純粋な支持者とはいえないが ── のような他の学者たちは，政治的熟議

に参加する市民が宗教あるいは —— ロールズの場合 —— 「包括的道徳教説」に依存する主張を制限あるいは回避することを要求する 63)。ロールズならば，市民たちの全体として定まった見解が「理にかなっていて，他のあらゆる市民によって理にかなっているとみなされうる」ようなケースにのみ，市民たちがそのような教説への訴えかけを限定するよう要求するだろう 64)。

もっとも影響力ある熟議民主主義者の一人であるユルゲン・ハバーマスは，熟議のプロセスは「不偏不党性」に基づき「能力ある主体間の相互承認」を含む市民の議論だけを考慮すべきだと説く 65)。熟議理論のこれほど野心的でないヴァージョンさえ，やはり熟慮が理想的な熟議構造 —— そこにおいては，「誰もがよい理由を見ればそれを承認する（あるいは承認する傾向がある）」——の結果と似た結果を生みだすか否か，そして熟議への参加者がすべての対立する見解を「真剣に」考慮するか否かによって熟議を評価する 66)。

他の点では異なっていても，熟議民主主義者は公共政策を有権者の選好に合致させることだけをめざす「総計的」民主主義理論に対して一般に批判的だ 67)。彼らはその代わりに，有権者は政策に関する争点を積極的に，そして知的に厳格で道徳的に正統性を持つ仕方で議論しなければならないと主張する。ジョシュア・コーエンが言うように，「熟議民主主義の見解は，集団の選択が**熟議というしかたでなされるべき**だと強調するのであって，それらの選択が市民の選好と望ましい仕方で適合しているべきだとだけ言っているのではない。」68)

それゆえ熟議民主主義のほとんどの理論は，少なくとも二つのタイプの知識の要件を有権者に課する。第一に，市民は政策の争点と提案された選択肢を採用した場合に起きそうな帰結とについて経験的な知識を持っていなければならない。市民は「一緒に議論する際に，競合する議論のメリットを真摯にはかりにかけ」なければならず，理想的にはそれを「無理のない程度に正確な情報」に基づいて行わればならない 69)。たとえば，自由貿易をとるか保護主義をとるかを考慮する有権者は，比較優位の経済学と，貿易の制限が消費者と生産者にもたらすであろう諸帰結とをある程度知っている必要がある 70)。この点で，熟議民主主義の要求する知識の要件は回顧的投票理論や政策代表理論の要求する情報と同じ種類のものもある。しかし熟議民主主義はおそらく事実に関する

この種の知識をもっと大量に要求するだろう。なぜなら有権者は政策の選択肢について真剣な熟議を行うことを期待されているのだから。

　第二に，熟議民主主義の下の有権者は，熟議の過程で提唱されるさまざまの議論が熟議民主主義の規範的要求を満たしているか否かを判断できるような，道徳的かつ哲学的な知識をも持っていなければならない。たとえば，ガットマンとトムソン[71]とハバーマス[72]は，熟議はすべての市民を平等な者として扱う議論しか行ってはならないと主張する。たとえば自由貿易にせよその他の政策にせよ，その支持者も反対者も，自分の選ぶ政策はある集団に利益をもたらす一方で他の集団に不利益を与えるが，後者は自分にとってどうでもよい人々だ，と論ずるだけで自らの立場を正当化することはできない。道徳的かつ哲学的な洗練をこのように暗黙に要請することは熟議民主主義に特有で，それを他の政治参加理論からはっきり分かつものである。有権者に要求されるものが事実に関する知識だけでなく哲学的な知識でもあるならば，彼らに課される情報の負担はそれに応じて大きくなる。

　全体として，熟議民主主義は他の政治参加理論が要求する知識よりも一層大きな知識の負担を市民に課する。特定の政策の争点に関する詳細に加えて，熟議民主主義の市民は，その理論が要求する通りに争点を分析し討議することができるような，推論能力と哲学的知識とを持っていなければならない。熟議民主主義が他にどんな長所と短所を持っているにしても，それが選挙民に巨大な知識の負担を課するということを認めるのが肝要だ。

　熟議民主主義の要求する知識は今検討した三つの他の理論の要求する知識よりもはるかに大きいのだから，ほとんどの市民がこの政治参加理論の厳格な知識の要請に応えられないということはさらに明白だ。有権者は主要な公共政策の争点の基本的知識さえしばしば持っていないのだから，彼らが洗練された仕方で政策の選択肢について熟議するために十分な知識を持っているということは，たとえあるとしてもめったにないだろう。哲学と道徳の争点に関する市民の知識について入手可能な調査データはさらに乏しい。それでも，これらの事柄について大部分の熟議民主主義者を満足させられるだけの知識を人口のごく一部以上の人々が持っているとは思えない[73]。

　熟議民主主義を掘り崩すものは無知だけでなく，有権者たちが自分の持って

いる情報を理性的に評価しようというインセンティヴの欠如でもある[74]。熟議民主主義者は，公共政策の争点に関する理性的で体系的で不偏不党の熟慮を提唱する。彼らは熟議者が他の人々の見解を「そのメリットによって」考慮することを望む[75]。もし大部分の有権者が自分の得る政治的情報を評価するにあたって高度にバイアスがかかっていて非理性的ならば，その理想を実現することは困難か不可能だ[76]。もし彼らが心を閉ざしていて対立する証拠を受け入れようとしないならば，彼らの多くが熟議民主主義者の説くような種類の不偏不党の対話に参加できるとは思えない。

熟議民主主義の提唱者の中には，選挙民が厳しい知識の要請を満たさないということを認めて，知識増大のための様々なメカニズムを提案してきた人もいる[77]。熟議の過程それ自体が争点に関する有権者の知識と理解を高められるという可能性はある[78]。しかし有権者が自分の知識を高めてくれる熟議過程への参加をどうかして強制されるか，あるいはそのための積極的なインセンティヴで刺激されるかしなければ，最小限以上の知識と理解を獲得するためのいかなるインセンティヴを有権者が持つのか，それを知ることは難しい。同様な問題は，熟議民主主義が要求するレベルにまで知識を向上させるための他のタイプの努力についても生ずる。必要なだけの大きな知識の向上をもたらすためには，そのようなインセンティヴは，消極的なものにせよ積極的なものにせよ，かなりのものでなければならない[79]。ある広範な文献レビューが結論として言っているように，「大部分の人々は非熟慮的な推論形式を選ぶ。」そして「きわめて長い間」熟慮することを特別に嫌がる[80]。

政治哲学者と法学者の間では熟議民主政がもてはやされているが，広範な政治的無知が存在する世界の中でこの理論がどうにかして機能しうるということを示すためには，まだまだ多くの課題がある。

純粋な手続主義的な民主主義理論

規範的な民主主義理論の中には，純粋な「手続主義」的ヴァージョンもある。それは民主主義の意思決定過程をその結果から全く独立に，手続上正しいという理由で擁護する[81]。理論上は，民主的参加に関する純粋な手続主義的理論は政治的知識に全く無関心であるかもしれない。たとえ有権者たちが完全に無

知であっても，適切な民主的な手続に従っている限り，純粋に手続主義的な理論の要請は満たされうるのだ。

しかし実際には，手続主義理論はその適切な手続の定義の中に，ある程度の熟議と有権者の知識という想定を取り込んでいる[82]。知識の要請を**全く持たない**純粋な手続主義理論は極めて魅力が乏しいと思われる。それはたとえば，有権者が自分たちの行動がいかなる帰結を生むかについて何も知らずに重要な争点について決定するような民主主義の過程を是認せざるをえないだろう。それどころか，市民がアトランダムに，あるいはコインを投げて，誰に投票するか決めたりするような選挙過程すら是認せざるをえないだろう。このような純粋な手続主義はまた，子どもや精神障害者に投票権を与えないことを正当化しがたいだろう[83]。これらの問題を回避するために，純粋な手続主義者はある種の知識の要請を有権者に課す必要を受け入れなければならない[84]。そしてその要請は，回顧的投票のような，すでに検討した，要求するところが少ない諸理論の要請と同じ程度に厳格なものになりそうだ。

有権者は知りすぎているということがありうるか？

民主主義理論は有権者の知識が少なすぎるという可能性についての考察をたくさん含んでいる。だが有権者の知識が時には**多すぎる**かもしれないという可能性については，あまり考えてこなかった。この可能性も真剣な考慮に値する。もし政治的知識が善よりも害をもたらすことが多いならば，われわれは政治的無知についてそれほど心配すべきでないだろう。もし知識がたいていの場合正味では害になるならば，無知を嘆く代わりに賞賛さえしてもよいだろう。

有権者の無知が現実に害をもたらしうるというシナリオはいくつか存在する。稀な機会においては，無知は実際に至福に導く**可能性**がある！ だがそのようなケースの大部分は，ある領域での無知のために別の領域での知識が危険になるという状況だ。

「悪い」価値と結びついたよい知識

政治的知識が害悪をもたらしうる一番明白な状況は，有権者がその知識を

第2章 有権者は十分知っているか？

「悪い」価値を実現する政策の促進のために用いるときだ。ここでいう**価値**とは，ある人の究極的な目的 —— その目的実現のための手段ではなく —— を指す。たとえば，ある人が自分の幸福の最大化を望み，自分の物質的富が増えれば一層幸福になると信じて，その目的追求の手段として収入の増加を求めるということがありうる。その場合，幸福が究極の価値で，富は目的のための手段にすぎない。

なぜ政治的知識は悪い価値を持つ選挙人が引き起こす害悪を悪化させるかもしれないのか？　大変人種差別的で，軽蔑されている人種的マイノリティになるべく大きな害悪を加えようとしている人々が，選挙人の多数を占めているとしてみよう。もしそのような人種差別的有権者がさまざまの政府の政策の影響についてもっと知識を持ったら，彼らはマイノリティ集団の苦しみを一層悪化させるような政策の実施を，選挙された公務員に強いることができるだろう。

もし人種差別的な多数派が政府公務員の活動について知識を増やすならば，それは軽蔑されているマイノリティの迫害において「たるんでいる」人々をもっとたやすく見つけ出し処罰することができる。それはまた，選挙人の情報が少ないときに比べて，現職にある公務員が厳しい差別的政策を採用するインセンティヴを一層強くする。

このシナリオは単に仮説的なものにすぎないのではない。ジム・クロウ時代の南部では，政治的指導者たちはアフリカ系アメリカ人に対して自分たちが個人的に支持しているよりも一層差別的な政策をとったが，それは人種差別的な世論を満足させるためだった[85]。アラバマ州知事ジョージ・ウォーレスはアフリカ系アメリカ人学生が以前は白人だけだったアラバマ大学に入るのを阻止するために「校門に立ちふさがった」ことで有名になった1960年代に人種隔離の最も悪名高い支持者になった。しかしウォーレスが1958年に最初に知事に立候補した時は，人種問題については相対的に穏健だった。その結果，彼は白人支配に十分コミットしていないと有権者に判断されたために敗北を喫した[86]。これに懲りたウォーレスは，自分の政敵が「二度とニガーのことで抜けがけさせない」ことを決意して，以後の選挙戦ではもっと隔離主義的な路線をとって，それはもっと成功を収めた[87]。もしアラバマの有権者が1958年にウォーレスの穏健さについてよく知らず，もっと厳しい隔離主義の政策の代替

策がありうるということに気づいていなかったら，ウォーレスの行動は別だったかもしれない。

同じ分析は，「悪い」価値を持った有権者の政治的知識が増大するとそれらの価値を一層十分実現できるようになるという，別の状況にも拡大できる。ワイマール共和国の反ユダヤ的ドイツ人の有権者や，イスラム世界で新たに民主化しつつある国々の過激イスラム主義の有権者の例を考えてみよう。彼らの知識が増大すると，前者ではナチスやその他の超国家主義的政党を支持することになり，後者ではリベラル派や宗教的マイノリティや女性を抑圧しようとする過激イスラム主義の政党に投票することになるだろう。

本書は特定の政治道徳のヴィジョンを擁護するものではない。しかし人種主義者やナチスの価値も含んであらゆる価値が等しくよいものだという見解をとるのでなければ，われわれはよい政治的知識が時には「悪い」価値のためになりうるということを認めなければならない。

とはいえ，われわれにとって悪い価値のように見えるものは，事実に関する政治的無知の別の形態にすぎないことが多い。たとえば，ジム・クロウ時代の白人の人種主義者の中には，何の背景的目的もなしにアフリカ系アメリカ人を憎んでいてそのために人種隔離を支持した人もいただろうが，他の人々の中には，人種統合を許して黒人に平等な法的権利を与えることの帰結について誤った事実的信念を持っていたために隔離を支持した人も多かった。多くの人々は，人種統合の結果として白人に対する黒人の暴力的犯罪が激増し，人種間の結婚によって白人種の有害な「劣化」が生ずるだろうと信じていた[88]。人種隔離と統合の現実の影響に関する公衆の知識がもっと大きくても，人種主義は根絶されなかったかもしれないが，それが過酷な隔離政策への白人の支持を減少させたであろうことは確かだ。

同じようにして，ナチスやその他の20世紀前半のドイツの国家主義者がユダヤ人に敵対し軍事的拡大を支持した原因の一部は，ユダヤ人と外国人に対する内在的な嫌悪にあったが，ナチスの思考の核心は，ユダヤ人がドイツ経済を害しており，世界経済システムはゼロサムゲームだから長期的にはある国家の福利の向上は別の国を必ず犠牲にする，という信念にあった[89]。もし1920年代の大部分のドイツの有権者がユダヤ人はドイツ経済にとって純益をもたらし

ドイツは隣人たちを征服しなくても繁栄できるということを理解していたら，それは反ユダヤ主義や軍事拡張主義を根絶したりしなくても，両者への公衆の支持を大いに減少させただろう。

もっと最近では，同性愛者への公衆の敵意の大きな部分が，同性愛は遺伝ではなく教育と環境に起因するという誤った信念が動機になっている。2007年のギャラップ調査によると，アメリカ人の35パーセントが同性愛は「教育と環境」によって生ずると信じている一方，42パーセントは（正しく）それは「生まれつき」の状態だと答えた[90]。同性愛は教育と環境によって生ずると信じている人々は，それが道徳的に受け入れられず同性愛行為は非合法化されるべきだと信ずる傾向がはるかに大きい[91]。

全体として，よい知識を持った有権者が悪い価値によって一層効果的に行動するという可能性を否定することはできないが，われわれにとって悪い価値だと見えることの多くが，少なくとも大部分は事実に関する無知の結果だということも同じように真実だ。

狭い自己利益に基づく投票と結びついた高い知識レベル

政治的知識の増大が害悪をもたらす際の別の可能なメカニズムは，有権者が正確な知識を用いて狭い自己利益を基礎に投票する場合だ。個々の有権者が政治システムを用いて自分の狭い自己利益を追求することは，それ自体としては道徳的に非難できないかもしれない。しかし有権者のすべてあるいは大部分がそのように行動すると，万人の状態を悪化させる望ましくない組織的影響が生じうる。

たとえば，すべての有権者が完全情報を持ち自分の狭い自己利益のためにそれを用いる状況では，その結果は高度に不効率な「レント・シーキング」——経済を害し，大部分の人々の状態を悪化させる再分配——になるだろう，と主張する経済学者がいる[92]。自己利益による有権者は社会内の他の集団の犠牲によって自分たちに富を移転することを約束する候補者を支持して投票し，その結果として危険な政治的サイクルをひき起こすことがありうる。そのサイクルの中では，富の生産者は自分が作り出すものはライバルの利益集団のための再分配の標的にしかならないということを知っているので，経済的生産へのイ

ンセンティヴが掘り崩される。

　自己利益による有権者が政治的知識を持てば持つほど，彼らが他の集団を犠牲にして自分たちに富を移転させる機会を知る能力は高くなり，レント・シーキングの潜在的範囲も広がる。それゆえ高度の政治的知識と自己利益的有権者とは危険な結合だと論ずることができる。

　だが実際には，この問題は現実的というよりも理論的なものだ。有権者の動機に関する研究の圧倒的なコンセンサスは，大部分の人々は狭い自己利益に基づいて自らの政治的見解を選んでいるのでは**ない**という結論に達している。有権者はその代わり，彼らが社会全体の利益だと考えるものに基づいて通常「向社会的（sociotropic）」に投票している93)。これは特に経済政策の領域で言える。そこでは一般に有権者は，自分自身の財布よりも経済全体の状態に焦点を置いている94)。それゆえ大部分の論点では，政治的知識の増大が自己利益的有権者に破壊的なレント・シーキングを可能ならしめるという可能性を心配する必要はない。

　しかし高度の知識を持っているが狭い意味で自己利益的な選挙民といえども，同じくらい自己利益的だがずっと無知な選挙民よりはまだましかもしれない。選挙民が知識を持っている場合，少なくとも政治家は，有権者の過半数に利益を与える政策を追求して権力の座にとどまろうとするインセンティヴを持つだろう。もし知識を持っている多数派が別の政策の下で暮らし向きがよくなるならば，多数派はその知識を用いて現職者を解任し，もっと自分たちに利益を与える政策を支持する投票をすることができる。

　利益集団によるレント・シーキングが問題であっても，高度の知識を持つ多数派は同様にして，ある集団の犠牲において特定の利益集団に利益を与えるような政府の権力に憲法やその他の制度によって拘束を課そうとする指導者に，投票することもできる95)。合衆国憲法の起草者たちは所有権を憲法で保障することによってこの目的を達成しようとした96)。

　選挙民が知識を持てば持つほど，彼らはレント・シーキングの危険をよく理解するようになり，それをコントロールするために必要な手段を決める能力も向上するだろう。完全な情報を持った有権者といえども有害なレント・シーキングを完全に抑止することはできないかもしれないが，彼らが知識を持てば持

つほど，それに成功する確率は大きくなる。

　高度に知識を持っているが狭い意味で自己利益的な多数派ならば，善よりも害悪をもたらす可能性がある――もし彼らが，多数派に小さな利益をもたらす一方で少数派にもっと大きなコストを課する政策を支持するならば。たとえば人口の 51 パーセントにそれぞれ 100 ドルの利益を与える一方で 49 パーセントに 200 ドルずつのコストを課する政策を考えてみよう。この場合，少数派が受ける不利益は多数派が得る利益のほとんど二倍になる。それでも自己利益を求める多数派はその政策について知り，その結果を理解するならばそれを採用しそうだ。

　しかしながら，高度の知識を持つ有権者ならば，そのような不効率性の発生をログローリング［戦略的な票取引］によって減少させることができるだろう[97]。この例では，49 パーセントを占める少数派は，少数派に高いコストを課しながら多数派の人たちにたった 100 ドルずつしか与えないような不効率なプログラムに投票する代わりに，彼らに，そう，125 ドルずつを移転するようなプログラムを受け入れる合意ができるだろう。少数派はこの取引を受け入れさせるために多数派グループ全員を説得する必要はない。この多数派の中の十分な人々を動かして，彼らと新たな多数派を形成さえすれば足りる。この取引を通じて，多数派も少数派も，多数派グループが元来の一方的な提案を単純に少数派に押しつけた場合よりもよい状態に至る。選挙民が知識を持っていればいるほど，彼らは万人の状態を改善することができるような，相互に有益なログローリングへの機会を見出して理解することが容易にできる。

　これと対照的に，狭い意味で自己利益的だが政策の影響について一般に無知な有権者から構成される選挙民は，多数派の状態を実際には改善するよりも悪化させる政策を採用しやすい。彼らは有害な政策が実際には自分たちの利益を促進するという，誤った結論を出しやすい。そういうわけで，狭い意味で自己利益的な有権者においてさえも，高度の政治的知識を持っている方が低度の知識を持っているよりもよいものになりやすい。狭い意味で自己利益的な有権者がもっと利他的な有権者よりも望ましいかどうかはともかくとして，知識のある自己利益的有権者の方が，同じくらい自己利益的だが無知な有権者よりも一般に望ましいのだ。

他の無知の否定的効果を打ち消す無知

　時には，ある分野における有権者の無知が他の分野における無知の消極的効果を打ち消すことがありうる。政策 X が実際にはよい効果よりも悪い効果をひき起こすとしても，公衆はその政策が有益な効果を持つと間違って信ずるかもしれない。もし現任の公務員が政策 X を採用せず，そして公衆がそのことを知ったならば，有権者は次の選挙で現任者をやめさせて，X を実施する強い動機を持つ候補者を選ぶことができるだろう。

　たとえば，イデオロギーを問わず経済学者は自由貿易が経済を改善させ貧困層を助けるからよい政策だということで見解が一致しているのだが，有権者は貿易保護政策を支持する傾向がある[98]。おそらくこの理由から，オバマ大統領は 2008 年のキャンペーンを通じて北米自由貿易協定（NAFTA）やその他の自由貿易条約を再交渉することを約束した[99]。しかしながらオバマはひとたび大統領に選ばれるとこの公約から身を引いたが，それは保護主義の強化がただでさえ弱い経済をさらに害することを彼とその助言者たちが恐れたからかもしれない[100]。オバマ大統領は 2009 年のカナダ訪問中に，「今は貿易保護主義のいかなる兆候にもきわめて注意すべき時だ。なぜなら世界の経済が縮小するにつれて，すべての国々の選挙民の間で，外国を犠牲にして自国を富ませられないかと考える強力な動きが出てくるように思うからだ」と警告した[101]。2012 年現在，大統領はこの違約のための政治的な損失をほとんど受けていない――たとえ公衆が保護主義を強く支持し続けているにしても[102]。

　この争点で大統領が政治的バックラッシュを避けられた原因の一つは，ほとんどの有権者は大統領がこの特定の公約を守らなかったことに単純に気がついていない，ということにあるのかもしれない。もしそうならば，そして自由貿易は保護主義よりもすぐれているという経済学者たちの信念が正しいならば，貿易政策に関する公衆の無知は，貿易の効果に関する公衆の無知がもたらしたかもしれない悪影響を打ち消した，ということになろう。もし公衆がオバマ大統領の政策について知識を持っているが，自由貿易と保護主義の結果についてやはり無知だったとしたら，大統領はもっと有害な政策をとらざるをえなかったかもしれない。

第2章　有権者は十分知っているか？

　貿易政策というこの特定の問題についてどう考えるにしても，ある分野に関する無知が時には別の分野の無知を打ち消しうるという，一般的な可能性を斥けることはできない。しかしながら，そのような幸運な出来事が起きるのは，次の三つの条件があてはまる場合に限られる。

1. 公衆の多数派が有害な政策の真の結果について知らないためにそれを支持する。
2. 政治的指導者が自分自身の意志に従うならば，それとは別の，もっとよい政策を採用する。
3. 政策に関する公衆の無知のため，公務員が彼ら自身の選好に従うことができる。

　この三つの条件のどれか一つでも欠けていたら，政治的無知は事態を改善させるのではなく悪化させるだろう。もし実際に公衆がエリートの支持する政策よりも有益な政策を支持しているならば，公衆が政策の真の状態について無知であると，悪い政策が採用される確率が高いだろう。また公衆が指導者の行う政策決定について知識を持っているが政策の影響について無知ならば，指導者には悪い政策をとる動機が生ずるだろう。

　それに加えて，やはり政策の結果が最善になりそうなのは，公衆が政策決定と政策の効果の**両方**について相対的に知識を持っているときだろう。そのシナリオでは，有権者は有益な方向に向けて政策決定者を罰する確率が一番大きい。

知識マークに達しない

　公衆の知識レベルは政治参加の規範的理論の要請にはるかに達しない。これは熟議民主主義のように要求の高い理論の場合にはおそらく驚くべきことではないが，公衆の大部分はシュンペーター流の回顧的投票のように相対的に単純な理論の要請さえ満たさないということは注意に値する。

　有権者が知識を**持ちすぎる**という状況もありうる。そのような場合，現実に政治的無知は民主政のパフォーマンスを悪化させるよりも改善させる。だがこのような場合が通常だということはありそうもない。さらに，そのような場合の大部分において，ある領域における無知が有益な効果を持つのは，それが他

のタイプの無知の悪影響を部分的に打ち消すからにすぎない。有益な無知という稀な例は，われわれの政治的知識の一般的曇天の中の一筋の晴れ間だが，全体として空は暗いままだ。

　現在の知識のレベルは民主主義理論の要求に達していないが，この結果は偶然的なものにすぎずたやすく変えられる，ということはありうる。だが次の章は，無知の多くは民主政の基本構造に根ざした合理的行動の結果だということの原因を説明して，無知を軽減するのは難しいだろうということを示す。

第 3 章

政治的無知の合理性

　　職業的政治家にとって一番難しいことは，大部分の人々が大
　　部分の時間，一日中政治を第一に考えてはいないということ
　　を理解することだ。あるいはもし考えているとしても，それ
　　はため息と共にだ——子どもや，親や，抵当や，ボスや，友
　　人や，体重や，健康や，セックスや，ロックンロールについ
　　て，心配することに戻る前に……。

　　通常の人々の大部分にとって，政治は自分から離れた，時に
　　はいらだたしい霧にすぎない。
　　——トニー・ブレア[1]

　政治的無知を単なる「愚かさ」と混同する人は多い[2]。しかし無知は現実には賢明であることが多い。高度に知的な有権者でさえ，政治的知識を得ようとほとんどあるいは全く努力しないことは合理的でありうる。実際のところ，最近数十年間の間に IQ は大幅に上がってきたのに，政治的知識のレベルは停滞している[3]。

　ほとんどの政治的無知は現実には合理的だ。大部分の人々にとって，政治について最小限の時間と努力を費やすことは利益よりも費用の方が大きい。英国前首相トニー・ブレアが言ったように，人々が「子どもや，親や，抵当や，ボスや，友人や，体重や，健康や，セックスや，ロックンロール」への関心にもっと多くの時間を費やすことは理解できる[4]。同様にオバマ大統領もかつてこう書いた。——自分が会った通常の市民の大部分は「仕事や子どものことで忙しすぎて，政治にあまり注意していなかった。」[5]

　大部分の有権者は合理的であるために無知だからといって，彼らの行動があらゆる点で完全に合理的だとか，彼らが情報獲得の費用と利益とを完璧に計算

しているとか示唆することにはならない。それが示唆するのは単に，ブレアとオバマが認めたように，大部分の市民は政治的情報を獲得するための最小限の時間と努力がその面倒に値することは少ないと漠然と感じている，ということにすぎない。

大部分の政治的無知が合理的だということは民主主義理論にとって深刻な含意を有する。特に決定的な含意は，合理的に無知な有権者は，彼ら自身が持っている情報の分析についてもよい仕事をしないことをしばしば合理的とみなすだろう，ということだ。それに加えて，多くの人々は基本的な政治的情報について無知なままで投票することが合理的でありうる，ということにもなる。また有権者は政治的無知のせいで，政治的な欺瞞や誤った情報にもだまされやすくなる。

広範な政治的無知は，それが合理的か否かにかかわらず問題だ。不合理な無知や純粋に偶然の無知は一層危険でありうる。しかしこれから見るように，無知が合理的だということは，そうでない場合よりも民主主義にとって一層困難な問題をはらむことになる。

多くの場合，政治的無知とは，諸個人が情報獲得についてほとんどあるいは全く時間を割かないことが合理的であるような，多くの事柄に関する広範な無知に他ならない。一番頭がよくて高い教育を受けた人々でさえ，獲得可能な情報のすべてのうちのごく一部を咀嚼する時間とエネルギーと心理的能力しか持っていない。

さらに論ずるように，広範な無知は基礎的科学を含む多種多様な非政治的な題材においても普通のことだ。しかしながら政治的無知が提出する問題は，個々人では合理的な行動が，社会全体に重大な悪影響を及ぼしかねないということにある。合理的無知のそれ以外の例のほとんどは，個人的合理性と集合的目的との間でこれほど顕著な衝突をもたらさない。

政治的無知が合理的であるのはなぜか

政治的無知が合理的であるのは，個人としての有権者が選挙結果に影響を及ぼす確率がほとんど無だからだ ―― その確率は現代の合衆国大統領選挙では

一億分の一かもしれない[6]。最近の調査の結論によると，2008年の大統領選挙では，アメリカの有権者が決定的な一票を投じた確率はほぼ六千万分の一で，それはいくつかの小さな州における千万分の一から，カリフォルニアのようないくつかの大きな州における十億分の一の間にある[7]。一票が州や地方の選挙に影響を及ぼす確率はもっと大きいが，それでも極めて低い。そのような極小の確率の結果として，政治的知識を集めようという動機は消滅するほど小さくなる ── その動機の唯一の理由が，「よりよい」一票を投ずることである限りは。

一票が結果を決めることはほぼ確実にないから，その結果に大いに関心を持つ有権者といえども，十分な情報に基づく選択を行うに足る知識の獲得に投資する動機をほとんど持たない。十分な情報を持つ選挙民は，消費者が費用の支払いにほとんど動機を持たない「公共財」の典型だ。なぜなら消費者はその生産に寄与しなくてもそこからの利益を享受できるのだから[8]。さらに諸個人は自分の個人的な寄与が最終結果に相違をもたらさないだろうと知っていることもあって，公共財の生産に寄与する動機をほとんど持たない。

公共財の古典的な例はきれいな空気だ。一個人はたとえ大気を異常に汚染する排気ガスをまき散らす自動車を運転しても，自分の都市のきれいな空気の利益を享受できる。その都市の他の住民たちが自分たちの大気汚染の量を制限しても，その運転者個人は自分の習慣を変えなくてもきれいな空気を享受できるのだ。また他の住民たちが汚染し続けても，この運転者個人はやはり自分の行動を変えるべき動機を持たない。もし彼がもっと空気を汚染しない自動車を買うかバス通勤をするとしても，それは関知しうるほどの影響を汚染の総量に与えることがないだろう。自動車一台が汚染のレベルに与える効果は極小だ。この理由から，大部分の経済学者は次の結論を引き出す。── 政府のような何らかの外的権力が，有害な廃棄物の排出を制限するよう諸個人と会社に強制しなければ，大気汚染を効果的にコントロールすることはできないだろう。

同様にして，個々人の有権者は政治について十分な情報を持つ動機をほとんど持たない。もし他の有権者が十分な情報を持てば，この有権者はたとえ完全に無知でも，もっとよく知っている有権者が作り出す利益を受けることができる。もし他の有権者たちの知識のレベルが低ければ，有権者個人は自分自身が

もっと情報を得てもそのことだけで投票の結果を改善することはできない。その有権者の知識が選挙結果に影響をもたらしそうにないのは、排気ガスをまき散らす自動車一台を減らしても大都市の大気汚染に大きな影響を与えないのと同じだ。このようにして、政治的無知は民主政プロセスの一種の「公害［汚染］」になる。

それゆえ高度に知的で完璧に合理的な市民さえ、政治的知識の獲得にほとんどあるいは全く努力しないということがありうる。投票以外の理由で政治的知識を評価する人だけが、かなりの量の知識を学ぶ動機を持つ。もっと十分な情報を持った有権者になろうという目的で広範な政治的知識を獲得することは、大部分の場合、単純に不合理だ。このことは政治的情報がメディアやインターネットやその他の源泉を通じてただで手に入る場合にもあてはまる。情報を得てその意義を分析することには時間と努力が必要だから、そのプロセスはやはり市民にとって費用がかかる。時間とエネルギーはそれ自体が価値ある資源だ。

合理的無知の論理は、狭い自己利益しか考えない人だけでなく、高度に利他的で公民精神に富んだ市民にも同じようにあてはまる[9]。100パーセント利他的な人物——自分自身の福利と他の人々の福利が衝突するときにはいつでも後者を優先させる人——も、十分な情報に基づく一票を投じるための政治的情報の獲得に多くの時間を費やすのは合理的でないだろう。「正しい」選挙結果が他の人々にもたらす利益がいくら大きくても、この利他主義者の一票がそれをもたらす確率はほとんど無に近く、多数の選挙民の中では彼の一票が結果を決める確率は消え失せてしまうだろう。

それゆえ合理的な利他主義者ならば、一人の個人の寄与が他の人々の福利を増大させる現実的確率があるような仕方で、他の人々の役に立とうとするだろう。たとえば慈善団体に時間か金銭を捧げるといった方法だ。教育を受けた有権者となるために時間と努力をかけることによって、利他主義者はかえって実際には他の人々の福利を**減少させる**かもしれない——利他主義者が同じ時間や努力を別の仕方で使っていたら人々に与えたかもしれないサービスを、人々に与えないのだから。

集合行為論を利他的な有権者に適用することで——少なくともこの場合は——政治に関する経済学的モデルに対するお決まりの批判の一つを避けること

ができる。その批判とは，経済学的モデルは不当にも自己利益的行動を前提としている，というものだ[10]。合理的な有権者が無知だという予言は，決してそのような想定に基づいていない。さらにあとで論ずるように，利他的な有権者は決定的な一票を投ずる蓋然性が極めて低いにもかかわらず投票することが合理的かもしれない。投票所に行くコストも極端に小さいからだ。しかし最小限以上の政治的知識を得るために必要な時間と努力はずっと大きい。

合理的無知の仮説が正しいと確実に知ることはできないが，手にはいる証拠は強くそれを支持する。そうでなければ，教育のレベルや，特に今はインターネットを通じて入手可能な情報が大幅に上昇しているにもかかわらず，この数十年間政治的知識のレベルがおおむね低いままにとどまっているという事実を説明することは難しい[11]。合理的に無知な有権者にあっては，政治的知識を拘束する主要因は情報の入手可能性ではなく，その知識を学ぶための時間をとる意欲なのだ。

これらのことのどれも，**すべての**政治的無知が合理的決定の結果だということを示唆するわけではないし，まして大部分の市民が政治的知識獲得の詳細な費用便益計算を行うということを意味するわけでもない。もっとありそうなことはこうだ。——平均的な人は単に，政治的情報獲得のための最小限の努力以上のことをするのは政治の結果に何の相違ももたらさないだろうからわざわざする価値がないという，大まかな直観を持っているにすぎない。

合理的無知と投票のパラドックス

もし有権者の無知に関する合理的選択の説明が健全ならば，なぜ人々はそもそもわざわざ投票するのだろうか？　政治の合理的選択モデルは，選挙結果に影響を及ぼす蓋然性がほとんどないのだから，すべてのあるいは大部分の有権者は投票所に来ることさえないだろう，と予言するように思われる。もっと正確に言えば，有権者が結果を変える蓋然性と無関係な投票の理由を持っていないとき，それらのモデルは棄権を予言する。たとえば，有権者は義務感から，あるいは自分の政治的見解を表現したいという欲求から，投票するのかもしれない[12]。

しかしながら，もし人々がそのような動機から投票するならば，同じ動機か

ら，人々がもっと情報を持つようになるということもありうる。それゆえ批判者たちは，合理的無知の仮説は市民が投票しないだろうとも予言するだろう，という理由からその仮説に抵抗する[13]。結局のところ，人々がもし個々の投票が意義を持たないという理由で，政治的知識を獲得しないという決定ができるならば，彼らはなぜ同じ理由で，投票しないという決定をしないのか？ラッセル・ハーディンが言うように，

> ある人にとっては集合的行為の論理をマスターしないことが合理的なように思われる，それゆえ人々は投票することに客観的な利益を持たないにもかかわらず投票する，とわれわれが結論するとしてみよう。**すると，彼らが理性的に投票するため必要な知識に投資しないことにおいて，なぜ彼らは論理に従っているように見えるのか？**[14]

しかしながら，有権者が候補者間に有意義な相違を見出し，自分の福利だけでなく同胞市民の福利にもわずかでも配慮している限り，投票するという決定は合理的だということがわかる[15]。単純な計算をすれば，なぜそれが真なのかがわかる[16]。

次のように仮定してみよう。Uvは投票することの期待効用で，Cvは投票のコストで，Dは有権者の選好する候補がその相手を打ち破った場合に期待される一人当たりの効用の相違だ。さらに，三億人の人口の国で大統領選挙が行われ，ある有権者の一票が決定的な意味をもつ確率は一億分の一で，有権者は平均すると自分の同胞市民の効用を自分自身の効用の千分の一にしか評価していない，と想定する[17]。

一億分の一という数字は議論を簡単にするために用いるのだが，六千万分の一という，もう少し正確な数値——2008年大統領選挙の際の平均的確率——をとっても，結果は大して変わらない[18]。

かくして次の方程式が得られる。

方程式3.1
投票の効用
$$D * (3億/1000) / (1億) - Cv = Uv$$

Cv が 10 ドル（投票のコストとして合理的な数値）で D が 5000 ドルだと想定すると，Uv は 5 ドルとなり，これは小さいとはいえ現実的な正の期待効用だ。

この単純化された例では，有権者が自分の同胞市民たちが「よりよい」候補の勝利から得ると期待する利益は，金銭によって表現されている。しかしそれは，よりよい外交政策とか一層きれいな環境といった非財政的利益でもありうる。これらの利益に，自分の一票が決定的だという確率を掛けた積が投票のコストを上回るならば，有権者が投票することは合理的だ。選挙結果が一票によって決定されるということは極めてまれだが，2009 年のジョージア州の二つの市長選挙におけるように，それは現実に起きる[19]。一票の差で勝敗が決まる可能性が小さいという要素は，期待される利益の大きさと投票自体のコストの小ささによって打ち消されるかもしれない。

現実の有権者は投票のコストと利益をこれほど厳密には計算しそうもないが，D と C に関するごくおおざっぱな見積もりを含んだ直観的な判断はするかもしれない。さらに，投票がコストも利益も小さい活動だという事実からして，このような厳密な計算を行うことにはほとんど利益がないという結果になる。だから有権者は，投票というデフォルトの選択を選んで，詳細な分析をせずにすませるのが理性的かもしれない[20]。厳密な計算を行うことのコスト自体が，投票のための時間と金銭を節約するという利益をしのぐのかもしれない[21]。

それゆえ，ごくおおざっぱな直観的な見積もりで行動することは理性的だろう──人々が日常生活の多くの決定について現実にしているように。〈人々は投票の効用についてごくおおざっぱな計算を現実にしている〉という事実は，〈対立する候補者間に大きな相違があると信じている人々の方が，両者間の相違は小さいと信じている人々よりも投票しやすい〉という調査結果，および〈接戦が予想される選挙の方が，投票率が高い〉という事実によって確証される[22]。それはまた，投票率は相対的に低い人頭税からも影響を受けるという事実によっても補強される。人頭税は連邦政府がそれを 1960 年代に禁止するまでに採用していた諸州において，投票率に影響を及ぼしていたのである[23]。

だがそれと対照的に，政治的情報を意味ある程度に獲得することは，投票自体よりもはるかに難しく時間がかかる行動である。

方程式 3.2 はこの点を例証する。Upi は「正しい」決定を行うために十分な

政治的情報を獲得することの効用であり，Cpi は政治的情報を獲得するコストだとすると——

方程式 3.2
投票の目的のために政治的情報を獲得する効用
$D^* (3億/1000) / (1億) - Cpi = Upi$

　もしわれわれが，有権者は必要な情報を獲得するためにわずか 10 時間しか必要とせずその機会費用は 1 時間当たり 10 ドルにすぎない，と想定することで Cpi を控え目に測定するとしても，有権者が情報獲得のために必要な支出をしようと決めるためには，D の大きさは前のほぼ 7 倍——33,333 ドル——にならなければならない。他の点では無知な多くの有権者が，対立する候補間にそれほど巨大な相違の可能性を認めて，情報獲得のために 100 ドル相当額を投資するということはありそうもない。この理論的予言は，大部分の市民は実際には政治と公共政策についてほとんど知らないがそれでも投票するという経験的観察と矛盾しない。
　有権者が全国の福利ではなく自分の人種集団のような一部の福利にしか関心がないとしても，この分析は大して変わらない。あるいはまた，有権者は国内の全員について少なくともある程度関心を持っているが，ある集団の効用を特に重視しているかもしれない。同様にして，有権者は自分の選好する候補者の政策がある集団を特に利するだろうと信じているかもしれない。
　いずれの場合にも，やはりわれわれは，有権者が重視する集団への効用の増加を計算し，有権者がその集団を有権者自身よりも軽視する程度とその投票が結果を決める蓋然性とによってその効用増加を割り引くことができる。その結果の数字が投票のコストよりも大きいならば，投票に行くことはやはり合理的だろう。だが同時に，情報獲得のコストからすると，情報を得ることはやはり不合理になるだろう。
　むろん時には有権者は別々の集団の福利を不平等に評価するかもしれない。たとえば，自民族中心主義のために一部のアメリカ人は自分自身の民族的集団やエスニック集団の福利を他の人々の福利よりも重視する[24]。

第 3 章 政治的無知の合理性

　方程式 3.3 は，もし方程式 3.1 が，全人口のうち 5 千万人を含む集団を他の人々よりも 5 倍重視するような有権者を想定するように変形したらどうなるか，その結果を示している。

方程式 3.3
別々の集団の福利に対する不平等な評価を想定した，投票の効用
D*（（2 億 5 千万 / 1000）+（5 千万 / 200））/（1 億）− Cv = Uv

　この例では Uv は 8.33 ドルということになって，方程式 3.1 の場合よりも少しだけ小さい。だがそれと同時に，有権者が十分な情報を得るためのコストを支払うことはやはり不合理だろう。この新しい評価を方程式 3.2 の中に入れると，情報獲得の代価を支払うことを正当化するための一人あたりの効用の相違は 2 万ドルを超えなければならなくなる。

　投票しようという決定と同様，われわれは個々の有権者が情報獲得や投票のコストと便益に関する詳細で正確な計算をすると想定する必要はない。彼らはおそらくその代わりに，政治に関する自分の知識を増大させるための大きな努力をしてもほとんどあるいは全く利益がない，と直観的に感じているだけなのだろう。同様にして大部分の人々は厳密な計算をすることなしに，理論物理学とか細胞生物学といった分野について情報を獲得することにはほとんど利益がないと想定している ── もっともこれらの領域の知識もまた社会全体には大きな価値を持っているのだが。実際のところ，真に厳密な計算をするために必要な時間と努力のコストは，たいていの人々にとって利益を超えるだろう。

　ある一票が決定的になる確率はここで使った方程式よりもずっと低い，と論ずる学者もいる[25]。もし彼らの計算が正しいならば，政治的知識を得ようとする動機は私が示唆するよりもさらに低くなる。想像できないほど大きな相違を有権者が対立する候補者間に見出すのでなければ，投票することは不合理にもなるだろう。

　私見によれば，ここで用いた定式 ── 大体統計学者アンドリュー・ゲルマンとその同僚の著作から応用したもの ── は，一票が決定的になる確率をずっと低く見積もる定式よりも正確だ[26]。しかしどちらをとろうが私の議論にはほ

とんど影響しない。いずれも有権者が政治について無知であることは合理的だという結論に至る。

一票が決定的になる確率が低いということは，大部分の有権者にとって投票することが不合理でもあるということを示唆する。しかしながら，尊敬されている学者の間で意見が分かれるということを前提すると，理性的な有権者はゲルマンのモデルが正しいといういくらかの確率があると考えるならば，やはり投票を選ぶかもしれない。有権者がもしゲルマンのモデルが正しい確率が50パーセントだと信じているならば，彼は自分が決定的な一票を投ずる確率はゲルマンの言う6千万分の1ではなく1億2千万分の1だと想定するだろう。この数字はむろん方程式3.1と3.2で用いられる1億分の1に極めて近い。

もっと現実的には，平均的な市民はゲルマンのモデルかそれに対する代替案を学ぶための時間と訓練を欠いているだろう。その人が文献を読むのを楽しく感ずるか，あるいは統計学について広い知識を持っているのでなければ，文献を読んでモデルを分析するコストは，期待される効用をはるかに上回るだろう[27]。かくして理性的な市民ならば，投票と政治的情報獲得とに関する決定を，自分の一票が決定的になる確率は極めて低いがそれでもゼロではないという大まかな直観的感じ方に基づかせるだろう。そしてこれこそ大部分の人々が現実にしているように見えることだ。

合理的に無知な有権者がそれでも政治的意見を持ちうるのはなぜか

合理的無知を投票のパラドックスと調和させようとするこの試みに対する重要な反論は，〈自分がほとんど政治的知識を持っていないと実感している，合理的に無知な有権者ならば，どの候補者がよりよいかに関する自分の判断の妥当性について確信を持つべきでない〉というものである。その人は自分が選好する候補者が勝利することによる利益の見積もりも不正確かもしれない，と想定すべきだ。合理的に無知な有権者は二人の候補者の相対的優劣について確信を持てないはずだ。この立場もまた，投票することを不合理にするだろう。

しかし以上の批判は，問題の有権者は自分の見積もりがいかなる方向でどの程度間違っているのかを知らない，という事実を無視している。この有権者が自分の選好する候補者の勝利から得られる利益を過大評価しているということ

第3章　政治的無知の合理性

はありうる。しかし反対の証拠がない以上，この人は自分がその利益を**過小評価していた**という可能性も同じくらいあると想定すべきだ。

　投票しようとしている人が知っている最善の証拠によると，候補者Aの勝利は候補者Bの勝利よりも市民一人当たり平均5000ドルの利益を与えるだろう，と想定してみよう。もし当該の人物がAとBの相対的優劣について過小評価するよりも過大評価する可能性が大きいと信ずべき理由がないとしたら，この人物は，「正しい」候補者の勝利の期待利益は5000ドルに市民の数を掛けたものだとやはり想定しなければならない。このようにして，自分の無知のため誤った見積もりをしてしまうかもしれないということに十分気づいている無知な有権者も，やはり一票を投ずることが合理的かもしれない。

　多くの人々が自分と違う意見を持っているということを単に認識するだけでも，投票しようとする人は自分の見解への確信が少なくなるはずだろう。もしその人がある対象について多くを知っておらず，そして自分の結論への反対が多いということを十分に実感するほど知っていれば，自分が間違っているかもしれないという可能性についてもっと心配すべきだろう。おそらくそれら他の人々の方が正しいのかもしれない ── 彼らはその人が知らない重要な知識を持っているかもしれないのだから。

　しかしながらそのような意見の不一致を知るからといって，合理的だが十分な情報を持たない有権者は自分自身の見解に疑いを持つはずだ，ということにはならない。〈多くの人々は自分とは違った意見を持っている〉という事実がその人を反省させるべきであるならば，〈別の多くの人々は自分と同様の意見を持っている〉という事実は，同じ力をもって，その人の信念を強化させるはずだ。もしあなたが，民主党の政策は全体として共和党の政策よりもアメリカにとってよいものだと信ずるならば，〈数百万人の共和党員があなたと意見を異にするだろう〉という事実は重要な考慮であっても，それは〈数百万人の民主党員があなたと同じように感じている〉という事実によってバランスがとれる。それらの共和党員の中には民主党の政策についてあなたが気づいていない欠点を知っている人がいる，ということはありうる。しかしそれと同じように，民主党員の中には民主党の政策があなたの考えている**以上によい**ということを証明する，あなたの知らない情報を持っている人がいるということもありうる。

74

彼らはまた，共和党の政策はあなたがそれまでに信じていたよりもさらに悪いものだと示す証拠を知っているのかもしれない。

要するに，合理的だが相対的に無知な有権者も政治的争点について意見を持ちうる。不可知論だけが無知の場合に取るべき合理的な態度だということはない。

ここでの議論は，現実世界の有権者の大部分は自分が持っている情報の評価において完全に合理的だと想定しているわけではない。実際のところ，私の結論はその反対だ[28]。私の言いたいことはこうだ。——無知な有権者といえども，自分の限られた情報を実際に合理的に評価するならば，ある政党が他の政党よりすぐれているという結論を出してそれに従って投票することができる。

この結論は，〈有権者が自分の持つ情報について不合理な評価を行わないとしたら，合理的な無知は無害だろう〉という主張——自分が政治的な争点について無知であることを知っている人は争点について不可知論的であることが合理的だ，という想定に基づく理論[29]——をくつがえすものだ。もし有権者が，自分がほとんど情報を持たないということを知っており，それでも自分がともかく持っている情報は争点の片方の立場を支持すると信じているならば，さらなる情報がない限りその信念を持ち続けることは合理的だろう——その人物がその立場に賛同しすぎるのが間違いなのか，それとも賛同しないことが間違いなのか，本人が知らないとしたら[30]。

有権者が勝者の「委任」の大きさに配慮したらどうなるか？

前の節で述べた分析は，有権者が自らの選好する候補者の勝利だけでなく，その勝利の敗者との差をも評価するとしても変わらない[31]。たとえば，有権者は自分の選好する候補者が僅差ではなく大差で勝つことを望むかもしれない。それは自分の政党の公約への一層印象的な「委任」を主張することができるからだ。その逆に，有権者が選挙で負ける候補者を支持するならば，その人は勝者と敗者の間の差ができるだけ小さいことを望むかもしれない。現実には選挙民が勝者を支持する大規模な政策変更への明確な「委任」を与えることは稀だし，それが存在するという結論に政治エリートが至ることも稀だ[32]。それでも，有権者は特定の選挙が委任を作り出すという蓋然性を過大評価するかもしれないし，あるいは今回の選挙は例外的にそのようなものだと信ずるかもしれない。

いずれにせよ、争点について情報を得るよりも一票を投ずる方がずっと安くつくことに変わりはない。さらに、「委任」の大きさにとって一票が決定的な役割を果たす確率は、勝利の場合と同じように、やはり極小だ。結局のところ、自分の選好する候補者が投票数の 58 パーセントを獲得することと 58.0000001 パーセントを獲得する間には大差があるとたくさんの有権者が評価する、などということは全然ありそうもない。むしろ一部の人が重視するのは、「小さな」委任と中型サイズあるいは「大きな」委任との間の相違だ。たとえばおそらく世論は 58 対 42 の差を決定的な「地滑り」とみなすが、57 対 43 の差は単なる「通常」の勝利と考えるのかもしれない。ある一票が小さな委任と中くらいの委任あるいは大きな委任との間の決定的相違をもたらす確率は、その一票が勝敗を決める確率と同じくらい小さいだろう。いや一層小さいかもしれない[33]。

投票のパラドックスが有権者の無知に関する集合行為問題的説明を無効にするわけではない、と信ずべき重要な理由は他にもある[34]。第一に、期待できないほど高い投票率は、単に人々が自分の投票の持ちうるインパクトを過大評価している結果にすぎないのかもしれない[35]。調査結果が示唆するところでは、有権者の 70 パーセント以上が自分の投票は「本当に重要だ」と信じているという[36]。

重要な選挙において投票するために必要とされる、相対的にささやかな努力に比べると、自らの投票のインパクトについて正確な知識を得ることの方が多くの人々にとって費用がかかる。その限りにおいて、そのような過大評価は実際に**合理的**かもしれない。もしそうだとしたら、〈その過大評価の程度は、投票行動へと刺激するのに十分な程度には強いが、十分なだけの政治的情報を獲得するために必要なずっと大きな時間と努力の投資へと刺激するには小さすぎる〉という仮説に説得力がある。計算をするだけの時間がない有権者は、大統領選挙の結果に自分が影響を与える確率は、たとえば六千万分の一や一億分の一ではなく千万分の一だという結論にたやすく到達しうる。しかし有権者が真の確率は十分の一だとかに十分の一だとかいった結論に達することはなさそうだ。

第二に、たとえ投票のパラドックスが投票の「表出的効用」あるいは義務の

「非合理的」解釈によって実際には説明できるとしても[37]，そのような動機は十分な情報を得るための重いコストを有権者に支払わせるほど強力ではない，ということはやはりありうる。実際，もし有権者が義務の感覚から一票を投ずるとしたら，それは彼らが十分な情報を持たずに投票することの理由となる。同じことが，有権者が自分は投票するということを他の人々に公言できるようにするために投票所まで行く場合にもあてはまる。このことは最近のある調査が示唆するところだ[38]。同じようにして，有権者が十分な知識に裏付けられているか否かにかかわらず自分の意見を表現することだけを望んでいるとき，それもまた不十分な情報に基づく投票に至る可能性がある。有権者の知識レベルが極めて低いということを示す経験的な証拠は，むろんこれらのシナリオと平仄があっている。

しかしながら，投票に関する「表出的効用」の説明はさまざまの弱点を持っている。もし有権者の唯一の目的が，公然と自分の意見を表現することだけならば[39]，有権者は単に家にいて，自分の支持する人を人々に会話や電話で教えれば，同じ目的がもっと容易に達成できるのではないか。それどころか，インターネットの時代には，有権者はその代わりに，選挙に関する自分の選好を述べたeメールをできるだけ多くの人々に送ることもできる。誰も有権者の決定の内容を知ることができない秘密投票で一票を投ずるよりも，こちらの方が一層明確な選好の表現になるだろう。

その一方で，もし有権者が選挙に関する自分の見解を表明したいだけで，必ずしもそれを他の人々に知らせるつもりがないならば，その見解を誰も聞いていないところで叫ぶとか，誰にも見せない書類に書きつけるとかするだけでもよい。これらの選択肢のいずれも，投票に行くよりも容易で時間がかからないだろう。それでもそのような行動が一票を投ずることの代わりになるとみなす有権者は，皆無ではなくてもほとんどいないだろう。

少なくとも多くの有権者については，義務に基づく投票行動の説明が真でありそうだ[40]。しかしながら，それは合理的選択による説明と競合するのではなく，それを補完するものだ。結局のところ，有権者が結果に変化をもたらさない行動をすべき義務をなぜ感ずるのかは明らかでない。自分の同胞市民の福利を気にかける有権者が投票の義務を感ずるのはなぜか？　それは投票行動が

違いをもたらしうると感ずるからだ。同じような分析は，他の人々が投票について質問するかもしれないし，そしてもし自分が棄権したと言ったら彼らは自分を軽視するかもしれない，というだけの理由であえて投票する人にもあてはまる[41]。おそらく事実はこうなのだろう。——棄権者の評判が低下するであろう原因は，質問者たちが棄権者は公民としての義務に反していると信ずるからであり，そして彼らがその公民としての義務の存在を信じているのは，棄権者の一票が社会にとって意味ある寄与をなしうるからだ。

合理的無知か，それともただの単純な無知か？

合理的無知のこの理論に対する別の選択肢としてありうるものは，広範な政治的無知は悪げのない間違いにすぎないという考え方だ。政治世界の複雑性を前提とすると，有権者は「不注意」に無知なのであって，自分がもし学んでいれば自分の政治的決定の質を向上できたかもしれないような情報があるということを知らなかっただけだ，ということもありうる[42]。合理的無知の代わりに，政治的知識の低いレベルこそが，ただの純粋な無知の結果なのかもしれない。

不注意無知理論の最大の難点は，これほど多くの人々が政治に関するごく基本的な事実についてさえ無知であるのはなぜかを説明しない，ということだ。単純な直観が示唆するところでは，十分な情報を持った有権者であるためには，対立する候補者たちの名前，最近の政府が採用した主要政策，どの公務員がどの争点に責任を持っているかの知識を持つことが役に立つだろう。経済の状態に基づいて一票を投じようとするならば，最近の経済の成長あるいは衰退の基になるデータをチェックすることが役に立つだろうと知るのは難しくないはずだ。

そのような基本的な情報はメディアで，また今ならインターネットで，容易に入手できる。それでも公衆の多く，しばしば過半数はそれを学ばない。もしあなたがテレビを買おうとするならば，各ブランドの価格，信頼性，画面の質についての基本的情報を得る方がよい決定を下せるだろうと知るのは難しくない。テレビ市場についてほとんど知識を持っていない人でも，そのくらいは容易に理解できる。その基本的情報を手に入れないテレビ購入者は単なる「不注意」のためにそうしないわけではないだろう。もしこの人がそのような点について無知なままならば，その原因はテレビの選択についてあまり気にしていな

いか，その情報獲得のために必要な時間と努力を自分がもっと重要だと考える目的のために振り向けているか，そのいずれかだろう。これと同じことが，基本的な政治的情報を有権者が獲得しないことについてもあてはまる。

さらに，もし政治的無知が不注意ならば，教育のレベルが向上し，現代のテクノロジーのおかげで政治的情報が低いコストで広く入手可能になるにつれて，知識のレベルが大幅に向上してきたと予測できそうなものだ。人が教育を受ければ受けるほど，また容易に入手できる政治的情報が多くなれば多くなるほど，諸個人が利用できる知識の量は多くなり，人々はその知識を投票行動において利用できるだろう。ところがすでに述べたように，教育も獲得可能性も大幅に上昇しているにもかかわらず，過去数十年間を通じて政治的知識のレベルは全くとまではいかなくてもほとんど向上していない[43]。

有権者はごく基本的な政治的情報さえもしばしば知らないし，この無知は教育レベルの向上と情報テクノロジーの革命にもかかわらず変わらない。この事実は，無知とは不注意な「単なる」無知にすぎないという考えとは調和しがたい。他方それは合理的無知と明らかに調和する。情報の供給ではなく需要こそが，大部分の人々が政治について合理的に無知である世界における，政治的学習への主たる拘束なのだ。

　　合理的無知の他の実例

政治的無知はユニークなものではない。公衆が無知であるのは，科学や地理や歴史など他の多くの領域でも一般的だ。たとえば，合衆国でもヨーロッパでも 20 パーセント以上の人々は，地球が太陽の周りを回っているのであってその逆ではないということを知らない[44]。2009 年のギャラップ調査によれば，アメリカ人の中で「進化論を信じている」と言ったのは 39 パーセントにすぎず，25 パーセントは進化論を斥け，36 パーセントは意見を持たないと言った[45]。2006 年の全国地理学協会の調査は，青年層の中に地理の基本に関する広範な無知を発見した。63 パーセントは地図上のイラクの場所を知らず（この国はイラク戦争のためにニュースで広く報道されたのだが），88 パーセントはアフガニスタンの場所を知らず，過半数は合衆国の地図上でニューヨーク州のような重要な州の場所を知らなかった[46]。

同様にして，さまざまの環境や科学に関する危険が公衆の健康に脅威をもたらす程度についても公衆は無知だ[47]。1997年のCNN/Time調査によれば，アメリカ人の80パーセントは，合衆国政府は地球外生命の存在に関する知識を隠していると信じており，50パーセントは，地球外生命が人間を連れ去ったことがあるとさえ信じている[48]。

これらの例と政治的無知との共通点は，大部分の人々にとってそれらの事柄についての正確な知識を求めるべき動機がほとんどない，ということだ。大部分のアメリカ人は，進化や天文や地理やUFOについて大いに間違った見方をしていても幸福に生きていられる。従ってこれらの題材に関する無知は，政治的無知と同じような仕方で合理的だ。環境のリスクに関する無知はもっと複雑な問題だ。なぜならそのようなリスクの中には個人の行動によって回避あるいは軽減できるものもあるのだから。しかし公共政策を通じてしか対処できないようなリスクや，その逆に，過大評価のゆえに公的支出の無駄遣いに至るようなリスクの場合，個人はそれらについての正確な情報のためにはほとんど何もしないのが合理的だ。

政治の領域をこえても合理的無知は広範に存在するのだから，合理的無知の理論は政治の中では一層説得力を増す。政治的無知は異常で特殊なケースなのではない。それは合理的無知の多くの例の一つにすぎない――特別に危険な無知ではあるが。

非論理的情報利用の合理性

ある誤解[49]にもかかわらず，合理的無知の理論は〈有権者は全然情報を獲得しようとしないだろう〉とは予言しない。むしろその予言の内容は，〈人々は**投票するという目的のためには**ほとんどあるいは全く情報を獲得しないだろう〉というものだ。他の理由のために情報を獲得する有権者もいるだろう。学者や政治家や政治的活動家やジャーナリストなどは，政治の発展についてよりよい情報を得るための専門的理由を持っている。だがそのような専門的情報の職業的利用者は，人口全体の中では小部分にすぎない。はるかにもっと普通なのは，政治的知識をそれが面白いからという理由で獲得する人々だ[50]。その

ような人々は広範な政治的無知を消滅させるほどたくさんいるわけではないが，それでも相対的に情報を持っている有権者の中で圧倒的に最大のブロックを形成する。

　スポーツのファンとのアナロジーが役に立つだろう。自分のひいきチームや選手に関する広い知識を得るファンは，それによって試合の結果に影響を及ぼせるからそうしているのではない。彼らがそうするのは，それが試合を見たりひいきチームとの結びつきを強めたりすることから得られる喜びを増大させるからだ。同様にして「政治ファン」は，自分のひいきの政党や候補者やイデオロギーや利益集団と結びつき，反対者を嘲ることから喜びを得る。彼らはまた，自分がすでに持っている見解が肯定されることからも，また自分と同じ考え方の人々の集団への所属意識からも，満足を得る[51]。しかしかなりの量の政治的知識を得る市民の多くが，第一次的にはよりよい有権者になるという以外の理由からそうしているならば，彼らは投票にとってほとんど無用な知識を得て，自分の持っている知識を正しい仕方で利用しないだろう，ということがありうる。

　大部分の人々は，試合の結果よりも選挙の結果の方が重要だということがわかっている。もしある有権者が自分の決定は大統領選挙の勝者を決めると知っているならば，その人はほとんど確実に，次のスーパーボールやワールドカップの勝者を自分一人で決められる場合よりも入念に考慮するだろう。しかし人々が実際にはいずれかの結果に影響を与えられるチャンスがほとんどないということを知っているときにも，彼らはやはり政治とスポーツに関する情報を，同一の大変偏った仕方で評価するかもしれない。

　熱心なスポーツファンというものは，自分のチームを引き立ててライバルを引き下げる証拠を重視し，その逆の証拠は軽視するのが普通だ。ニューヨーク・ヤンキーズ嫌いの固定的なボストン・レッドソックス・ファンは，両者のチームに関する証拠を客観的に評価しそうにない[52]。多くのヤンキーズ・ファンも疑いなくレッドソックスについて同じように感じている。同様にして，条件反射的にオバマ大統領を軽蔑する党派的な共和党員も，批判に対して条件反射的に彼を擁護する党派的な民主党員も，自分が選好する政治的「チーム」を応援するという経験を向上させるために情報を獲得しようとするだろう。もし

第3章　政治的無知の合理性

これが彼らの目標ならば、いずれの集団もオバマ大統領の仕事を客観的にあるいは正確に評価しそうもない。

この直観を裏付けるのは、〈人々は自分が政治的争点についてすでに持っている見解を強化するために新しい情報を利用する傾向があるが、反対の情報は割り引く〉ということを示す調査研究だ[53]。たとえば実験による証拠が示すところでは、政治的に党派的な人は自分の信念に疑いを投げかけるような新しい情報を斥けるだけでなく、実際にその信念を一層熱烈に信ずることによって対応することがある[54]。ある調査が示すところでは、アメリカ軍がイラクで大量破壊武器を発見しなかったということを示す証拠を与えられた保守派の人々は、大量破壊兵器は実際に発見されたという既存の見解を実際に強めた[55]。同様にして、2004年の民主党の大統領候補者ジョン・ケリーの〈ブッシュ政権は幹細胞研究を禁止した〉という主張は不正確だったという証拠を突きつけられたリベラル派の人々は、ブッシュに対するその非難が正しいというそれまでの信念にしがみついた[56]。一部の学者はそのようなバイアスを不合理な行動とみなすが[57]、それは完全に合理的だ――彼らの目標がよりよい投票をするために特定の争点に関する「真理」に到達することではなく、政治的「ファン」であることの心理的利益を得ることならば。

経済学者のブライアン・キャプランはこれを「合理的非合理性」と呼ぶ[58]。彼の言うところでは、合理的に非合理的な有権者は自分が得る情報の量を制限するだけでなく、「彼らが実際に持っている情報をどのくらい合理的に処理するか」[59]をも制限するかもしれない。別の言い方をすれば、そのような市民の情報処理様式は、心理的満足という目標にとっては合理的だが、彼らの投票の質の向上という目標にとっては非合理的なのだ。後者が情報獲得の主たる目標であることは稀だ。なぜならそれが達成されたからといって選挙の結果に影響を及ぼすチャンスはほとんどないから。ジョージ・アカロフは次のように説明している。

　　情報は次の二つの目標への重みづけを与える、バイアスのかかった仕方で解釈される。……一方において、行為者が自分自身と自分の活動と自分が生きている社会についていい気持になりたいという欲求。他方において、正しい決定の

ために世界を正確に見る必要性。……いかなる個人をとっても，公的選択結果に及ぼす影響はゼロに近いから，各個人は社会政策への帰結を考慮せずに自分の私的幸福を最大化するような世界モデルを選ぶ動機を持っている[60]。

政治ファンは真理を犠牲にして「私的幸福」を追求するかもしれない。この推測は 2006 年のある調査によって支持される。それが示すところでは，政治的知識を一番多く持っている有権者は，それまでの政治的情報が少なかった人々よりも，新しい証拠の評価においてバイアスがかかっている傾向があるというのだ[61]。政治的情報を獲得する人々の目標が「よりよい」投票をすることならば，このような結果は説明しがたい。しかしかりに主要な目標がスポーツファンと同様に心理的利益の享受ならば，政治的知識がある人の方が一層大きなバイアスを持っているということは完全に合理的だ。彼らが過去において一層多くの知識を獲得してきたという事実は，そうでない人々よりも彼らの方が「ファン」経験を高く評価するということを示唆する。かくして彼らの方が新しい情報の評価において偏狭な傾向があるということは全然驚くべきことではない。相手の方によい論拠があるかもしれないと認めると，自分の心理的満足を減少させてしまうだろうから。

同様にして，大部分の市民は，自分と意見を同じくする人々としか政治的争点を議論しない[62]。またこの傾向は，「政治について一番知識と関心を持っている人々」の間で一番顕著だ[63]。同じことがメディアの選択についても言える。固定的な共和党員も民主党員も，ともに自分の党派的傾向に合致したメディアを選ぶ[64]。──もっとも多くの人々はいかなる種類の政治ニュースもあまり見ないので，党派的なメディアをほとんど見ない，ということも真なのだが[65]。

重要な近著の中で，政治心理学者ジョナサン・ハイトは，〈人々は自分がすでに持っている見解を必ずしも共有していない，情報を持っている人々に対して自分の結論を説明しなければならないと前もって知っているときの方が，入念かつ論理的に推論する傾向がある〉ということを示す，実験による証拠を述べている[66]。政治的会話を自分と意見を同じくする人々との間だけに制限することは，説明可能性のこの形態を掘り崩し，ハイトが決定における「怠惰」

と非合理性と呼んでいるものへの動機を与える[67]。

　もし政治的知識の獲得の目標が真理の追求だとしたら、そのようにして対立する見解を無視することは説明しにくいだろう。真理を追求する人ならば、自分自身の見解の妥当性をテストするために、対立する見解を聞く機会を求めるはずだ。ジョン・スチュアート・ミルが、真理に至る最善の方法は対立する諸見解の考慮を通じるものだと論じたことはよく知られている。「自分の主張を知るにすぎない人は、その問題に関してほとんど知らないのである。彼の根拠は正しくて、これまで何びともそれを論駁することができなかったかもしれない。しかし、もし彼が同様に反対者の側の理由をも論駁することができないならば、また、もし彼が、反対者の側の理由の何たるかをさえ知らないならば、彼はどちらの意見をも選択する根拠を持たないのである。」[68] ハイトによる実験的データ分析はミルの議論を支持する。それにもかかわらず、目的が真理の追求でないならば、自分の意見を同じくする人とだけ議論をしてイデオロギー的に近いメディアだけを用いることは完全に合理的だ。そのような限定は、政治的「ファン」集団に参加するという、競合する目的の達成に役立つ。

　キャプランの合理的非合理性理論の批判者たちは、その理論は有権者たちが「自分の意見が間違っていると**知っている**」ことを要求してしまうと主張することがある[69]。そうでなければ、彼らは非合理性を放任することを合理的に選択しているのでなく、単に「不注意」な誤りに陥っているだけだ、というのだ[70]。しかしながら、合理的非合理性は、自分の見解が間違っているという現実の信念を要求しているわけではない。それが要求している決定は、単に、自分の見解をバイアスのない仕方で入念に評価しようという努力をしないということだけだ。

　人は、問題になっていることを単に表面的でなく検討しようとかそれについて厳密に考えてみようとかいった努力を自分がしていないということを実感しながらも、自分の見解が正しいと信ずることができる。ほとんど誰もが、少なくともいくつかの事柄についてはこのタイプの見解を持っている。たとえば、私は自分が映画研究の専門家では全くないという事実にもかかわらず、ハリソン・フォードが世界最高の俳優の一人だと信じている。私はまた、この問題に関する映画評論家の見解を検討したわけでないし、フォードの演技を他の俳優

の演技と厳密に比較したわけでもないし，彼の映画すべてを見たわけですらない。私はこの論点をもっと詳しく研究したら意見を変えるかもしれないということを認めるが，私はそうすることのコストは費用を超えると考える。そして私は確かに十分情報に基づいていない私の見解にしがみついているだろう[71]。

合理的無知と政治的関心の役割

　合理的無知の理論と合理的非合理性の理論は，市民が政治的知識の獲得を完全に避けるだろうと予言しているわけではない。むしろ両説の含意は，投票行動の目的のために知識が獲得されることは全くあるいはほとんどないだろう，ということだ。従って，政治的知識を一番強力に決定する要素はエンタテインメント価値か，あるいは投票行動に直結していない何か別の理由だ。
　この予言は，政治的知識を抜群に強く決定する要素は調査回答者の政治的関心だということを示す調査によって確証される[72]。政治的知識に影響を与えそうな他の変数 ── 人種，性別[73]，教育，収入，様々の形のメディアへの接触 ── によって調整すると，政治的関心はほとんどすべての他の変数よりも政治的知識にずっと大きな影響を及ぼしている[74]。表3.1はこのコントラストを劇的に表現している[75]。
　他のすべての変数を一定とすると，政治的関心の目盛り上の最低から最高への変化は，中学中退者と大学院修了者の間に期待される知識の変化よりも50パーセント以上の知識の上昇をもたらすことになる。さらにこの分析は政治的関心の真のインパクトをおそらく過小評価しているだろう。なぜならそれは政治ニュースのメディアへの接触によって調整されているが，後者自体が，部分的には政治的関心の関数かもしれないからだ。
　他の変数よりも政治的関心の方が圧倒的に優越しているということは，合理的無知の理論を確証することになる[76]。政治的情報を獲得する市民は，一次的には情報を持っている選挙人として公共善に寄与するという目的よりも，それが個人的な消費財だからそうしているように思われる。政治的関心にいくらかでも肩を並べられる唯一の変数は教育水準だ。中学中退の教育水準から大学

第3章 政治的無知の合理性

表 3.1 諸変数の変化が政治的知識に及ぼす相対的インパクト：2000 年 ANES 調査

変　数	政治的知識スコアの期待される増大（30点スケール）
政治への関心：最低レベルから最高レベルまで	11.1
教育：中学中退以下から大学院卒業まで	7.7
メディアとの接触：最低レベルから最高レベルまで*	3.8
収入：年間家計収入 5 千ドル以下から 12 万 5 千ドル以上まで	3.4
投票以外の政治的活動：最低レベル（年間の行動なし）から最高レベル（年間の行動 8 以上）まで**	2.8

注：各変数の変化のインパクトは，他の 15 のコントロール変数を一定にして算出した。コントロール変数は補遺にあげた。
＊この変数は補遺にあげたテレビ，新聞，トーク・ラジオ，インターネットの変数の効果をまとめたもの。
＊＊このスケールは，過去一年間に回答者が次の 8 種類のタイプの政治的活動を行ったかどうかを数値化したもの。——他の人々の投票に影響を及ぼそうとする。選挙運動のサインあるいはボタンをつける。政治集会に参加する。候補者に献金する。政党に献金する。ある争点について公職者に接触する。抗議マーチに参加する。

院修了の水準に移ると，驚くようなことではないが，予測される知識は 30 点の目盛りでほとんど 8 点上昇する。

しかしながら不幸なことに，過去数十年にわたる教育水準の上昇も政治的知識の控えめな上昇すらもたらさなかった。このことは，その原因から将来知識の上昇を期待できる蓋然性について深刻な疑念を投げかける[77]。さらに，将来の教育水準の改善が過去におけるよりも強いインパクトを政治的知識に及ぼすとしても，この例のような〈中学中退から大学院修了〉というほど典型的な仕方で教育水準が上昇するとは期待しにくい。もっと現実的な教育の向上，たとえば高校卒業から大学卒業ならば，このシナリオによると大学進学可能者にとって 30 点の目盛りで平均約 1.3 点の政治的知識の上昇が生ずるだろう[78]。そのような向上は望ましいことだろうが，選挙民の政治的知識の水準全体に著しい影響を及ぼしそうもない。

むろんわれわれは，未来におけるアメリカの政治と社会の何らかの変化が政治的知識の集合的水準を劇的に向上させるという可能性を一概に否定できない。そのような発展の可能性は第 7 章で考察する。だがそうだとしても，合理的非合理性が存続しているという事実は，それが将来もしばらくの間はわれわれに

つきまとうだろうということを示唆する。

　他のどんな要素にもまして，政治的関心が政治的知識の程度を予言する。このことは合理的非合理性の危険を強調することにもなる。政治的情報を得る市民のほとんどが，一次的には真理の追求以外の理由からそうしているのだとすると，彼らがその情報を合理的な仕方やバイアスのない仕方で分析するとはほとんど期待できない。

無知，不合理性，だまされやすさ

　合理的無知と合理的非合理性が結びつくと，市民は政治的な誤った情報や欺瞞に一層だまされやすくなる。無知な有権者は，もっと多くの情報に恵まれていれば斥けるようなおかしな主張を信じてしまうかもしれない。同様にして，大いにバイアスのかかった仕方で政治的情報を分析する人は，自分がすでに持っている見解を強化してくれる虚偽を一層受け入れやすい。

　陰謀説やその他の大いに疑わしい間違った情報にはさまざまの種類があるが，アメリカの公衆の大きな部分はそれを信じている。経済学者ネイル・マルホータと政治学者ヨタム・マーガリットが2009年前半に行った調査によると，非ユダヤ人アメリカ人の約25パーセントが，「ユダヤ人」は2008年の金融危機について少なくとも「ある程度」あるいは「かなり」の非難を負うに値すると信じていた[79]。民主党支持者の32パーセントと，共和党支持者の18パーセントがこの見解を支持していた[80]。2010年3月のハリス世論調査によると，アメリカ人の25パーセントが，オバマ大統領は「合衆国で生まれたのでないから大統領になる資格がない」という「出生者」主義に賛成した[81]。共和党支持者の約45パーセント，独立派の24パーセント，民主党支持者の8パーセントが「出生者主義（birtherism）」を支持した。

　これらと比較できるような誤った情報の例は政治的左翼にも見出せる。2007年の投票予定者の調査によると，民主党支持者の35パーセントはジョージ・G・ブッシュ大統領が「9.11攻撃について前から知っていた」と信じ，26パーセントはどちらかわからないと考えていた[82]。それと比較すると，共和党支持者のうちそう考えていたのは12パーセントで，独立派は18パーセントだっ

第3章　政治的無知の合理性

た[83]）。

　他の多くの政治的陰謀理論への信念もよく見られる。その中には〈政府は地球外文明の到達の証拠を隠している〉という主張や，〈エイズウィルスはアフリカ系アメリカ人を意図的に攻撃するために作り出された〉という主張や，〈政府機関がジョン・F・ケネディ大統領やその他の政治指導者の暗殺を計画した〉という断定がある[84]）。

　合理的無知は確かにこの種の間違った情報への信念に寄与する要素だ。政治的知識は教育と高度の相関関係にある傾向があり，教育程度が低い回答者は出生者主義や9.11陰謀説や金融危機「ユダヤ人」責任説を一層支持しやすい[85]）。政治システムと経済の通常の作用になじみのない人々は，もっと多くの知識を持った人々よりも，疑わしい間違った情報を信じやすい。

　たとえば，知識を持った有権者にとって出生者主義がもっともらしく思われない原因の一つは，もしバラク・オバマが本当に憲法上大統領になる資格を欠いているならば，彼の政敵たちはこの事実を暴いて彼を選挙戦から撤退させようとする強い動機を持っていたはずだ，ということにある。オバマの2008年における民主党の第一の対抗者だったヒラリー・クリントンも，共和党の対立候補だったジョン・マケインも，ともに高度にプロフェッショナルな，資金を使う選挙戦を行った。もしオバマが合衆国で生まれなかったという証拠が本当にあったら，彼らはそれを明らかにしただろう。まずまず十分な情報を持っている有権者はこのことを理解して出生者主義を疑っただろう。

　9.11陰謀説も同様の理由からもっともらしくない。ブッシュ政権が攻撃を前もって知っていながら，わざとそれを起こるがままにしたとするならば，ブッシュ大統領はホワイトハウスや諜報機関や国防省やその他の所の多数の公務員を巻き込む陰謀を組織しなければならなかっただろう。アメリカの政府が高度にリークにさらされているということを考えると，そのような陰謀があったならば必ずリークがありそうなものだ——特にそのような陰謀は道徳的に法外なものなのだから。道徳的な理由からであれ，あるいは後に陰謀が暴露した際に共謀の責任を刑事的に問われたくないという欲求からであれ，陰謀を知っている公務員が誰か確実にその情報を明らかにしただろう。

　それに加えて，高位にある公務員が数千人のアメリカ人を殺害するテロリズ

ム攻撃をわざと起こるがままにしたということが明らかになったら，それは政権を政治的に破滅させ，共和党全体に深刻なダメージを与えることになっただろう。かりに大統領と彼の助言者たちがそんな陰謀を考えるほど不道徳だったとしても，彼らはその政治的リスクの方が可能な利益をはるかにしのぐということにすぐに気付いただろう。

最後に，「ユダヤ人」が金融危機を引き起こしたという主張は，財政危機の標準的な経済学的説明を少しでも知っている客観的観察者にとって説得力がない。さらに，ユダヤ人がなぜ財政危機が起こるのを望むかの理由も不明だ。その危機ではユダヤ人の投資家も金融業者も，非ユダヤ人と同じように損をしたのだから[86]。

これらのケースのいずれでも，政治と経済に関する基本的な知識があれば，このようなもっともらしくない虚偽を信ずる蓋然性は大幅に減少できたはずだ。しかしながら，そのような知識を欠く合理的に無知な有権者はこれらの虚偽を信じやすい。

合理的非合理性もいくらかの非難を受けるに値する。共和党支持者が出生者主義を著しく信じやすく，民主党支持者が9.11陰謀説を支持する傾向がずっと強いということはおそらく偶然でない。党派的な共和党支持者がオバマに敵対的で，党派的な民主党支持者が同様にブッシュに敵対的だということは，誰でも知っている。これらの先行する傾向のために，党派的な人々は彼らの政治的な敵を悪く映すような主張ならば何でも進んで信じようとする——しばしば，その主張が真であるか，あるいは少なくとももっともらしいかを入念に検討することなしに。

党派的な人々の唯一の目標が，真実に到達して，ブッシュあるいはオバマを批判する主張の正確さを確かめることならば，そのようなバイアスは不合理に思える。しかしもし彼らの目的が，少なくとも部分的には，自分が前から持っている見解を確証するという感情の満足にあるならば，そのバイアスは完全に合理的だ。結局のところ，出生者主義や9.11陰謀説を誤って信ずる党派的な人々はその結果として何ら個人的な損害を受けるわけでもなく，その一方ではいくらかの心理的利益を少なくとも引き出している。

無知と非合理性をこのように強調することは，誤った情報への需要面に焦点

を置いている。有権者は彼ら自身の無知と心理的傾向とが結びつくために，出生地主義のような疑わしい理論を信ずるようになる。しかし供給面はどうなのだろうか？

　政治的な誤情報への広範な信念の責任を，政治家や活動家やメディアの提供する歪曲のせいにするのが普通のことだ[87]。2008年の大統領選挙戦中，尊敬されている政治コラムニストのスチュアート・テイラーは，候補者たちはその相手について多くの「歪曲」を行い，メディアは「すべての告発と反対告発について首尾一貫して正確で公正なレポートと分析」を提供していない，として両方を批判した[88]。政治家や活動家が彼らの敵に関する虚偽をしばしば利用すること，またメディアが時には歪曲に効果的に立ち向かわないこと，それは疑う余地がほとんどない。

　しかしこれらの事実は，なぜこれほど多くの有権者が出生地主義や9.11陰謀説のような告発を信ずるのかを説明するものではない。これらの告発は政治システムに関する基本的な背景的事実を知ってさえいれば簡単に論駁できるものだ。有権者が無知であり正確な情報を探すために時間をかけるつもりがないということも，そのような考えの普及について責を負うべき原因になっているに違いない。

　テイラー自身が認めたように，「候補者たちは不誠実な選挙広告や演説にもかかわらず逃げ切るが，その理由の一つは，私のように立場が決まっていない有権者にとって，どの告発が真でどれが誇張でどれが虚偽かを決めることはとても難しいということがあるかもしれない。ほとんどの人々は，毎日何時間もかけて，偏った物語や放送の正確さを検証するために様々な情報源を相互にチェックすることなどできない。」[89] 別の言い方をすれば，有権者は政治的情報を得るために時間と努力をかける意欲がないということが，疑わしい告発がしばしば信じられているという事態の部分的な理由になる。

　しかしながら，露骨な政治的欺瞞に陥らないためには有権者は毎日「何時間」もかけなければならない，と想定する点でテイラーは間違っていた。出生者主義と同様，政治的欺瞞の多くについても，有権者は政治の基礎的知識さえあれば，それ以上の背景調査をしなくてもごく懐疑的になるはずだ。

　これよりは少しもっともらしい歪曲の場合でも，ほどほどの知識を持った有

権者ならば，政治家や活動家というものは自分の敵に対する不当な告発をする動機をしばしば持っているという理解に基づいて疑いを持つことができるだろう。実際2010年の調査によれば，アメリカ人の68パーセントは一番信用できない職業として政治家をあげていて，これはセールスピープルの9パーセントと法律家の7パーセントという2位と3位をはるかに引き離している[90]。

これほど多くの市民が，政治家はしばしば信用できないと認識しているのに，政治家が行う異様な告発を信じようとしている。この事実は合理的非合理性のさらなる徴候だ。当該の告発が有権者の既存のバイアスに合致するとき，彼らはしばしば常識的な懐疑主義を置き去りにしてしまう[91]。

スチュアート・テイラーやその他の観察者は，なぜメディアがそのような歪曲をもっと矯正しないのかと不思議に思っている。彼らはメディアが告発と反対告発についてバイアスのない正確な報道をしばしば提供しないと言って嘆く。しかしメディアはたいてい市場のインセンティヴに反応する。もし有権者がバイアスのない報道を欲するならば，メディアはそれを供給する強いインセンティヴを持つことだろう。それに成功するメディアは視聴者を増やし，その結果として広告収入を得るだろう。

しかし現実には，政治と政治ニュースの追いかけに一番関心を持っている市民は，対立する諸見解を客観的に提供するのではなしに自分がすでに持っている意見を確証してくれる情報源を求める傾向がある[92]。政治家とメディアは現実の行動において公衆の需要に応えているのだ。

さらに，政治に関する間違った情報は，社会的地位のあるメディアによって支持されないときでも広く信じられることが多い。主要なメディアで出生者主義や9.11陰謀説を支持したものは，たとえあったとしてもほとんどなかった。しかしそれでもこれらの考えは公衆の中でかなりの支持を集めた――特に，自分の政治的敵対者について最悪のことを信ずる傾向をすでに持っている党派的な人々の中では。

頭はよいが無知な公衆

大部分の有権者にとって，政治に関する無知は合理的だということがわかる。

第3章　政治的無知の合理性

　それは単に愚かさや学習能力の不十分さの結果なのではない。頭のよい人々が無知でもあるということはありうる。さらに，合理的選択理論の一部の解釈に反して，合理的無知は投票することと両立する。投票するコストは情報を得るコストよりもずっと小さいから，まずまず利他的な市民は，政治について情報を得るためにほとんど時間と努力を費やそうとしない一方で投票を選ぶのが合理的だということがありうる。同じような理由から，ほとんどの有権者は自分が実際に学ぶ情報をバイアスなしに分析するための努力もほとんどしない。

　明らかに，合理的無知の理論は現実の不完全な描写にすぎない。しかしそれは入手できる証拠によって大体裏づけられている。それは普通の有権者のほとんどが得ようとしそうな知識の量を厳格に限定する。有権者の無知という問題を軽減しようとする努力はその限定の中でなされねばならない。

　政治的無知が合理的なものだとしても，有権者がその無知を情報ショートカットによって埋め合わせることができるという可能性はまだ残されている。もしこれらのショートカットが十分容易かつ安価に使えるならば，合理的に無知な有権者も成功裡にそれを利用できるかもしれない。次の章はショートカットが合理的な無知と非合理性を埋め合わせられる程度を考察する。不幸なことに，ショートカットの欠点はその利点をしばしば上回るということが明らかになる。

第4章

ショートカットの欠点

> 民主主義理論は……環境を報告する情報機構を欠いていたために，たまたま有権者の中に蓄えられてきた知恵や経験に頼らざるをえなかった。……そのようなコミュニティはその提供する情報を正しいものとして認めることができた。
> ── ウォルター・リップマン『世論』[1]

　何事にせよ，あることについてわれわれが完全な情報を持っているということはめったにない。多くの場合，われわれは情報ショートカットを用いて自分の無知に対処している。あなたは特定のテレビについてあまり知らないかもしれないが，もしソニーのテレビは一般に評判がよいということを知っているならば，そのことはどのテレビを買うかを決めるための役に立つ。おそらく一般的に低い知識レベルにある有権者も，同じようなショートカットを用いて無知を埋め合わせることができるのだろう。少なくとも最近まで，これが政治学者と経済学者の間で支配的な見解だった[2]。もしこの見解が正しいならば，政治的無知が民主主義理論にとって重大な関心事となる必要はない。実際いくつかのショートカットは本当に有用なことがわかる。しかし不幸なことに，大部分のショートカットはその熱情的支持者たちが信じるほど効果的ではない。

　この主題に関する文献の中で，情報に基づく投票に至るたくさんのショートカットが提案されてきた。中でも最も重要なものの中には，日常生活からの情報，政党，オピニオン・リーダーからの手引，回顧的投票，いわゆる「集計の奇跡」がある[3]。これらのショートカットのいくつかは本当のメリットを持っているが，政治的無知の危険を帳消しにするには足りない。それどころかショートカットの中には，初めからほとんど情報を持っていない有権者を一層悪い決定に導くかもしれないものもある[4]。

第4章 ショートカットの欠点

またショートカット理論家は，ショートカットを使う人はそれが本人を真理に至らせる確率を増大させるからそうしているのだ，と暗黙のうちに想定している。しかしながら，もし情報ショートカットが真理値とは関係のない別の理由で選ばれているとしたら，有権者がバイアスのあるショートカットに体系的に依存するということがありうる。そうなると政治の現実に関する彼らの認識は以前よりもさらに不正確になる。不幸なことに，第3章で論じた「合理的非合理性」のため，個々の有権者がショートカットを真理値でなくそのエンタテインメント的価値や既存の見解との一致やその他の心理的満足を基礎として選ぶことが完全に論理的になっている。

普通の市民が用いる情報ショートカットの効果を疑うことは，「エリート主義」として批判されるかもしれない[5]。しかしながら，個々の投票の無力さを考えれば，有権者が完全に理性的な行動をしているとする批判にエリート主義的なところは何も内在していない。問題は，不適切なショートカットを用いる有権者がもっと知識ある「エリート」よりも必ず愚かだとか徳が乏しいということではない。問題はむしろ，市民は適切な情報を獲得したり自分が現実に学んだ情報をバイアスのない仕方で評価したりする十分なインセンティヴを欠いている，ということだ。

日常生活から得る情報

何人かの学者[6]は，理性的な有権者は普通の日常生活における相互行為を通じて得られた情報を利用するだろうと論ずる[7]。そのような情報は事実上「無料」だ。なぜならそれを生みだす活動は，定義上いかなる政治的目的がなくても行われるのだから。このショートカットの提唱者の中には，それが利用されるだろうというだけではなく，情報に関する有権者のニーズに大いに応えるだろうとも論ずる人がいる[8]。たとえば，有権者は口座管理のような個人的金融取引や求職経験から，経済について「多くの情報」を得られると言われる[9]。

個人的経験と理性的無知

　日常生活からいくらかの役に立つ情報が引き出せるということを否定するのは無理だが、他の点ではあまり情報を持たない有権者にとってそれが有益である程度は大いに過大評価されることが多い。そのような情報の三つの重大な制約は特に重要だ。第一に、定義上このアプローチは、有権者の大部分が日常生活で出くわすことのない多くの政治的争点を取り扱う際には役に立たない。たとえば、日常生活からの情報はほとんどの外交問題には関係がない。

　第二に、たとえ有権者が自分の福利の変化を入念に計算して現職者の政策を判断するとしても、自分の福利が対立候補を選ぶことで向上するかどうかはすぐに分からない。たとえX大統領の下で事態が悪化したとしても、対立候補Yの政策は一層有害かもしれない。この可能性を払拭するためには、個人的経験を越えるかなりの知識が必要だ。

　そして一番重要なことだが、特定の個人的経験が本当に公共政策の結果なのか、また仮にそうだとして、どの政治的アクターに責任があるのか、それを知るためにはかなりの知識が必要とされる。情報をあまり持たずに個人的経験を基礎にして政治的判断を下そうとする有権者は大きな過ちを犯しかねない。

　失業とかインフレといった、ほとんどの人々がかなりの個人的経験を持っている基本的な経済上の争点についてさえ、あまり情報を持っていない有権者は驚くべき過ちを犯しがちだ。経済問題が特に公衆の関心の焦点になっていた1992年の選挙の間に行われた調査で、回答者の大部分はインフレや失業の割合を5パーセント・ポイント以内の誤差で正答できなかった[10]。両者の率についての選挙民の平均的見積もりは、実際のレベルの約2倍だった[11]。このような誤った認識は、明らかに1992年選挙で現職のジョージ・H・W・ブッシュ大統領に大きく不利になるように働いた[12]。情報をあまり持たない有権者はもっと情報を持つ有権者よりも、失業に関する個人的経験から大胆な一般化をする傾向があるが、経験と政策とを**正確**に結びつける傾向は乏しい[13]。

　インフレと失業の場合にこれほど大きな間違いが生ずるならば、日常生活からもっと遠く離れた他の争点についてはさらに深刻な誤りが予測できる。そして失業とインフレに関する正確な見積もりさえも、これらの争点についてどち

らの側の政策が有権者の利益に一層資するかを決めるための最小限の条件でしかない。現職者がその時の失業率・インフレ率についてどれだけ責任があり，彼らの対立者がよりよい仕事をしそうかどうか，それもまた知る必要がある。日常生活から得られる情報は，これらの決定を行うにあたって最小限の助け以上のものになりそうもない。

個人的経験と理性的非合理性

われわれはここまでのところ，個人的経験から政治への推論をする有権者は，それを公共政策のよりよい理解のための情報ショートカットとして用いるという目的のためだけにそうしている，と想定してきた。しかしながら，理性的非合理性という現象が示唆するところでは，個人的経験から引き出された政治への推論は，むしろそれ以外の心理的諸目的に役立っているかもしれない。それらの目的は真理の追求と衝突するかもしれないのだ。たとえば，心理学の文献は人々がしばしば自分自身の間違いについて他人を責めるということを示している[14]。

同じ傾向が，自分の経験の政治的意味に関する人々の評価に影響しているということはありそうだ。調査の回答者は，自国の経済的問題について移民と海外競争者に責任を負わせる強い「反外国バイアス」を持っている[15]。もし人が職を失うか給与削減を受け入れねばならないとすると，それを自分の仲間のアメリカ人よりも悪意ある外国人のせいにする方が，また自分よりも政府の政策のせいにする方が，心理的に容易だろう。

明らかに，そのような非合理性は個人的経験の**政治的**解釈に限られないが，そこにおいてとくに有力である傾向がある。なぜならそこでは自分の経験をもっと客観的に評価するインセンティヴが大変弱いからだ。もし私が間違って私自身の仕事上の失敗を同僚のせいにしたら，その結果として昇進の機会を失ったり，それどころか解雇されたりするかもしれないが，間違ってインフレを議会か大統領のせいにしても，私はこの間違いによってほとんどあるいは全くペナルティを受けない。

政　党

　政党は有権者の情報コスト節約を助けることができるという発想は，長く尊敬すべき歴史を持っており，民主党の党首で後に大統領になったマーティン・ヴァン・ビューレンに遡る。彼は最初の現代大衆政党の創設者だった[16]。基本的な議論は，有権者は候補者の所属する政党から候補者の政策上の立場を推測することができるので，公職への各候補者の見解を調べるというはるかに難しい仕事をしなくてよい，というものだ[17]。

　この主張にはかなりの長所がある。有権者はしばしば二大政党の相対的な立場を知っている[18]。たとえば，2004 年に有権者の 92 パーセントは，黒人への政府の援助についてジョン・ケリーがジョージ・ブッシュよりも左に位置することを知っており，銃規制については 66 パーセントが，環境政策については 64 パーセントが，左寄りであることを知っていた[19]。だが同時に，有権者は時として政党間のこれほど基本的な相違についてさえ知らない。そのわずか 4 年前の 2000 年，アメリカ全国選挙調査（ANES）の回答者のうち，ブッシュがアル・ゴアよりも中絶の権利を支持していないということを知っていたのはわずか 46 パーセント，ゴアが黒人のためのより高い政府支出を支持していたことを知っていたのは 40 パーセントにすぎなかった[20]。

　政党のショートカットは魅力的だが，それは事態を明確にすると同じくらい曖昧にもする。最善の場合，候補者の所属政党はその政策上の立場への手がかりになるが，それらの政策がどのような**効果**をもたらすかについては有権者にほとんど何も教えてくれない。原理上，「出馬認識票（running tally）」は有権者が政党の政策の内容だけでなくそのメリットをも判定するのを助けてくれそうだが，かなりの知識なしにそれをするのは難しい[21]。

　もし X 党政権下の状態がよいものだとしても，有権者はどのようにして，それがこの党の政策が成功したおかげだと知ることができるだろうか？　それはむしろ，政府の支配を超えた要素によるのかもしれないし，その党より前の支配者が行った決定に起因する好都合な流れによるのかもしれないし，その党全体を代表しない党幹部の個人的特徴による（だから将来の行動を予言するもの

としてはあてにならない）のかもしれないし，一時的には成功しても長期的な害をもたらすようなその党による政策の狡猾な操作によるかもしれないのに？

有権者は経験を集計することだけでこのディレンマを避けることはできない。というのは，特定の有権者が一つの政党の支配する二つあるいは三つ以上の政権を経験するほど長期間にわたって政治をフォローするということはありそうもないからだ[22]。

政党による同定のショートカットは，州あるいは地域レベルの政党が全国レベルと異なる状況では積極的にミスリーディングになりうる。たとえば，合衆国において多くの地方選挙はほとんど競争的でないが，その理由は部分的には，有権者が全国レベルの政党に関する認識——しばしばあるように，政党の地方支部が全国的組織とかなり異なるならばミスリーディングであることが多い認識——に基づいて地方選挙で投票するからだ[23]。その結果，地方政府はしばしば貧弱なパフォーマンスにもかかわらずやっていける——現職者の属する全国レベルの政党が，その地域の大部分の有権者の選ぶ政党である限り[24]。

政党ショートカットは，二つよりも多い政党が存在するために有権者が単純な二者択一以上のことをしなければならない場合にも使いにくいかもしれない。たとえば通常の二人でなく三人の主要候補がいた1992年と1996年の大統領選挙では，有権者はどの候補者が自分の選ぶ政策に一番マッチしているかを知るのがはるかに難しかった[25]。この問題は合衆国ではあまり重大ではない。ここでは二大政党制が長い間確立していて，競争力を持った第三政党の候補者が稀だからだ。しかしそれは多数の政党が存在する他の民主主義国ではもっと重要になる[26]。それは合衆国でさえ予備選挙において重要だ。同じ政党の多数の大統領候補者間で投票する人々の中で，自分自身の政策の見解と一番近い候補者を「正しく」選ぶことに成功する人は約31パーセントにすぎない[27]。

政治的無知それ自体が，政党へのイデオロギー的拘束を弱めることによって，政党による同定のショートカットの価値を減少させるかもしれない，ということも知らなければならない。十分な情報を持った選挙民に向き合った政党は，有権者の選好に従わなければ選挙で負けてしまうだろう。しかし選挙民が相対的に無知である場合，政党の指導者は選挙民の「盲点」を利用し，諸争点についての自分たちの立場を大幅に裁量的に調整して，自分たちの目的を追求した

り狭い利益集団の支持を得たりすることができる[28]。このために，相対的に情報を持った有権者にとってさえ，ある候補者の見解をその属する党派を基にして予測することは一層難しくなる。

所属政党に基づく情報上の利益は現実に存在するとはいえ，慣習的な知恵はそれを誇張しているようだ。政党への候補者の所属は，その政策上の立場について有権者に有用な予測を与えることも多いが，この種の知識は情報に基づいた投票のためにはしばしば不十分だ。

政党と合理的非合理性

個人的経験のショートカットと同様，政党による同定のショートカットも合理的非合理性によって弱められる。理想的には，有権者はそれぞれの政党の記録について知っていることをバイアスのない仕方で評価して，それが他の政党と比較してどうかだけを考えるべきだ。ところが実際には，ある政党との強い一体感を持つ有権者は，その政党がうまくやっていないということを示すいかなる証拠も割り引き，うまくやっているという証拠は過大評価する傾向がある[29]。彼らはさらに，自分の選ぶ政党の記録をよく見せ，対立する政党の記録を悪く見せる間違いに乗せられる[30]。たとえば，共和党支持者は民主党支持者よりもオバマ大統領就任以来連邦予算の赤字が増大したかどうかに関する正しい知識を持っていそうだ。なぜなら正しい答えはオバマの記録にとって不利だからだ[31]。

このことは正しい情報に基づいた一票を投ずるという観点からは意味がない。しかし有権者は自分の選ぶ政党とそのイデオロギーに愛着を持っていて，自分が大切にしている信念が覆されるのを見るという心理的苦痛を避けようとする，ということがわかれば，これは完全に合理的だ。他の場合と同様，決定的な一票を投ずる確率が低いために，このバイアスと戦おうとする努力をするインセンティヴは働かない。

もし無党派の浮動層有権者が各政党の記録を効果的に評価できるならば，固定的支持者のバイアスは重大でないかもしれない。しかしさらに論ずるように[32]，いずれの政党の固定的支持者でもない浮動層の有権者は，政治的知識を一番低くしか持たない傾向がある。従って現在の与党の業績を正確に評価す

第4章　ショートカットの欠点

る能力が一番なさそうだ。

　　二者択一の誤謬

　政党による同定というショートカットに関する文献の中で，暗黙のうちに想定されていることはこうだ。——有権者は，選挙において自分が選べる二つの選択肢，たとえば民主党と共和党の候補者の間から選択するために十分な政治的知識さえ持っていれば足りる。もし有権者がこの二つの選択可能な政党のうちいずれが自分の政策目標を一層達成しそうかを決めるために十分な知識さえあれば，それで十分だ。

　この二者択一モデルは，どの候補者も同一の政党から出る予備選挙や，有権者が候補者を政党によって同定するのではない「非党派的」選挙[33]や，有権者がたくさんの政党を考慮しなければならない多党制の選挙を考慮に入れていない。

　しかし二者択一モデルは内在的にも不十分だ。政治的知識は，政党の候補者や公約を所与として選挙の結果だけに影響を与えるのではない。政治的知識はその候補者と公約自体にも影響しうる。特に現代の世論調査が政治的知識の測定を容易にしてから，しばしば政党や候補者はその立場を多数派の公的選択に合わせようとしてきた[34]。次第に多数派の世論は政府の政策の内容に大きな影響を及ぼすようになった[35]。

　人種，性別，収入，職業，その他の人口統計上の変数によって補正した後でも，知識がある有権者はより知識のない有権者とは大幅に異なる政策上の選択を行っている[36]。彼らはたとえば社会的にはよりリベラルで，財政上はより保守的で，高い税金をより多く支持する[37]。彼らはまた粗野な政治的誤情報に乗せられることがより少なく，政府公務員の業績をより効果的に監視できる傾向がある[38]。知識がずっと多い有権者と直面すると，政治家と政党は，職についた時に貧弱なパフォーマンスを避けようとする強いインセンティヴだけでなく，自らの公約を変えようとする強いインセンティヴをも持つだろう。その変化の大きさは，政治的知識の増大の大きさに依存するだろう。

　有権者全体が実際よりもかなり知識を持っていれば，その結果として現存の政治的選択肢の中からの「正しい」選択のチャンスが大きくなるだけでなく，

その選択肢自体も大変変わってくるだろう。

オピニオン・リーダーからの合図

　有権者の大部分が一般に無知でも，おそらくそれは政治的活動家という知識ある少数者——「オピニオン・リーダー」——の導きに従うことができるだろう。この線の議論はショートカットに関する文献の中で一番普通のものの一つだ[39]。争点それ自体を自分で詳しく追っていく代わりに，有権者は自分自身と似た価値観を持つ政治的活動家の「合図」に応えることができる。

> 重要なことは，[有権者の中には]活動家であるかニュース中毒者がおそらく5パーセントはいるということだ。彼らが国内に何かひどく間違ったことがあるということを知れば，彼らは警報を発し，そして普通の人々は注意を払い始める[40]。

　有権者はまた，信頼されている組織や人気のある有名人による支持からの合図にも頼ることができる[41]。

オピニオン・リーダーと合理的無知

　不幸なことに，オピニオン・リーダーからの合図に従うという戦略は，無知な有権者にとってそれが解決するのと同じくらい多くの難点を作り出してしまうことが多い。リーダーとその追随者との間の情報の巨大な非対称性，そして追随者がリーダーの仕事を効果的に監視するインセンティヴの低さのために，深刻な依頼者－代理人問題（principal-agency problems）が起きることが確実だ。依頼人－代理人問題が起きるのは，権限を委任する人物である「依頼人」が，その相手である「代理人」の仕事を監視することが困難なときだ。依頼人の観点から見れば，無知な有権者と高度の知識を持ちよく組織された政治的活動家との間の関係以上に難しい依頼人－代理人問題を想像することは難しい。有権者の利益と活動家の利益とが密接に一致するときは，監視の困難はそれほど厳しいとは限らない。だがこのような状態は決して普通でない。政治的活動家と一般人は，人口統計的にも社会経済的にも，多くの広い範囲にわたる特徴にお

101

いて大きく違っている[42]。前者の見解の方が極端になる傾向もある[43]。

　一番重要なことだが，オピニオン・リーダーは**オピニオン・リーダーになるというだけの理由で**有権者とは大変異なった利害を持つことになる。政治的活動家として，彼らの権力，威信，社会的地位，金銭的利益への機会は，彼らの立場が公衆に対して重要だとみなされる程度とともに上昇する傾向があるだろう。だから彼らは，政治的問題の重要性を誇張し，民間領域による解決よりも政治による解決（あるいは少なくとも，活動家に目だった役割を与える解決）を推す強いインセンティヴを持つ。たとえ有権者が誇張へのこういったインセンティヴに気付いてその結果として活動主義的な主張を割り引こうとするとしても，有権者はどれだけの割引が必要なのか知ることができない。

　たとえ自分の利益が特定の有権者の利益と合致するようなオピニオン・リーダーの集合があるとしても，その有権者は一体誰がそうなのかを知るにあたって極めて難しい問題に直面することになる。そもそもオピニオン・リーダーに頼ることの意味は情報コストの節約にあるのだから，有権者がオピニオン・リーダーの資格を調べることに多くを投資するということはありそうもない。そして大部分の民間領域における専門家の場合と違って，有権者は活動家のパフォーマンスを彼らが提唱する政策の結果に照らして単純に評価することができない。というのは，その争点に関するかなりの知識がなければ，どの社会的帰結が公共政策の結果なのかを確定することは普通できないからだ。

　オピニオン・リーダーからの合図に従うという戦略が成功するためには，有権者はまず*どの*オピニオン・リーダーの合図に従うかを決めて，それからこれらのリーダーを監視して，発生しそうな様々な依頼人－代理人問題を回避しなければならない[44]。いずれも争点に関する有権者のかなりの知識がなければ不可能だ。そのような知識がなければ，オピニオン・リーダーは情報を与えるのと同様に，人々を誤って導くことにもなるだろう。

　　　オピニオン・リーダーと合理的非合理性

　合理的非合理性はよいオピニオン・リーダーの探求をさらに難しくする。オピニオン・リーダー理論の提唱者たちの論ずるところでは，有権者はオピニオン・リーダーを彼らの知識と信頼性と考えられるものに基づいて選ぶとのこと

だ[45]。しかしながら、オピニオン・リーダーはその代わりにかなりの程度までそのエンタテインメント価値あるいは市民の偏見を強化する能力によって選ばれるかもしれない。たとえば、アーサー・ルピアとマシュー・マクカビンズが示すところでは、実験テスト被験者はトークショーのホストであるラッシュ・リンボーやヒュー・ドナヒューのことを知識があると考え、そして諸争点に関する彼らの見解に「同意する」というとき、彼らが新しい刑務所の建設の望ましさについて言うことを信じる傾向がある[46]。

しかしながら実際には、リンボーやドナヒューが刑務所建設の費用と便益についていくらかでもよく知っていると信ずべき理由はほとんどない。この争点について彼らが知識を持っていると考えた調査回答者はおそらく間違っていた[47]。彼ら回答者はトークショーのホストがほとんど知見を持っていないであろうテクニカルな政策の争点についてリンボーやドナヒューの見解に従うのだが、それはこれらのオピニオン・リーダーの見解が自分たちの前から持っていた見解に合致しているという大ざっぱな感じによるところが多かっただろう。だからトークショーのホストと回答者がそれ以外の争点で「一致」すると考えられることが重要なのだ。

このような決定はおそらく選挙における合理的な選択には至らないだろう。しかしそれは、大部分の有権者が自分の投票の質を最善化させるインセンティヴをほとんど持たず、その代わりに大部分他の理由から政治的意見を形成するような状況では、完全に理解できることだ。

回顧的投票

回顧的投票ショートカット仮説は、有権者は政治家を現在の公約よりも過去のパフォーマンスによって判断すると考える。多くの有権者はそれだけのことしかしないように思われる[48]。有権者が回顧的投票を行うだろうということを知っている政治家は、公衆の将来の反応を予期して前もって彼らに取り入ろうとするだろう[49]。過去のパフォーマンスのそのような「監査」は、候補者の政策の未来の影響を予言するよりも容易かもしれない。「回顧的投票は予測的投票よりも有権者に要求するものがはるかに少ない」[50]と言われる。だが

第4章 ショートカットの欠点

それは本当だろうか？

　誤解を避けるために，**回顧的投票**という言葉を特定の情報ショートカットを意味する用語として用い，第2章で検討した[51]民主的政治参加に関する規範的理論と区別することが重要だ。不幸なことにこの二つの理論はしばしば同じ名前で呼ばれる。

　回顧的投票のショートカットがしばしば主張されるほど効果的かどうかを疑うべき理由がいくつかある。ある場合には，有権者は重要な政策の存在自体にさえ気づいていない。第1章で述べたように，アメリカ人の約70パーセントはジョージ・W・ブッシュの2003年の処方薬給付プランの立法を知らなかったが，これは最近数十年間における最大の新しい政府プログラムだった[52]。同様に，多くの人々は税の控除とかサービスへの支払いといった重要な政府プログラムの存在にいつも気づいていない[53]。

　有権者が政府の重要な政策の存在を知っているときでも，無知は効果的な回顧的投票の妨げになる。すでに述べたように，相対的に無知な有権者にとって，どの社会的帰結が公共政策の結果でどれがそうでないのかを決めることはしばしば難しい。文献の中から顕著な例をあげよう。選挙による回顧の多くのモデルは「向社会的（sociotropic）」投票に基づいている。つまり有権者は自分自身の個人的財政状態ではなく国民経済の状態に基づいて決定を下すというのだ[54]。しかし経済学に無知な人は，経済状態が(1)現在の政府の政策の結果なのか，(2)前の政府の政策の遅まきの結果なのか，(3)いかなる政府活動からも完全に独立したファクターの結果なのかがしばしばわからない。

　回顧的投票の研究が示すところでは，しばしば有権者は現職者をその支配を超えた状態について非難したり賞賛したりする。現職者は経済的状態の変化の結果として選挙で大きな利益を得たり比較的厳しいペナルティを受けたりするが，その変化は一国の政府が影響力を持たない世界経済の変動に起因するものだ[55]。州のレベルでは，石油を産出する州の有権者は，世界市場の状態がもたらした石油価格の上昇や全国的な経済の趨勢が引き起こした経済の改善のために知事を支持する[56]。有権者はまた，全国的な経済状態の悪化のために知事を罰する[57]。

　有権者は旱魃やサメの襲来のようなコントロール不可能な出来事についても

現職者を罰する[58]。さらにもっとおかしなことに，現職の知事や上院議員は選挙日の近くに人気の地方スポーツチームが決定的な勝利を収めると有利になる[59]。都市のスポーツチームの成績は，市長の再選の見通しに大いに影響する[60]。

ある状態が実際に現在の政府の政策の結果であるときも，有権者は現在の状況がよいものか悪いものかを判断できないかもしれない。たとえば，現在の経済的犠牲は将来の繁栄のために必要な条件なのだろうか？

経済状態のように重要な争点に焦点を合わせても，回顧的な投票をする人々は，収入と経済成長について現職の大統領の最近数カ月に起きた変化だけを考慮して，政権全体の過去の成績を無視するのが普通だ[61]。この近視眼のため，有権者は現職者の経済政策上のパフォーマンスを正確に評価することができない。

最近の実験データは，有権者は現職者を回顧的に評価する際に一番最近の出来事を過大評価する傾向があり，無関係な出来事にたやすく気を取られる，ということも確認している[62]。全体として，現代の証拠は19世紀フランスの経済学者フレデリク・バスティアが言った文句を裏づけている。バスティアによれば，公衆は経済政策のたやすく「見える」短期的「影響」に焦点を当てる傾向があるが，普通「見えない」ままにとどまる，もっと間接的な長期的影響は無視する，というのだ[63]。

有権者が重要な政策の責任を間違った政党に負わせることも時々ある。それはその政策が制度化された時期を混同するからだ。2010年のアメリカ人のうち，論争を呼んだ巨額の7千億ドルのTARP［不良債権買取プログラム］による銀行資産買い取りが共和党のジョージ・W・ブッシュ政権下で決定されたことを知っていたのはわずか34パーセントにとどまり，47パーセントはそれが民主党現職のオバマ政権でなされたと信じていた[64]。

最後に，政府の組織について無知であるために，有権者は政府のどの公務員が賞賛や批判に値するのかを決定することが難しい[65]。この欠点は回顧的投票理論にとって特に重要だ。なぜならこの理論は選挙人が「政策ではなくリーダーについて判断を下す」[66]ということを強調して，有権者が何についてどのリーダーに責任があるのかを知っていると暗黙のうちに想定しているからだ。

第4章 ショートカットの欠点

　すでに述べたように，有権者はしばしば州の政治家に対して全国的潮流のゆえに賞罰を与える。有権者はまた体系的に，ある争点について政治家の責任を過小評価し別の争点について政治家のインパクトを過大評価する。

　アメリカ政治を専門にしている政治学者のサンプルと比較すると，公衆は大統領と議会が連邦の予算をコントロールする能力と，連邦準備制度理事会が経済状態に及ぼす影響と，州と地方の政府が公立学校に与えるインパクトとをかなり過小評価している[67]。連邦準備制度理事会はむろん選挙で選ばれる組織ではない。しかしそのメンバーは大統領によって選ばれ，上院によって承認されるから，理事会メンバーの業績は上院議員と大統領の業績を有権者が評価する際の要素であるべきだ。その一方，公衆は広範なその他の潮流について大統領と議会に過大な責任を負わせる。その中には犯罪率，教育，短期的な経済状況が含まれる[68]。

　責任を負わせすぎることも負わせすぎないことも危険だ。もし有権者が責任を負わせすぎないならば，公務員は貧弱なパフォーマンスで容易にやっていけるだろう。逆に責任を負わせすぎると，選挙の結果はもっと無関係な争点によって決定されて，当該のリーダーが実際に影響を及ぼせる争点によってコントロールされる程度が小さくなってしまうだろう。かくして自分のコントロール下にある争点について立派な仕事をする州知事が，自分がコントロールできない全国的不況の責任を取らされて選挙で負けてしまうかもしれない。

　要約しよう。有権者は大部分の争点について有効な回顧的投票を行うために必要な知識を持っていないように思われる[69]。政治学者のクリストファー・エイケンとラリー・バーテルズが言うように，

> 公共政策の領域で原因と結果を有効かつ詳細に理解して投票する人々ならば，よい仕事に報い，悪意あるリーダーや無能力なリーダーをお払い箱にできるだろう。しかししばしば現実の有権者は，現職の政治家の行動と自分たち自身の快苦との間の関係（それがあるとして）を，漠然と，多かれ少なかれ素朴にしか理解していない。その結果，理性的な回顧的投票は一見したところよりも難しくて，盲目的な回顧は時として，一貫して間違った選挙による賞罰のパターンを生みだすことになる[70]。

回顧的投票が機能するとき

しかしながら回顧的投票説は重要な真理を含んでいる。それは大失敗をした政治的リーダーに一種の「大ざっぱな正義（rough justice）」を下すことができる[71]。もしある政策の失敗が大きくて見やすく、そして特定の現職者たちにたやすく帰することができるならば、彼らが投票によって失職することは、1932年、1980年、2006年の選挙が示唆するように確かにありそうだ。それに加えて、その失敗が大きければ大きいほど、対立する政党のすることがさらに一層悪いという事態はありそうもない。

有権者は現職者による巨大で明白な政策の失敗を罰することができる。このことが独裁制に対する民主政の大きな特長の一つだ。それはまた、現代の民主主義国ではいくら貧困でも集団的飢饉が起きないという注目すべき事実を説明してくれるだろう[72]。それと対照的に、政府が意図的に引き起こす飢饉は独裁制においてしばしば起きてきた[73]。

一般的に無知で非理性的な有権者といえども、集団的な飢饉を見ればそれとわかるし、それについて現職の政治家に責任をとらせるだろう。同じような要素が、民主主義国の政府は自国の国民をめったに集団的に虐殺しないのに対して、多くの権威主義的あるいは全体主義的な独裁政府は日常的にそうするという事実を説明するかもしれない[74]。

集団的飢饉と同様、一般的に無知な公衆といえども自分たちのリーダーが行う大量殺人には気がついて、投票において彼らを罰するだろう。同じような理由から、地震やハリケーンのような巨大自然災害による災害を小さくするという点でも、民主政は独裁制よりもすぐれている傾向がある[75]。相対的に無知な有権者も、大量の破壊の存在を見逃すことはないだろう。その一方で、有権者は災害救助のための支出を災害予防のための支出よりもずっと高く評価しがちだが、後者の方が人命と財産の損害を少なくするためにはずっと効果的だ[76]。情報を持たない有権者にとって、救助のための支出は予防のための支出よりもはるかに目に見える。それは特に、予防のための支出は災害が現実に起きる**前**になされなければならないが、その時には少数の有権者しかこの問題に関心を持っていない、という原因にもよる。

不幸なことに，災害の大きさ，可視性，容易に遡れる責任，という前提条件が現実の生活で満たされることは稀だ。そして非常に重大な政策の失敗の場合でさえ，失敗の完全なインパクトがリーダーの退任後になってようやく感じられるような場合には，リーダーは非難を免れるかもしれない。

　回顧的投票は，合衆国よりも政府のレベルと分岐化が少ない民主主義国では，いくつかの点で一層容易かもしれない。たとえばニュージーランドは，アメリカのような連邦制も三権分立も存在しない一元的な国家で，ほとんどの政治権力は単一の国会に集中している[77]。そのような国家では，有権者はどの政策決定者がどの政策について責任があるかをもっとたやすく知ることができる。しかしながら近い将来において，合衆国もその他の大部分の民主主義国も，ニュージーランドに似た一院制の非連邦制統治システムを採用することはないだろう。権力分立と連邦制はしばしばそれ自体の利点を持っている[78]。たとえそうでないとしても，長い歴史を持つ政治システムを基礎から再構築することはしばしば難しい。

回顧的投票と合理的非合理性

　回顧的投票の効力は合理的非合理性によっても減少させられる。党派的な人は現職者のパフォーマンスをバイアスのない仕方で評価するよりも，自分の政治的対立者の業績を否定的に評価して自分が選ぶ政党を好意的に評価するバイアスを持つ傾向がある[79]。党派的な共和党支持者はいかなる肯定的な出来事についても共和党の官職保持者に功績を帰する傾向があり，その一方否定的な出来事については責を帰そうとしない。むろん党派的な民主党支持者は反対のバイアスを持つ[80]。実際のところ，党派性は現在の状態への賞賛と非難だけでなく，状況それ自体についての有権者の認知にさえ影響を及ぼす。党派的な民主党支持者は，共和党の大統領の時代に不況とインフレ率は悪化し民主党の大統領の時代に改善すると主張する——現実がまさにその反対であっても。共和党支持者は同様に共和党の大統領を支持して民主党の大統領に反対するバイアスを持っている[81]。

　原則として，党派的なバイアスは無党派層の努力によって打ち消されうるはずだ。彼らは大統領の評価においてもっと客観的だろうから。しかしながらこ

れから述べるように，強いイデオロギー的・党派的コミットメントを持たない無党派層は，その政治的知識のレベルが最低になる傾向があり，かくして大統領の業績の正確な評価ができそうもない[82]。

争点の公衆

もし有権者がすべての重要な争点に注意を払えなくても，自分にとって特に関心のあるいくつかの争点については少なくとも関心を集中することができるだろう[83]。たとえば黒人は白人よりも公民権問題に親しんでいるだろう[84]。理論上は，そのような「争点の公衆 (issue publics)」は選挙人全体の内部のもっと一般的な政策に関する無知を埋め合わせることができる。

争点の公衆という仮説を経験的に確証しようとする試みは，その妥当性が限定されていることを示している。一般的に，公共政策の別々の諸側面に関する知識は高度に関連しあっている[85]。それでもいくつかの調査の示すところでは，特定の争点について特に関心を持っている有権者は，彼らの政治的知識の一般的レベルから予測されるよりも多くのことを知っている[86]。だが諸集団の間に知識の重要な相違が実際存在するときでも，そのことは，よりよい情報を持っている集団が情報に基づいた投票をするのに適しているということを必ずしも示さない。せいぜい言えるのは，その集団のメンバーは選挙人の他の人々よりもある争点について**より多く**を知っている，ということにすぎない。この相違は決定的だ。なぜなら争点の公衆がそれ以外の選挙人よりも特定の争点についてよく知っているということを示す研究のほとんどが，ごく基本的な知識しか調べない調査に依存しているからだ。たとえば，中絶や労働政策や軍事支出に人並み外れて高い関心を持つ調査回答者は，これらの争点が上院の選挙戦で取り上げられていたということを覚えていたということが多かっただろうが[87]，それだからといって，これらの有権者はこれらの争点に関する対立する政策のもたらすであろう影響を現実に理解している，ということは証明されない。

かりに有権者が自分にとって特に関心がある狭い争点について十分な知識を実際に持っているとしても，その争点に関する情報に基づく投票は，政府の政

策の「ゲームのルール」についての無知によってやはり妨げられてしまうかもしれない。政治学者シャント・イエンガーのあげる例を用いると[88]，黒人有権者は現行の公民権政策が変えられるべきだという結論に達する十分な**特定の**知識を持っているかもしれないが，選挙で選ばれたいかなる公職者を投票で排除すべきかを決めるために十分な**一般的**知識を，政府の構造について持っていないかもしれない。盲人の国でさえ，片目しか見えない人物は真の国王になれない――もし国王になるためには両目がなければ見えないものを見ることが必要だとしたならば。

　有権者の無知はまたさらに二つの，それほど明らかでない仕方で，争点の公衆の有用性を損なう。第一に，合理的に無知な有権者は，公共政策のどの側面が本当は自分に関心のある争点の一部であるのかが容易にはわからない。〈争点の公衆〉研究の無視されている側面は，重要な「争点」の範囲をそもそもいかにして定義するかという問題だ。

　複数の公共政策間の関係が明らかでないか，あるいは政治家やメディアが自分たちの利害からその関係を無視したりすると，有権者はそれを見つけられないかもしれない。たとえば社会保障制度改革が人種問題として定義されることはめったにないが，黒人は平均寿命が短いが白人と同じ割合で社会保障のための税金を払っているのだから，社会保障は黒人労働者から白人退職者への大きな隠れた再分配だということになる[89]。この関係の微妙さのために，利害関係がある黒人の争点の公衆は，これを無視している。しばしばこのような問題は，そもそも争点の公衆の成立自体を妨げかねない。部分的には政治的無知のために，争点の公衆たりうる人々がマンサー・オルソンのいう「沈黙のうちに苦しむ，忘れられた集団」[90]の中に見出せるだろう。

　一番根本的なこととして，一般的争点に関する有権者の無知は，争点の公衆が自分たちの特定の関心事について十分な情報を持っている状況でさえ彼らの利益を害する可能性がある。もし個々の特定の争点の領域が特殊利益を持つ選挙人の諸下部集団によって支配されていて，これらの諸下部集団が全体にあてはまる争点について無知なままならば，その結果は相互に破壊的な利益の奪い合いということになりそうだ。その結果として，どの集団も，争点の公衆が始めから存在しなかった場合よりも悪い状態に至る。

個々の争点の公衆は，その専門範囲内で自らの選ぶ政策を推進するが，他の争点への否定的影響がありうるということには配慮しない。その結果として，個別利益のために一般的利益がいつも無視される古典的な「共有地の悲劇」が生ずる。これらの理由から，争点の公衆へと分裂した選挙民の方が全体にわたって一様に無知な選挙民よりも政策目標をよりよく追求できる，ということは決して明らかでない。

　他の情報ショートカットと同じように，争点の公衆というショートカットもまた合理的非合理性の可能性によって弱められることがありうる。もし有権者がいずれの争点に焦点を当てるかを，それが社会の福利にとって持つ客観的重要性によってではなく，そのエンタテインメント的価値あるいは他の心理的利益によって選ぶならば，その結果生ずる争点の公衆は投票による決定を改善しそうもない。

「オンライン」情報処理

　ある場合には，意識的に知られる情報に焦点を合わせて政治的知識を測定すると真の知識レベルを過小評価してしまうかもしれない。なぜならわれわれは多くの情報を意識下で考慮しているからだ。そのような「オンライン」情報処理は，調査の解答者がそれまでに「処理」して決定の中に取り込んでいる知識について，調査への誤った回答に導くかもしれない[91]。たとえば，私はある政治家が重大な倫理的スキャンダルをひき起こしたということをAの時点で聞いたが，調査に回答するBという時点までにはそのスキャンダルについて全部忘れたということがありうる。しかし私はまた，そのスキャンダルからの重要な情報をその政治家に関する判断の中に取り込んで，彼の信頼性を低く評価していたかもしれない。理論上，オンライン情報処理は合理的に無知な有権者にとって理想的なショートカットだ。なぜならそれはほとんど時間と努力を必要としないのだから。

意識的な知識の代替物としてのオンライン処理

　有権者がオンライン処理を通じて有用な政治的知識を少なくともいくらか獲

得するということは疑えない。たとえば，時にはオンライン処理のおかげで，有権者は意識的な知識しか知らない場合よりも候補者についてよりよい判断を下すことができる[92]。しかしながらそれと同時に，オンライン処理は重大な限界を持っていて，入手できる証拠が示唆するところによれば，それは政治的無知のインパクトを十分打ち消すには足りない。

　もしオンライン処理が基礎的な政治的知識に十分とって代わるか，それに近づきうるならば，争点に関する見解において，高いレベルの知識を持つ調査回答者と低いレベルの調査回答者との間に，他の変数について調整した後で大きな相違を見出すことはないはずだ。知識の乏しい回答者は自分の意識的知識の相対的欠如を補うために，オンライン処理を利用すればよいだけのはずだからだ。しかし知識の豊かな回答者と乏しい回答者の間の相違は，国内政策についても海外政策においても，広範な争点において極めて大きい[93]。

　同様にして，現職者についての回顧的判断は知識レベルによって大きな影響を受けているようだ。大部分の調査回答者の意見は一番最近の経済状態だけから影響を受けていて，現職者の残りの任期についての証拠を割り引いている[94]。もしオンライン処理が意識的知識の一般に有効な代替物であるならば，それは有権者にとってほとんどいつでも一番重要な関心事の一つである，経済状態という争点について特に役に立つだろう，と期待してもよさそうだ。たとえ有権者が選挙の一年前か二年前の成長率や失業率を覚えられなくても，彼らはオンライン処理のおかげで，現職のリーダーを全体的に評価する際にその情報を意識下に取り込めるかもしれない。そうであっても，少なくとも多くの有権者においてオンライン処理はそれをしていない。

　どの争点についてどの公務員に責任があるのかといった，政治システムの構造に関する基本的な情報についての無知をオンライン処理がどれだけ埋め合わせられるのか，それを知ることも難しい。もし有権者が，Xという公務員がYという争点に責任があるということを知らなければ，その争点に関する新しい情報をXの業績についての評価の中に取り込むことはできない──意識的にであれ，オンライン処理によるのであれ。有権者がYについてのXの責任を意識下で知って，そのことがXの責任についての新しい情報の処理に影響を及ぼしうる，ということがいかにして可能なのか，それを想像することは難し

い。だがそのような可能性を一概に斥けることもできない。

　全体として，オンライン処理は，確かにそれがない場合に比べると政治的無知を重大でない問題にはするが，無知の一番深刻な例がそれによって覆されることはなさそうだ。特に，それは回顧的投票の欠陥を埋め合わせることも，最も基本的な構造に関する知識の欠如を補うことも，知識ある有権者と相対的に無知だがその他の点では似ている有権者との間の見解の相違を説明することも，すべてできそうにない。

　　オンライン処理と合理的非合理性

　もしオンライン処理が無知の問題の十分な解決をもたらさないとしたら，それは政治的非合理性の危険を現実には悪化させるかもしれない。新しい情報を合理的かつ客観的に評価するためには，意識的な努力がしばしば必要だ[95]。そのような努力をしなければ，われわれはさまざまの認知的バイアスの虜になってしまうだろう。そのようなバイアスの中には，自分の既存の見解を補強する情報の過大評価や，それに反する情報の過小評価が含まれる[96]。それゆえ合理的非合理性は，われわれが新しい政治的情報を入念に考慮する状況よりもそれに衝動的に反応する状況において，一層深刻な危険になりがちだ。

　ほとんど定義上，オンライン処理は新しい情報の意義に関する，迅速な，たいていほとんど瞬間的な判断を伴う。その時個人は重要なデータを忘れたり廃棄したりするから，それを後になって再び考慮する機会はほとんど全くない。その結果，オンライン処理に基づいてなされた判断は，意識的に記憶された情報の評価よりもさらに一層合理的非合理性を持ちやすいかもしれない。調査の回答者に与えられる新しい情報への最初の反応は，党派的バイアスやイデオロギー的バイアスや他のバイアスの影響を強く受けていることが，よくある[97]。しかしもしその情報が記憶されるならば，われわれはそれについて後で反省して自分のバイアスのインパクトをおそらくは減少させる機会を少なくとも持っているが，オンライン処理の場合，その機会はたいてい存在しない。

　既存の知識のレベルが高い人々に比べると，それが低い人々は，オンライン処理をする際にバイアスのかかった瞬間的判断を行う傾向が一層強いだろう。この問題は，情報を少ししか持たない有権者の方が，外見のような表面的特徴

に基づいて候補者の評価を変える傾向が強い理由の一部かもしれない[98]）。

　全体として，オンライン処理は確かに有権者の決定を助け，そして時には意識的知識の代わりになりうるが，それは知識の欠乏のわずかな一部を補うにすぎず，場合によっては非合理性のインパクトを増大させて事態を悪化させさせるかもしれない。

「集計の奇跡」[99]

　もし選挙人の中の合理的に無知な部分がランダムに誤りを犯すならば，集計の力の結果，これらの誤りは打ち消し合うかもしれない。誤りが本当にランダムで選挙人が十分大きければ，候補者Xへのあらゆる「誤った」一票は，対立候補Yへの同じように誤った一票によって帳消しされるだろう。相対的に知識を持った有権者の，ランダムでない票だけが結果に真のインパクトを与えるだろう。それゆえその結果は，選挙人全体が情報を持っている「かのように」決定されることになるだろう[100]）。

　有権者は無知だという非難に対して多数決民主主義擁護論を展開しようとする論者たちがこのような議論を提起するとは皮肉なことだ[101]）。この議論を真剣に取ると，ある提唱者が言っているように，それは選挙人の大多数の投票は情報を持った少数者の送る「シグナル」を曖昧にする「ノイズ」にすぎないという含みを持っていることになる[102]）。もしこの議論が正しいならば，多くの情報を持った少数者の票だけが算定されても選挙の結果は変わらない，ということになるだろう。

　それにもかかわらず，集計のマジックが働きうるのは，(1)誤りが大部分ランダムであり，そして(2)選挙結果を決定する，情報を持った少数者がその他の人々の利害を代表するときに限られる。証拠はいずれの前提条件も満たされないということを示している。

誤りの分布はランダムでない

　もし集計の奇跡が働くならば，一番情報を持っている有権者も，重要な政治的争点について一番情報を持っていない有権者とほとんど違わない選好を持っ

好評新刊

塩野 宏・小早川光郎 編著
◎制定資料を網羅的に考証・解説する
行政手続法制定資料全集（1）〜（16）
3000円〜

井上正仁・渡辺咲子・田中 開 編著
◎昭和23年全面改正刑訴法立案関係資料
刑事訴訟法制定資料全集
——昭和刑事訴訟法編（12）

松本博之・徳田和幸 編著
◎明治23年民訴法の複雑な制定経過を整理
民事訴訟法〔明治23年〕(5)
(1)4000円 (2)5300円 (3)(4)完結

渡邊卓也・杉木大輔 編集代表

全国難民弁護団連絡会議 監修
◎公正な難民認定制度の構築のために
難民勝訴判決20選
4000円

水谷英夫 著
◎個を尊重する社会での、新しい法世界を提示
QA 労働・家族・ケアと法
——真のWLBの実現のために——
3600円

赤坂正浩 著〈立教大学法学部教授〉
◎近年の社会・政治動向と立憲民主制の真価
世紀転換期の憲法論
2800円

加藤雅信 著
◎民法改正を緊急検証する普及版
迫りつつある債権法改正〔普及版〕
3000円

フランス憲法判例集第2弾
Les grandes décisions du Conseil constitutionnel de la France
フランスの憲法判例 II
5600円 **フランス憲法判例研究会 編**
辻村みよ子 編集代表
B5判・並製・440頁 ISBN978-4-7972-3348-3 C3332

1996〜2005年の主要86判例を掲載
Wichtige Entscheidungen des Bundesverfassungsgerichts
ドイツの憲法判例 III
6800円 **ドイツ憲法判例研究会 編**
栗城壽夫・戸波江二・嶋崎健太郎 編
B5判・並製・656頁 ISBN978-4-7972-3347-6 C3332

毛塚勝利先生古稀記念
石井保雄 編
山田省三・青野 覚・鎌田耕一・浜村 彰
労働法理論変革への模索

江藤淳一 編 村瀬信也先生古稀記念
国際法学の諸相
——到達点と展望——
28800円

岩瀬 徹・中森喜彦・西田典之 編
町野 朔先生古稀記念
刑事法・医事法の新たな展開（上）（下）
各14800円

松本博之 著〈大阪市立大学名誉教授〉
◎民事訴訟法の継受・改正史と解釈論争史
民事訴訟法の立法史と解釈学

佐伯千仭 著 佐伯千仭著作選集 全6巻
◎佐伯刑法学を代表する論文を精選収録
1 **生きている刑事訴訟法**
2 **刑事法の歴史と思想、陪審制**
3 **責任の理論**
4 **違法性と犯罪類型、共犯論**
5 **刑法の理論と体系**

消費生活マスター介護問題研究所 著 本澤巳代子 監修
◎悔いのない住まい探しのガイドブック
サ高住の探し方
〈サービス付き高齢者向け住宅〉
1800円

信山社 113-0033 東京都文京区本郷6-2-9-102 東大正門前
TEL 03-3818-1019 FAX 03-3818-0344 order@shinzansha.co.jp

2016.1.30 20000

実務書

無理なく段階的に学ぶ 2STEP民法 1 総則

鳥谷部茂・田村耕一 編著
神野礼斉・堀田親臣・中山知己・村山洋介・山下千司

A5変・並製・208頁 2,400円

民事再生法書式集〔第4版〕
企業の再建を助ける実務家必携の一冊

園尾隆司 監修
須藤英章 監修
第二東京弁護士会 倒産法研究会 編

B5判・並製 600頁 5,000円

民事再生QA500〔第3版〕プラス300
企業再建の細部まで民再法に準拠して解説

須藤英章 監修
企業再建弁護士グループ 編

B5判・並製 448頁 6,000円

プラクティスシリーズ

プラクティス民法 債権総論〔第4版〕
潮見佳男 著
◎最新の債権法理論を反映した改訂第4版
4,000円

プラクティス行政法
木村琢麿 著
◎斬新・典型的な事例満載の行政法教科書
3,000円

プラクティス労働法
山川隆一 編
◎工夫に富んだ新感覚スタンダード教科書
4,000円

プラクティス国際法講義〔第2版〕
柳原正治・森川幸一・兼原敦子 編
◎基礎から発展までをサポートする好評テキスト
3,000円

判例プラクティスシリーズ

判例プラクティス憲法〔増補版〕
憲法判例研究会 編
◎補遺で、14判例を追加した365件
3,000円

判例プラクティス民法I 総則・物権
松本恒雄・潮見佳男 編
浅野博宣・尾形 健・小島慎司・宍戸常寿・巽 智彦 判例集代表
◎効率よく体系的に学べる民法判例解説
2,800円

判例プラクティス民法II 債権
松本恒雄・潮見佳男 編
3,000円

判例プラクティス民法III 親族・相続
松本恒雄・潮見佳男 編
◎平成25年判例集の決定版、全444件解説
2,800円

判例プラクティス刑法I 総論
成瀬幸典・安田拓人・島田聡一郎 編
◎刑法〔総論〕判例集の決定版
4,800円

判例プラクティス刑法II 各論
成瀬幸典・安田拓人・島田聡一郎 編
◎刑法〔各論〕判例集の決定版、全543件
4,800円

講座 憲法の規範力

戸波江二・畑尻 剛 編集代表

1 規範力の観念と条件
古downstream豊秋・三宅雄彦 編集代表
◎憲法裁判の果たす役割とは何か
5,000円

2 憲法の規範力と憲法裁判
小山 剛 編集代表
7,600円

3 憲法の規範力と市民法
鈴木秀美 編集代表
（近刊）

4 憲法の規範力とメディア法
（近刊）

5 憲法の規範力と行政
嶋崎健太郎 編集代表
（近刊）

行政法研究
宇賀克也 責任編集
◎行政法理論の基層を探究する
第11号 2,800円

社会保障法研究
◎社会法の持つ現実的意義とは何か
第5号

国際法研究
大塚 直 責任編集
第3号

環境法研究

信山社ホームページ参照下さい。

好評新刊

河井弥八日記 戦後篇 I
【昭和二十年～昭和二十二年】
尚友倶楽部・中園裕・内藤一成
村井良太・奈良岡聰智・小宮京 編著
終戦前後の貴重な日記の翻刻。編者の解説付き
A5判上製602頁
8400円

社会政策と階級闘争
福田徳三研究会
西沢保・森宜人 編
日本と海外の状況を広く検討
A5判上製420頁

法と社会研究 創刊第1号
太田勝造・佐藤岩夫 編集責任
法と社会の構造変容を捉える法社会学の挑戦
櫻井千晶・祖・原宗慶宏・高橋裕・原田剛・高橋明弘・フット・ダニエル・プロジャー=アドルル・機谷聡子
3000円

安全保障関連法
読売新聞社政治部 編著
早わかり新安保法制解説
――変わる安保体制
A5判・図解296頁
2500円

履行障害法再構築の研究
下森定著
■下森定著作集II
◎理論と実務を架橋する法理論
6000円

住民訴訟の理論と実務
――改革の提案
阿部泰隆 著
◎住民訴訟の根幹的な課題とあり方を問う
6000円

好評発売中

法曹親和会民法改正プロジェクトチーム 編
◎120年ぶりの大改正が2時間で分かる
民法（債権関係）改正法案のポイント解説
新旧条文対照表付
1600円

プロセス講義民法III 担保物権
後藤巻則・滝沢昌彦・片山直也 編
◎叙述を3段階化させた民法教科書

性暴力被害の実態と刑事裁判
日本弁護士連合会両性の平等に関する委員会 編
◎性犯罪を重視し被害者の人権を守る
3000円

行政法再入門
阿部泰隆 著（弁護士・神戸大学名誉教授）
◎最新問題提起の行政法再考入門
（下）（上）

中国環境法概説 I 総論
桑原勇進 著（上智大学法学部教授）
◎動きの激しい中国環境法の教科書
田村初枝

コンパクト学習条例集〔第2版〕
芹田健太郎 編集代表
本体1,000円 編集B6判・並製584頁
くて持ちやすく携帯用条約集の決定版

医事法六法
甲斐克則 編集
本体2,200円 編集B6判・並製560頁
習・実務に必携の最新薄型医療関連法令集

保育六法〔第3版〕
田村和之 編集代表
本体2,600円 編集B6判・並製800頁
連法令等を凝縮した子育て六法第3版

スポーツ六法2014
小笠原正・塩野宏・松尾浩也 編集代表
本体2,500円 編集B6判・並製864頁
習・行政に必携のスポーツ法令百科

ジェンダー六法〔第2版〕
辻村みよ子・浅倉むつ子・二宮周平・戒能民江 編集代表
本体3,600円 編集B6判・並製
習・実務に必携のジェンダー法令集

信山社　〒113-0033　東京都文京区本郷6-2-9-102

信山社

*全国の書店・業天・生協等でもお買い求め下さい。(税別)

労働法
労働法のスタンダードテキスト。各種試験・実務・研究に

川口美貴 著

A5判・上製 228頁

近代民事訴訟法史・オーストリア
日本民訴法の源流・オーストリア法研究

鈴木正裕 著

A5判・上製 532頁

5000円

安野光雅 画『田舎の秋』

独占禁止法の歴史(下)
公取委元官僚が紡ぐ政治に翻弄された史実

平林英勝 著

A5判・上製 568頁

10000円

定評のある教科書

民法講義Ⅴ 不法行為法
◎「権利の保護」と「救済規範」の新たな法実現

藤岡康宏 著

4800円

民法総合6 不法行為法〔第3版〕
◎初歩から実務まで段階的に詳述

平野裕之 著

5800円

演習 プラクティス国際法
◎待望の国際法分野の演習書

柳原正治・森川幸一・兼原敦子 編

2900円

軍縮の基本を立体構成で辞典で説く

軍縮辞典
DISARMAMENT LEXICON

5000円

日本軍縮学会 編

四六変・並製 ISBN978-4-7972-8756-1 C3532

携帯性・一覧性に優れた好評の超薄型六法

法学六法'16

1000円
★事項索引付

石川 明・池田真朗・宮島 司
安冨 潔・三上威彦・大森正仁
三木浩一・小山 剛 編集代表

四六変・並製 ISBN978-4-7972-5739-7 C0532

基礎を固めるブリッジブックシリーズ

ブリッジブック 法システム入門〔第3版〕
法の現実の世界での役割・影響を学ぶ入門書

宮澤節生・武藤勝宏
上石圭一・大塚 浩 著

四六変・並製 372頁

2400円

ブリッジブック 法哲学〔第2版〕
「法の哲学」に好個の入門書第2版

長谷川晃・角田猛之 編

四六変・並製 212頁

2300円

ブリッジブック 刑法の考え方〔第2版〕
刑法学習の基礎体力づくりのために

高橋則夫 編

四六変・並製 272頁

2500円

精義シリーズ

碓井光明(明治大学法務研究科教授・東京大学名誉教授) 著

公共契約法精義
◎あるべき公共契約法の構築への模索

3000円

公的資金助成法精義
◎公的資金助成法に関する本格的な体系書

6000円

政府経費財政法精義
◎政府経費法に関するわが国初の体系書

6000円

社会保障財政法精義
◎社会保障財政法に関するわが国初の体系書

6000円

行政契約精義
◎行政契約に関する日本の状況の研究

7000円

都市行政法精義Ⅰ・Ⅱ
◎まちづくりへの行政法アプローチ

7600円

「集計の奇跡」

ていそうなものだ。後者の有権者の誤りはランダムに相互に打ち消し合うはずだから。しかしながら広範な証拠が示すところでは，政治的知識が高くなると，調査したほとんどすべての争点について見解が違ってくる。スコット・アルトハウスの重要な 2003 年の研究によると，人種や性や収入などの背景的変数について調整したところ，政治的情報が上昇すると，広範な争点を通じて有権者は一層社会的にはリベラルに，経済的には保守的になるということがわかった[103]。また介入主義的な外交政策を一層支持するが，軍事力の行使についてはわずかに支持が少なくなった[104]。以前の研究もまた，知識の上昇が争点に関する意見に大きな影響を及ぼすということを示していた[105]。

それだけではない。政策に特有の知識が増えると，すでに高度の一般的な政治的知識を持っている調査回答者の間でも，重要な意見の変化に至ることがある。この結果から示唆されるのは，真の選挙結果を決定すると考えられている，選挙人の中で一番知識のある人々でさえも，公共政策の核心的争点のすべてに対処するに足る十分な情報を持っていないかもしれない，ということだ[106]。

知識が意見に及ぼすインパクトは合理的非合理性の証拠と矛盾していない。後者の証拠が示すところでは，人々は自分がすでに持っている見解に反する新しい情報に抵抗する[107]。人々は新しいデータに全く動かされないわけではないが，証拠の評価においてバイアスを持っている。さらに，そのバイアスは前からの強いコミットメントを持っていない人々の間の方が弱いだろう[108]。

そのような効果が存在するから，合理的非合理性の否定的なインパクトはある程度弱められる。合理的に非合理な有権者も時には，新しい証拠に接すれば意見を変えることがある――たとえ証拠の評価においてバイアスが少なかった場合ほどにはしばしばでないとしても。だがそのような情報の影響はまた，合理的無知は一見するよりも悪いものかもしれないということも示唆する。有権者が知らないことは，彼らの決定に影響を与える核心的要素だった，ということはよくある。

情報の増大が特定の争点について投票の決定を変えないということを見出す研究もある。たとえば，複雑なカリフォルニア自動車保険イニシアティヴについて，単純な情報ショートカットを用いた，情報の少ない有権者は，もっと情報を持っている有権者と同じように投票した[109]。しかしながら全体として，

第 4 章 ショートカットの欠点

多くの重要な争点を通じて情報は重大なインパクトを持っているようだ。

もし情報を少ししか持っていない有権者が単にランダムに見解を決めるか，あるいは何の見解も持っていないとしても，集計の奇跡の仮説は成立するかもしれない。そのシナリオでは，情報を持っていない有権者はそれぞれの争点について五分五分で分裂して，世論を決定するのは多くの情報を持っている少数派の有権者だ，ということになるだろう。だが情報を少ししか持っていない有権者の多くも政治的争点について意見を持っていてそれをランダムに変えるわけではない，という自明の事実を考えれば，明らかにこのシナリオももっともらしくない。

これらの結論は驚くべきものではない。誤りがランダムに分布していない理由の一つは，有権者が既述の他の情報ショートカットのいくつかを**実際**に使おうとしているということだ。その結果，情報をあまり持たない有権者はしばしば経済の状態や他の争点について誤った推論を行う[110]。

ある条件下では，集計の奇跡は誤りの分布がランダムでなくても起きるかもしれない[111]。しかしこの結果が起きるためには，個々の有権者の判断の質がかなり向上して，複数の誤りの間の相関関係が高くならなければならない[112]。

集計の奇跡は，多くの情報を持った少数派が選挙結果を左右できる浮動層になりそうだ，ということを示す証拠があっても救うことができるだろう。だが

表 4.1　政党支持の強さによる政治的知識：2000 年 ANES 調査

自己申告の政治的立場	平均的な政治的知識スコア（30 点満点での平均正答数）
「強い共和党支持」	18.5
「独立した共和党支持」	15.6
「強い民主党支持」	15.3
「独立した民主党支持」	14.1
「弱い共和党支持」	14.0
「弱い民主党支持」	13.2
「独立した無党派（Independent-Independent）」	9.5

出典：30 ポイントの知識スケールは表 1.4 で用いた質問に基づく。

実際には，表 4.1 が示すように，一番知識を持っている有権者は党派的な立場を決めた人である傾向がある一方で，無党派の浮動層は一番無知だ。この結果は他の調査とも軌を一にしている。それらの調査が示すところでは，イデオロギー的なコミットメントと政党への一体感が弱い浮動層有権者は，政治的情報を一番少なくしか持たないレベルにある傾向がある[113]。

情報を持つ少数派は代表的か

ランダムな分布という仮説は，情報を持つ有権者が全体を代表するという第二の前提条件をも同じように満たさない。多くの情報を持つ有権者という少数派は，性別，収入，人種，宗教，イデオロギー，そして政治的意味のある他の属性の点で，それ以外の有権者と体系的に違っている[114]。人口の中のこの少数の非代表的な部分の利害が一般の人々の利害とごくおおざっぱ以上に一致したならば，その方が注目すべきことだろう。

彼らが代表的ではないという問題は，有権者は個人的な物質的自己利益を基に投票するのではなく，むしろ社会全体の福利に関する彼ら自身の見解を基に「向社会的に（sociotropically）」投票する傾向がある，という事実のため部分的に緩和される[115]。おそらくこの事実のおかげで，集計の奇跡が成立する世界の中で知識を持った少数派が選挙結果を支配するという害は緩和されるだろう[116]。知識を持った人々は，彼らの同胞市民の福利の管理者として信頼が置けるだろうから。

ある程度までこの結論は妥当だ。しかしながら，二つの重要な注意をすることが肝要だ。第一に，自己利益は少なくともいくつかの争点で意見に影響する。その中には喫煙[117]と銃規制[118]に関する争点がある。自己利益はまた人々が諸争点間の優先順位をつける際に影響するかもしれない。

第二に，非利己的な投票は必ずしも有権者が社会の全メンバーの利害を平等に考慮するということを意味しない。たとえば，人種的偏見のために有権者が自分の嫌う集団の福利を過小評価したり，それどころか彼らへの加害を肯定的に評価したりするかもしれない。そのような偏見は弱まってきたとはいえ，重要な争点に関する公衆の意見にまだ影響を及ぼすことがある[119]。最近の重要な調査が明らかにしたところでは，「エスノセントリズム」——自分自身の人

種あるいは民族集団を他の集団よりも高く評価する傾向——が，国内政策でも外交政策でも広範な争点にわたってアメリカの世論に影響している[120]。

いずれにせよ，あまり情報を持たない有権者は自分の意見をランダムに選んであるわけでもなければ，投票や意見形成を一切差し控えているわけでもないという現実を考えれば，多くの情報を持った少数派が選挙結果を決定している世界について思弁的空想をめぐらすことにはあまり意味がない。

集計と多様性

参加者が多様な見解と能力を持っているならば集計が特にうまく機能できると論ずる学者がいる[121]。多様性を持った多人数の集団が問題の解決を探求するならば，それは少人数のもっと専門的な集団よりもよい決定にしばしば達することができる。なぜなら前者はその多様な集団的知識をプールできるが，それは集計されるとより小さな集団の知識よりも大きいからだ。

多様性が時として集団の決定の質を改善できるということにはほとんど疑いがない。とても単純化した例をあげれば，各人が重要な1単位の知識を持っている100人の集団は，各人が5単位の知識を持っている10人の集団よりもよい仕事をするかもしれない。後者の小さな集団の平均的メンバーが前者の大きな集団の平均的メンバーの5倍の知識を持っているとしても，前者の知識の総計は後者の知識の総計の2倍ある（100対50）。

しかしながら投票はそのような多様性を利用するにはまずい方法だ。多様性がよりよい決定に至るという発想を支持する証拠の多くは，多様な参加者が一緒に働き，お互いの仕事を基にして建設することで相互の誤りから学ぶような実験あるいはシミュレーションを含んでいる[122]。たとえばルー・ホングとスコット・ペイジは，多数の多様な行為者が一問題への答を求め，そして次の参加者が前の人々の探求の生み出した情報を利用できるというモデルを発展させた[123]。

エレヌ・ランデモアは集計の多様性理論のまた別の指導的提唱者である学者だが，彼女は投票にとって多様性が持つ利益を映画の古典『十二人の怒れる男』のアナロジーで論じている。この映画では，多様な陪審員のうち一人を除く全員が，殺人事件の被告人の有罪を最初は確信していたのだが，熟議を通じ

て，そこには合理的な疑いがあるという正しい結論に至る[124]）。

しかしながら選挙と『十二人の怒れる男』の陪審の熟議との間には決定的な違いがある。その陪審員たちは長い時間と努力を費やして「利用できる情報と議論の集合的ブレーンストーミングをして，それらの情報と議論を集団の多くのフィルターとレンズにかける」[125]）。彼らは対立する見方に注意深く耳を傾け，彼らの大部分はそれらを客観的に考えようと努力する。それに対して，大部分の有権者は政治的知識を集めるためにほとんどあるいは全く時間を費やさないか，一次的には，自分の既存のバイアスを補強する会話の相手やメディアだけに頼っている[126]）。対立する見解を求めようとかそれらの見解をバイアスのない仕方で評価しようとかいった努力をする人はほとんどいない。もしこの映画の陪審員たちが自分自身のバイアスを少しだけ考慮した後で，それと異なる見解にほとんどあるいは全く注意を払わずに最終的な投票をしたならば，ただ一人（有名なヘンリー・フォンダ演ずる，最初からの反対者）を除く全員は，有罪という投票をしただろう。だが正にこれこそ大部分の有権者が選挙のときにしがちなことだ。

陪審員は入念に熟議をするし自分の責任を真剣に受け止めるが，その理由は部分的には，自分たちの投票が結果に大きなインパクトを持つだろうということを実感しているからだ。通常刑事事件では有罪判決のために十二人の陪審員の全員一致が必要だから，一人の反対者でさえ結果を変えることができる。対照的に，選挙において有権者が決定的な影響を与えられるチャンスは皆無に近い[127]）。その結果，有権者は情報を収集したり入念に熟慮したりするインセンティヴをほとんど持たない。この点を，全体として100単位の知識を持っている100人の有権者の選挙人団に適用してみよう。もしこの100人のそれぞれが他の人々の知識にアクセスせずに自分の知識に基づいて決定するだけならば，彼らはもっと少人数のもっと専門的な集団よりもよい仕事ができないだろう。その場合，大きな集団の個々のメンバーは集団全体が持っている100単位の知識ではなく，自分自身が元来持っている1単位の知識しか利用していないのだ。

多様性ある集団のメンバーが入念な思考や熟議なしに投票するとしても，もし彼らのバイアスがランダムに相互に打ち消し合うならば，彼らはやはり少人数の専門家集団よりもよい仕事をするかもしれない。多様性ある集団の中では，

ある下部集団の見解は他の集団の見解と「否定的な相互関係」にありそうだ[128]。ある集団がある方向に誤りを犯すとき、他の集団が逆の方向で誤りを犯すからだ。

しかしながら不幸なことに、この力学は集団全体の多数派に影響を及ぼすような無知による誤りに対抗するには十分でない。そしてすでに見たように、知識の増大は集団の意見に重要な集計的影響を及ぼす[129]。選挙人内部の多様性が無知の影響を打ち消したりそれをランダムにしたりできるとしたら、知識の影響もまたランダムなはずだ。ランデモアも認めているように、多様性が個人的知識に「打ち勝つ」のは、多様性ある集団内部の参加者が「相対的に頭がよい（あるいは愚かすぎない）」場合に限られるだろう[130]。大部分の有権者がごく基礎的な政治的知識も持たず、そして自分のすることをいつも正当に評価しないような選挙人団は、多くの場合この理想に達しない。

ある誤りが集団の多数派に影響するほど一般的ではない場合でも、多様性はあるが無知な集団は、やはりたやすく誤りを犯す。前記の100人の選挙人団と同じように各人が1単位の知識を持っている100万人の選挙人団を考えてみよう。彼らは候補者Aと候補者Bとの間の選挙で投票し、この集団の目的からするとAの方がよい選択になりそうだとする。さらに、彼らのうち99万人は本質的にランダムに投票し、その結果彼らが犯す誤りは相互に打ち消されるとする。かりに残りの1万人のうち6千人は平均的にBに投票するという誤りを犯しそうだとすると、この集団全体はほぼ確実に誤った決定に達するだろう——たとえBを支持するバイアスの正味が極めて小さいとしても。多数決投票で決定を行う大集団の中では、無知によって引き起こされる一方向への誤りと反対方向への誤りとの間の人数差がごく小さくても、多様性は無知の影響を打ち消すことができない[131]。

コンドルセの陪審定理

「集計の奇跡」という観念と密接に関係しているのが、民主政の能力の弁護としてコンドルセの陪審定理を用いることだ。最初18世紀にコンドルセ侯爵が述べた〈コンドルセの陪審定理〉は次のことを示す。——多数派が「正しい」結果に至る確率は、個々人が「間違った」仕方よりも「正しい」仕方で投

「集計の奇跡」

票する確率が少しでも大きい限り，有権者の人数の増加に伴って統計的に増大する[132]。もしその集団が十分に大きいならば，大きな集団内部におけるよりも小さな集団の中で正しい投票をする確率がずっと大きいような人々からなる小集団よりも，その大集団の方が正しい意見を選びそうだ。

たとえば，各人が2つの選択肢の中でよい方に投票する確率がわずか51パーセントである100万人の有権者からなる選挙人団と，その確率が90パーセントである100人の有権者からなる選挙人団とを比べると，前者の方が正しい決定に達する確率が大きい[133]。この結果は，大部分の有権者がそこそこにしか情報を持っていない大きな選挙人団における民主的決定を擁護できそうに思われる。選挙人団の大きさが，個々の有権者の低い知識レベルを埋め合わせられるからだ[134]。

不幸なことに，この議論はいくつもの深刻な欠陥を抱えている。その一つは，この議論がうまく行くのは，平均として有権者が「間違った」選択よりも正しい選択を選びそうな場合に限られる，ということだ。もし個々の有権者が正しい答えを選ぶ確率が51パーセントである代わりに，実際には間違った方を選ぶ確率が51パーセントならば，陪審定理が示すことは，大きな選挙人団は間違った選択を事実上確実に選ぶだろうということになる。実際のところ，個々の有権者が間違った選択を行う確率が90パーセントである小さな選挙人団よりも，さらに確実にそうなるだろう。有権者の多数は多くの争点について体系的に間違った情報を持っているという事実を考えると，平均的な有権者がこの方向で誤りを犯しそうなケースがおそらくたくさんあるだろう。

この定理はまた，有権者は相互に独立して決定を行うと想定している。もしそうでなければ，一人の誤りは他の人々に影響を与え，正しい決定がなされる確率を小さくするかもしれない[135]。むろん現実の生活では，有権者の決定は通常独立しておらず，しばしば他の人々の意見から大きな影響を受ける[136]。

それだけではない。コンドルセの陪審定理の古典的ヴァージョンは，選挙人団の大きさが拡大して決定的一票を投ずる確率が減少しても，有権者は情報獲得の努力を怠らない，と暗黙のうちに想定していた。ひとたび合理的無知がこの方程式の中に導入されると，選挙人団の規模の増大は正しい答えに至る確率をしばしば**減少**させる。なぜなら有権者はもっと小さな集団内部におけるより

も少ない情報しか獲得しないからだ[137]。この理由から，古代アテナイの法廷におけるように何百人あるいは何千人からなる陪審に多数決で判決を下させることは望ましくない[138]。個々の陪審員は，自分の一票が結果に影響を及ぼす確率がとても小さいということがわかるので，証拠に注意を払いそれを入念に考慮する程度が小さくなるだろう。大規模な民主政の選挙人団は，同じような悪しきインセンティヴと直面している。

ショートカットでは不足だ

全体として，情報に基づく投票へのショートカットとして文献の中で論じられているものは，その提唱者が示唆するよりもずっと役に立たない。多くの場合，それらはむしろ積極的に人を誤らせるかもしれない。現在知られているいかなるショートカットも，基礎的な政治的知識の十分な代替物にならないし，それに近づくこともない。

だからといってショートカットが全く無用だというわけではない。その反対に，ショートカットの中には特定の場合，特に相対的に単純な政治上の争点について役に立つものがある。一番注目すべきこととして，回顧的投票のために，有権者は大規模な飢饉のような大きくて目につく災害について責任がある現職者を罰することができる。これは民主政が対立する政治システムに勝る大きな長所で，それも部分的には情報ショートカットの存在のおかげだ。だが問題は，ショートカットは現代の政府の政策の大部分を占める，もっと目につきにくい，もっと複雑な争点に対処する際にははるかに効果的でないということだ。

もしショートカットでは不足ならば，政治的無知の問題に取り組むために何ができるだろうか？　第5章は，無知の危険は政府の権力を制限して分権化することによって減少できると論ずることによって，この問題を解きはじめる。

第5章

足による投票 対 投票箱による投票

移住は最も誠実な追従の形態だ。
──ジャック・パー（コメディアン，テレビ・トークショーのホスト）[1]

連邦制の国制の長所と短所は何世紀にもわたって論じられてきた。もっと一般的に政府権力の範囲への憲法的制約が存在すべき程度についても，何世紀もの間議論がなされてきた[2]。しかし分権化（decentralization. 脱中央集権化）と制限された政府が持ちうる一つの重要な長所はしばしばこれまでの論争の中で無視されてきた。私が言っているのは，それが広範な政治的無知のコストを減少させる可能性だ[3]。

この議論は単純だ。連邦制は市民が「自分の足で投票する」ことを可能にする。そして足による投票者は慣習的な投票箱の投票者よりも，十分な情報に基づく決定をしようとするインセンティヴがはるかに大きい。同じことが政府権力の制限についても言える。それは市民が民間セクターで足による投票をすることを可能にする[4]。政府の規模と複雑性を限定することは，有権者に課される知識の負担を減少することによって，政治的無知の問題をさらに軽減させる。

足による投票は情報の点で投票箱による投票にまさる。このことから示唆されるのは，分権的な連邦制は中央集権的な単一的国家の政策形成に比べて，市民の福利と民主的答責性の両方を増大できるということだ。少なくともチャールズ・ティボーの先駆的業績以来[5]，学者たちは足による投票を広範に分析してきた[6]。しかしそれが投票箱による投票にまさる情報上の利点を持っているということはしばしば無視されてきた。市民が投票箱だけでなく足によっても投票できる選択肢を持っているときの方が，情報獲得へのインセンティヴはずっと強い。同じことは獲得した情報を合理的に利用するインセンティヴに

第5章　足による投票 対 投票箱による投票

ついてもあてはまる。

　本章は足による投票が投票箱による投票よりも情報の点ですぐれているということを示すいくつかの経験的証拠も考察する。その結果わかるのは，深刻な抑圧を受けてしばしば貧しい教育しか受けていない集団さえも，効果的な足による投票に参加するに足る情報を手に入れられる，ということだ。

　われわれは最後に，いかにして政府の範囲の制限が政治の分権化と同じ情報上の利点を持つのかを見ることになる。実際，前者の持つ利点の方が一層大きいかもしれない —— 退出のコストは行政単位間の移住の場合よりも民間セクターの市場における方が通常低いという事実に照らして考えるならば。制限された政府が，現代国家が規模と複雑性のために有権者に課している知識の重荷を減少させることによって，政治的無知の問題の軽減にも役立つ。足による投票が情報上の利益を持つということは，分権化を容易にするために中央政府に憲法上の枠をはめる議論を強化する。それはまた民間セクターと比べた政府の権力を限定する議論をも強化する。

　ここで提出する議論は比較によるものだ。それは足による投票が投票箱による投票と比べて顕著な情報上の利点を有すると主張するのであって，足による投票がすべての情報問題を完全に克服すると主張するのではない。だがそのような比較による分析は重要だ。なぜなら足による投票と投票箱による投票は，たくさんの争点にわたって，多くの社会にとって一番重要な現実的選択肢だからだ。

　足による投票と政治的分権化は確かにいくつかの紛れもない欠点を持つ。一番重大な欠点の中には，移動のコストや，諸地方の間の競争のために有害な政策が優位に立ってしまう破壊的な「最悪へのレース」の可能性や，連邦制が少数派集団の抑圧に至りかねないという危険がある。これらのどれも，時として本物の問題になる。だがこれらの危険は時に言われるほど深刻なものではないし，足による投票が情報上の利点を持つという事実を否定するものでもない。

　政治的無知は政治システムがどのくらい中央集権化されるべきかを決める際に考慮すべき多くのファクターのうちの一つにすぎない。だがそれは確かに分権化を支持する議論を強める。

足による投票の情報上の利点

　第3章で論じたように，合理的無知は政治的知識に関する二つの深刻な問題を作り出す。第一に，有権者はよりよい投票を行うという目的のために政治的知識を獲得しようとするインセンティヴをほとんど持たない。第二に，有権者は彼らが実際に持つ情報を分析する仕方において非合理的になるインセンティヴを持つ。情報の獲得についても合理的な情報利用についても，足による投票は投票箱による投票よりもずっと強いインセンティヴを与える。自分の足で投票する人々は，政治過程における合理的無知に至る集合的行為問題から免れている程度が大きい。

　　情報の獲得

　すでに見たように，政治的無知の主たる原因の一つは，それが「合理的」だということだ。極端に多くの情報を持っている有権者でさえ選挙結果に実際影響を及ぼせる可能性は事実上皆無だから，有権者ははじめから情報を持つインセンティヴをほとんど持たない —— 少なくとも，情報を得ることの唯一の目的が「正しい」一票を投ずることならば。対照的に，自分が住む州や地域を選ぶことによって「自分の足で投票する」人々は，投票箱の投票者とは全く異なった状況にある。もし「足による投票者」が，他の行政単位（jurisdiction）におけるすぐれた経済状況や公共政策やその他の利益についての情報を得られるならば，この有権者はそこに移住してその利益を得られる —— 他のすべての市民が何もしないとしても。このために，投票箱の投票者が公共政策について情報を獲得しようとするインセンティヴよりも，足による投票者が別の行政単位の状態についての情報を得ようとするインセンティヴの方がはるかに強くなる。

　同じことが民間セクターにおける足による投票についても言える。おそらく大部分の人々は，どの大統領候補に投票するかを決めるよりも自動車やテレビの購入に関する情報を得る方にはるかに多くの時間と努力を費やすだろう。その理由は確実に，テレビが大統領の決定する争点よりも重要で複雑だからではなくて，どのテレビや自動車を買うかの決定の方が，いかなる選挙における一

票よりも,はるかにその結果に真の相違をもたらしやすいからだ。

　民主的決定に関する世界的な指導的学者の一人であるアダム・プシェヴォルスキーは「全員一致以外のいかなる集団的決定も,個人の平等な参加に実効性を与えられない」と嘆く[7]。しかし足による投票はそれに近い。それは人口の全部ではないにせよ大部分にとって可能な選択であり,諸個人の選択は投票箱の投票者にはできないような仕方で因果的な効果を持つ。移動のコストとその他の拘束のために,足による投票への参加は完全に平等なわけでない。しかし後で見るように,これらの制約は一般に考えられがちなほど厳しいわけではない。そして明らかに,投票箱の投票において諸個人が政府の政策に対して有する影響も決して十分に平等ではない。

　ある証拠が示唆するところでは,地方政府に関する公衆の知識は全国政治に関する知識よりもさらに低いことがある[8]。異なったレベルの政府に関する政治的知識は,地方政府と中央政府が取り扱う争点の性質が違い,両者の政府の構造も違うという事情を考えると比較しにくい。しかし地方政府に関する知識の方が中央政治の知識より低いということが真だとすると,その発見は,足による投票者が投票箱の投票者よりも多くの情報を持っているという理論への反論になるかもしれない。

　しかしながら,地方政治と中央政治の知識に関する最新の深い比較研究の結論は,両者は大体同じくらいだというものだ。フィラデルフィアの成人のサンプルの39パーセントは地方政治について「何も知らない」で,38パーセントは中央政治についてそうだ[9]。女性とアフリカ系アメリカ人は中央政治の知識については相対的に成績が悪い集団だが,地方政治の知識では白人と男性に比べて成績がよい傾向がある[10]。政治的知識と公共への参加は小さな地域の方が高いということを示す証拠もある[11]。小さい地域の方が,退出のための移動コストが大きな地域よりも足による投票がたやすくできる。知識に関するこの優位が,退出の機会が大きいせいなのか,それとも個人の一票が小さい選挙区では決定的になる確率が大きいせいなのか,それは確かに明白でない。両方のファクターとも働いている,というのがありそうなことだ。

　このように地方政治と中央政治に関する知識が大体同じくらいだということは印象的だ。というのは,メディアによる報道は中央政治に一層焦点をあわせ

ており，そして地方選挙では候補者が国政選挙よりもしばしば政党とはっきり結びついていないので一層有権者にとって理解しにくいことが多い，という事実があるからだ[12]。大部分の地域は中央政治に比べると相対的にイデオロギー上均質でもあって[13]，そのため投票のために政治的情報を獲得する必要性が減少する。というのは，当選する現実的チャンスがある候補者たちが大同小異になる傾向があるからだ。

またほとんどの場合，足による投票者が十分な情報を得るためには，投票箱による投票者ほど多くの情報を獲得する必要がない。後者の投票者と違い，足による投票者は，別々の州における相対的な状態を，選挙で選ばれた特定の公務員やその政策に結びつける必要がないからだ[14]。

もし投票箱による投票者が，どの公務員がどの争点について責任があるのかよくわからず，そして公共政策のインパクトをそれ以外の社会的状態のインパクトと区別しないならば，有権者は現職者をその支配が及ばない結果について罰したり報いたりする結果になりかねない[15]。公職者自身も，本当は自分の政策がもたらしたのではない状況の好転を自分の手柄にしようとすることができる。たとえば大統領は，自分の任期中に起きたいかなる経済的好況をも自分の手柄にしようとする――たとえ自分がそれを生みだすためにほとんど何もしなかったとしても。

それと対照的に，足による投票者は比較的に詳細な知識を必要としない。ある州なり地域なりの状態が別の州なり地域なりよりもよいということを知り，そしてこの知識に基づいて移住することができさえすれば，彼らにとってはしばしば十分だ。足による投票は投票箱による投票よりも情報獲得へのインセンティヴを高めるだけでなく，必要な知識の量を通常減少させる。足による投票の観点から見ると，フィラデルフィア市民の多くが市の最高幹部たちの名前や重要な争点に関する彼らの立場を知らないということは，大して問題にならないかもしれない[16]――この情報は投票箱の投票者にとってはもっと重要だが。地方政治は相対的に均質だということからも，詳細な政治的情報は地方レベルでそれほど重要でなくなる[17]。足による投票者がある地域の一般的な政治の方向を知っていれば，有権者はたとえ個々の公務員についてほとんど知らなくても，そこの政治がよくわかるだろう。もっともだからといって，個々の公務

第5章 足による投票 対 投票箱による投票

員間の相違が全然重要でないという結論を出すのは間違いだろうが。

確かに，足による投票もいくつかの重大な情報上の難しさを抱えている。たとえば，別の州と比較したある州の好条件は，偶然かその他のはかない一時的なファクターの結果だったのかもしれない。もし賃金が別の州よりもある州で高いとしても，それはすぐれた経済政策やよりよい機会の結果ではなく，高技能労働者が多い結果かもしれない。低技能労働者がそのような州に移住しても，必ずしも以前より状態がよくなるとは限らない。移住しようとする人は，どこに移住するか決める前にそのような問題を考慮する必要があるだろう。

それに加えて，複数の行政単位が存在すると，どの行政単位がどの争点について責任を持つかについて混乱が生じうる。ある行政単位の指導者は，その隣人の成功について手柄を主張し，自分自身の失敗への責任を回避するかもしれない[18]。移住しようとする人にとっては，競争している地方政府が提供する多くの異なった種類の公共サービスを評価することも難しいだろう[19]。

しかしながら，これらの困難は投票箱の投票者が直面する困難ほど大きくない。もしある行政単位の状態が別の行政単位の状態よりも長い間よいならば，それはおそらく一時的な幸運の結果にすぎないわけではないだろう。同様にして，諸個人は別の州の中で自分と似た能力を持つ人々の機会と生活状態に焦点を合わせることができる。

公共サービスを評価し，どの公務員がどの争点について責任を持つかを判断することは，単一的で中央集権的な国家の投票箱による投票者にとっても深刻な問題だ[20]。もしその国がさまざまの公共サービスを提供しているならば，合理的に無知な有権者がそれを評価することは難しいだろう——特に，それらのサービスを可能な選択肢と比較することは。単一的な国家では，それらの選択肢が実際に試みられた実例が何もないかもしれないから，そこでの投票者は分権的システムにおける足による投票者に比べると，それらの選択肢を評価することが難しい。後者のシステムでは，少なくとも選択肢のいくつかは別の行政単位の中で試みられているのだが。

連邦制の存在それ自体が，単一的国家には存在しないであろう一つの情報問題を生みだす。それはつまり，連邦制下では，投票箱の投票者はどのレベルの政府が特定の争点について責任を負うのか判断しにくいかもしれない，という

ことだ[21]。しかし合衆国やその他の連邦制が確立した諸国は連邦制を廃止することがないだろうから、低いレベルの政府にさらに権限を移転しても、この問題をさらに悪化させることはないだろう。中央政府が政策形成権力の5割を持っている連邦制は、それが4割にとどまる政府よりも人を混乱させないということはない。

それだけではない。現代の政府の巨大さと複雑さのために、単一的な国家においても大きな混乱は生じうる。連邦制はさらなる複雑性を導入する。しかしそれは、州と地方の政府がもっと多くの争点について責任を負うならば、ある地域の有権者は自国の別の地域 —— 自分の地域と全く異質の地域を含む —— におけるそれらの政策をもはや考慮する必要がないという事実によって、部分的には打ち消されるだろう。たとえば教育政策が州や地方に委ねられるなら、ニューヨーク州の有権者は連邦の教育政策がテキサス州に及ぼすインパクトを考慮しなくてよい。このことは選挙民が直面する情報の負担を軽減する[22]。

足による投票者は全体として、自分たちが直面する情報問題を克服するインセンティヴを、投票箱による投票者よりもずっと強く持っている。公共サービスの質の評価はしばしば難しく、投票箱による有権者も足による投票者も時としてこの仕事に失敗するだろう。だが足による投票者の方が、必要な情報の獲得と分析に成功するインセンティヴが強い。移住がジャック・パーの言うように「追従の最も誠実な形態」かどうかはともかく、それは通常一番よい情報に基づいた追従なのだ[23]。

情報の利用

足による投票は、投票箱による投票と比べて情報獲得へのすぐれたインセンティヴを与えるだけでなく、合理的な情報利用へのインセンティヴも向上させる。この理由の一部は、足による投票が情報獲得へのすぐれたインセンティヴを持つ理由と同じで、それはつまり、集合行為問題の不存在だ。しかし足による投票者の方が自分の獲得した情報をよりよく利用するだろうと期待できる理由は他にもある。

すでに見たように[24]、人は政治的知識を自分の既存のイデオロギーや偏見に合致するようなバイアスのかかった仕方で処理する強い傾向を持っている。

第5章 足による投票 対 投票箱による投票

このことは，普通の有権者にも政治的活動家や専門家にもあてはまる。それと比較すると，現代の大部分のアメリカ人は，自分のイデオロギーや所属する党派に対して持つのと同じコミットメントを自分の州に対して持っていない。過去百年間，州と地方政府への市民の同一化はアメリカの大部分で大きく弱まり，それはアメリカ人としての国民的アイデンティティの感覚にとって代えられた[25]。この理由から，人は誰に投票するかについて判断する際よりも，どこに住むかの判断に関する情報を分析する際にいっそう客観的になりがちだ。前者の際には強い党派的・イデオロギー的コミットメントが伴い，時にはさらに民族的・宗教的コミットメントまで加わるのだが，後者の際には —— 少なくとも現代の合衆国では —— 普通そんなことがない。

州政府への同一化の衰退は連邦主義に**反対する**理由になると主張する学者がいる[26]。市民はもはや自分の州に結びつくコミュニティ感覚を持っていないというのだ。しかしながら，市民の州と地方へのコミットメントが弱まったおかげで，効果的な足による投票が容易になり，その程度において，分権化が現実に強まっている。

この点があてはまる程度は，地方政府が民族的あるいはイデオロギー的忠誠心の焦点になっている国々ではずっと弱い。たとえば，フランス系カナダ人民族主義者はケベックに強く結びついていて，他の地方に移ろうとしないかもしれない —— たとえそちらの方がよい政治を持っているとしても。

ここで憂慮されるのは，民族的・宗教的・地方的な愛着がそれ自体で不合理だということではない。今の目的については，これらの愛着は人が持ちうる他のいかなる愛着に比べても一層不合理だということはない。むしろここで重要なのは，特定地方への強い愛着のために，人が他の地域と比較したその地域の長所と短所に関する情報を評価する際にバイアスを避けにくくなる，ということだ。

しかしながら，エスニシティと行政単位との間に強い関係があるような連邦制においてさえも，足による投票者の方が投票箱の投票者よりも情報の評価においてやはり合理的だろう —— かりに彼らの民族集団が複数の行政単位において多数派だとすれば。それだけではない。足による投票者が自分自身の行政単位を支持するバイアスの方が，投票箱による投票者が自分のイデオロギーや政

党を支持するバイアスよりも大きいという，あまりありそうもないケースでも，前者の投票者の方が自分のバイアスを克服するインセンティヴを一層強く持っているだろう。なぜなら彼らの選択の方が一層決定的になりそうだからだ。

行政単位間の競争の役割

行政単位間の競争は足による投票者の情報獲得を向上もさせる。州と地方は税収源として新しい住民と企業を引き寄せようとする。それゆえ州と地方の政府は，移住しようとする人々に訴えかけ現在の住民を引きとめる政策を確立しようとする強いインセンティヴを持つ[27]。競争の圧力は，地方政府が支出をまかなうためにさらなる歳入を得ようとする恒常的な必要から生ずる。その歳入は，主要な利益団体に支払ったり政治的指導者の再選のチャンスを向上させたりするための支出に充てられる。州の間で，また州内部の地域の間で，居住者を求めて競争が行われるために，たとえ投票箱の投票者が情報を持っていなくても，多数派の利益を促進する公共政策が生じやすい[28]。

また競争のために，どの行政単位に住むのが相対的に有利かに関する情報を広めるインセンティヴが，州の政府にも民間セクターにも生ずる。同じことは政治的官職への候補者についても言えるが，足による投票の市場における情報伝播の方が政治的宣伝よりも正確で人を誤らせることが少なそうだ。投票箱の投票者よりも足による投票者の方が，情報を入念に検討するインセンティヴが大きいから，前者の市場における競争者の方が，後者の競争者よりも，ごまかしや単純すぎる主張を行って逃げ切れる確率が少ない。政治のレトリックと宣伝は人を誤らせたりだましたりするレトリックと主張をいつも使っていて[29]，その中にはかなり成功するものもある。それと対照的に，本章で後に述べるように，証拠が示唆するところでは，足による投票者を求める市場の中の競争者が広める情報は「消費者」にとって相対的に正確であることが普通だ。それは消費者が極めて貧しくて低い教育しか受けていないケースでさえ言える。

また競争のおかげで，知識を持った少数派による情報獲得の努力を有権者が利用できる程度は，投票箱による投票よりも足による投票の方がはるかに大きい。よりよいサービスを得る目的で移住する確率が一番大きい「限界的」消費者は，知識レベルも一番高い傾向がある[30]。これらの限界的消費者を得よう

第5章　足による投票　対　投票箱による投票

とする競争は，それほど知識を持たない人々にとってもサービスの質を向上させることがある。それと対照的に，知識を持った少数者は投票箱の投票者にとってそれほど助けにならない。なぜなら候補者がずっと数の多い無知な有権者に訴えかけることで選挙に勝てる可能性が大きいし，また選挙における限界的な浮動的有権者は一番無知な層に属する傾向があるからだ[31]。

集団的移住の含意

　足による投票が投票箱による投票に情報面で勝る利点は，個人あるいは家族による移住だけでなく，集団的移住にも拡大される。歴史的に見れば，宗教的・イデオロギー的集団が彼らの原理に従って生きられるコミュニティを設立するために集団的移住を選ぶことが時々あった。アメリカ史から有名な例をあげれば，ピルグリム・ファザーズはヨーロッパからプリマスに移住して植民地を作ったし，モルモン教徒はユタに移住した[32]。このような集団的移住は，多くの人々の協力を必要とするという点で個人や家族による移住と異なる。そして特定の宗教あるいはイデオロギーに基づくコミュニティを設立するという目的からなされることが多い。明らかに，個人もまた宗教的あるいはイデオロギー的な理由から移住することがあるが，その場合はそれらの原理に基づいた全く新しいコミュニティを設立することができない。

　連邦制内部での集団的移住は，モルモン教徒の移住の時に起きたような，全く新しい州や都市の設立を含む必要はない。それは単に，既存の州から，その集団にとってもっと住みやすい政策をもつ別の州に移るということしか意味しないこともありうる。たとえば，カナダと合衆国のメノナイトの人々は，自分たち自身の州や地方を設立しようといういかなる意図も持たずに西部に移住した[33]。

　集団統治のいくつかの側面は，投票箱による投票から生ずる情報問題に似た情報問題を生じさせるかもしれない。民主的な統治機構を持たない大きな集団内部では，メンバー個人が自分の投票の基礎とすべき情報を獲得しようとするインセンティヴをほとんど持たないということもありうる。彼らは大部分の有権者と同じ理由から合理的に無知だ，ということがありうる。しかしながら集団的移住の場合，個々人はそもそもその集団に参加するか否か自体を自分で選

ぶのが普通だし，さらに今までの場所にとどまる代わりに他のメンバーと一緒に移住するか否かも決定することがよくある。これらの理由から，集団的移住への参加者は，投票箱の投票者よりも情報獲得とその合理的評価へのインセンティヴがおそらく強いだろう。

逆境における足による投票の力
―― ジム・クロウ時代の南部におけるアフリカ系アメリカ人 ――

　足による投票が投票箱の投票にまさる情報上の長所を，制御された条件下で経験的に立証する決定的な研究はまだなされていない。だが非常な逆境下でさえ足による投票者が印象的な情報獲得をしていたということを示す説得的な歴史の証拠がある。およそ［南北戦争後の］1880年から1960年に至る，ジム・クロウ時代の南部のアフリカ系アメリカ人の例が特に注目すべき一例だ。その時代に南部諸州の政府は黒人を差別し抑圧する多様な法律を採用していた。この人種的抑圧の広範なシステムはまとめて「ジム・クロウ」と呼ばれていた。

　この時代の南部の黒人が耐えてきた辛苦の状態の下でさえ，足による投票のための情報獲得がもし効果を持ちえたならば，それほど極端でない他の状況下では，そのような情報獲得は少なくとも同じくらい有効だということになりそうだ。それだけではない。利用できる限られた情報が示唆するところでは，南部黒人の足による投票者は，平均的にはもっと豊かで教育があった同時期の南部白人の投票箱有権者よりも多くの情報を持っていた。

　明らかに，足による投票は20世紀前半のアフリカ系アメリカ人が耐えた苦しみを完全に緩和することはできなかった。当時の合衆国ほど人種差別的な社会では，彼らの問題への政治的に実行可能な包括的解決策はおそらくなかったのだろう。しかし彼らの経験は，足による投票者は非常な逆境下でさえも賢明な決定をするために十分な情報を手に入れられるということを示している。

ジム・クロウ時代の南部黒人の移住

　ジム・クロウ時代の南部のアフリカ系アメリカ人の大部分は十分な教育を受けず多くは文盲だったが，他の諸州の相対的にましな状態についての情報を学ぶことがともかく可能だったので，北部や，南部の中でもまだ比較的抑圧的で

ない地域への大規模な移住を始めることができた[34]。大体1880年から1920年までの間に，100万人以上の南部生まれのアフリカ系アメリカ人が北部か西部に移住した[35]。1920年にはこれらの移住者は，当時1040万人いたアメリカの黒人人口全体の約10パーセントを占めるまでになった[36]。第二次世界大戦直後にはさらに多くの黒人が南部から北部に移住した[37]。しかし初期の移住の方がここでの目的にとって特別の興味がある。なぜなら後年よりもその時期の方が，南部の黒人の状況は一層悪くて，彼らは移住の機会に関する情報を得ることが一層難しかったからだ。

　南部からアメリカのそれ以外の地域への移住に加えて，南部自体の内部でもアフリカ系アメリカ人の大規模な移動があった[38]。地域内の移住の原因は，単なる経済的機会の追求だったことも多かったが，南部の行政単位間における黒人への抑圧の程度の相違であることもあった[39]。

　20世紀前半の南部の黒人は過酷な条件の下で働いていたので，足による有効な投票ができなかったと思われるかもしれない。部分的には州政府の政策の意図的結果として，彼らの大部分は極めて低い教育しか受けていなかった。1940年になっても，21歳以上の南部の黒人のうち高校卒業者はわずか5.4パーセントで，これに比べると同時期の南部の白人は24.6パーセントが高校卒業者だった[40]。南部の黒人のうち教育を受けることができた人々も，ほとんど常に，分離された劣った学校で学んだ。それは黒人の生徒のためにごく限られた教育しか与えないように意図的に設計された学校だった[41]。これらの問題に照らしてみると，あれほど多くのアフリカ系アメリカ人の移住者が自分の必要とする知識を得られたということは，足による投票の情報上の長所を支持する有力な証拠だ。

南部の黒人移住者による情報獲得

　南部の黒人労働者は，移住の決定を容易にするために様々な情報源に頼った。一つの重要な情報源は，北部や南部のうち相対的に寛容な行政単位に既に住んでいる親戚や知人からの情報だった[42]。多くの黒人移住者は，北部の状態について「信頼する友人や親戚から，直接の報告を得ていた。」[43] 投票箱の投票者は，同じくらい知識があって信頼できる情報源にたやすく頼ることができな

い[44]。

　他の情報を与えてくれたのは同時期の黒人メディアで，それは移住を積極的に勧めた[45]。しかし学者の中には，黒人労働者をリクルートするために企業が雇っていた「移住エージェント」の情報伝播活動を特に強調する人もいる[46]。このエージェントたちは北部への移住に関する貴重な情報をアフリカ系アメリカ人に提供し，時には彼らの輸送を助けもした。エージェントたちは移動の利益を誇張する明らかなインセンティヴを持っていたが[47]，それはすでに北部にやって来ていた移住者からの情報によってある程度までチェックされたし[48]，また騙された労働者がまた南部に戻って，エージェントたちを信じないように人々に言うかもしれないという可能性によってもチェックされた。これらのメカニズムは移住エージェントによる欺瞞へのチェックになったが，それは投票箱の投票者を説得するために用いられる政治的レトリックの場合には通常手に入れられないものだ。

　職の機会に関する情報に加えて，多くの黒人移住者は，北部の諸州の政府と風習が黒人にとって南部よりも敵対的でないと知ったことが部分的に理由となって移住を選んだ。経済的な機会が移住の動機の主たるファクターだったが，人種的抑圧から逃れたいという欲求もまた重要だった。移住者は南部を去る決意をさせた重要なファクターとして，リンチや人種差別やその他の政府の敵対的政策をしばしばあげている[49]。

　当時のアフリカ系アメリカ人の指導者の中には，彼らへの抑圧を軽減するための手段として足による投票が持つ可能性を認めて，北部への移住を考えるように南部の黒人に勧める人がいた。すでに1886年に，19世紀の最も有名なアフリカ系アメリカ人の指導者であるフレデリック・ダグラスは，「**拡散**こそ南部の有色人にとって真の政策」であり，可能な限り多くの黒人が「この国の中で，南部よりも市民的・政治的権利が現在よく保護されている地域」に移るよう奨励されるべきで，「[黒人の南部からの移住の支援という]この目的のために費やされる百万ドルは，南部の有色人にとって，他のいかなる仕方で使われる同額の金銭よりも役に立つだろう」と論じた[50]。1917年の〈全国黒人地位向上協会〉の出版物は，北部への移住は「南部のリンチと無法と非道一般に対する最も効果的な抵抗」だと主張した[51]。

第5章 足による投票 対 投票箱による投票

効果的な情報利用

　大部分の研究者は，ジム・クロウ時代の黒人の北部への移住は移住者の目的を達成するためにおおむね効果があったと認めている。北部も決して人種差別を免れてはいなかったが，大部分の移住者は経済的にも市民的・政治的権利の保護の点でも，自らの状態を有意義に改善することができた[52]。これらの結果は，移住者は自分が獲得した知識を効果的に利用し，そしておおむね自分の行き先を賢明に選んだということを示唆する。

　競争的連邦制下の足による投票の理論ならば予言しただろうが[53]，その結果生じた移住は移住者たち自身に利益を与えただけでなく，人種差別的な南部諸州の政府をして，南部の白人所有の農場や事業に黒人をとどめて働かせ続けようとする努力の中で，「アフリカ系アメリカ人に，より大きな教育の機会と，その財産と人身へのより大きな保護とを認め」させることにもなった[54]。たとえば，黒人労働者を失うかもしれないという恐怖が，南部諸州の政府が遅まきながら1920年代にアフリカ系アメリカ人のリンチを厳しく取り締まるようになった動機の一つだった[55]。たくさんの移住者が自分の移住の重要な原因としてリンチをあげていた[56]。これと関連する劇的な例では，移住する黒人炭鉱夫を求める諸州間の競争の結果として，1900年代前半のウェスト・ヴァージニア州で石炭会社はロビイングによって学校の分離の緩和を求め，それに成功した[57]。ダグラスがすでに1886年に予言したように，「彼ら［南部の黒人］のうちそこにとどまらざるをえない人々の状態は，移住する人々のために改善されるだろう。」[58]

　明らかに，南部の黒人が自分の足で投票できたからといって，それはジム・クロウの有害な効果の消滅に近づくことはなかった[59]。足による投票はそれ以前の状態に比べれば改善だったが，万能薬ではなかった。しかしそれは，広範な軽蔑を受け教育水準が低かった少数派に，重要な情報上の利益とかなりの政治的な力を与えた。

　厳密な比較は難しいが，ジム・クロウ時代に移住できた南部の黒人が別々の諸行政単位の相対的条件について学ぶことができた程度は，現代の大部分の有権者が自分たちの政治システムの基礎について持っている程度よりもかなり大

きかっただろう。少なくとも，貧しくて教育水準が低い南部の黒人の多くは，他の地方では相対的に有利な雇用機会と公共政策が自分を待っているという事実を理解できる程度のことを学んでいた。この認識は，現代の市民の大部分が効果的な回顧的投票を行うために十分な知識を獲得する能力を欠いていることと対照的だ[60]。

もし足による投票がジム・クロウ時代の南部のような極端な逆境の下でさえ強力な情報上の利益をもたらせたならば，それは現代の状況下では一層効果的だと期待すべき強い理由がある。今では教育水準はずっと高く，情報コストは低く，一世紀前の南部の貧しい黒人ほど徹底的に抑圧されている大集団は存在しないからだ。20世紀前半の南部の黒人よりもましな状態にある人々は，もっと容易に情報を獲得できる。

同時期の南部の白人の投票箱による有権者との比較

ジム・クロウ時代の黒人の移住を足による投票の一ケースとして考慮する際に，それを投票箱による投票と直接比較することは難しい。この時代の南部の黒人のほとんどはむろん選挙権を与えられていなかったから，彼らの多くが足による投票によって解決しようとした争点を，投票箱による投票を通じて取り上げる機会を持っていなかった。しかしながら，同じ時期の南部の白人は人種問題を投票箱の投票で取り上げた。だから彼らの一見したところの知識のレベルを黒人の足による投票者の知識レベルと比べてみる価値がある。

南部の白人はアフリカ系アメリカ人より平均的に収入も教育も高かった。1940年の時点で，21歳以上の南部の白人の24.6パーセントは高校を卒業していたが，南部の黒人では5.4パーセントにすぎなかった[61]。そして量におけるこの相違に加えて，教育の質における大きな相違もあった。

これらの相対的な不利にもかかわらず，南部黒人の足による投票者は，移住の機会についてまずまず正確な情報を獲得し，どの行政単位が黒人にとって住みやすい政策をとっているかについての知識を有効に活用したように見える。それに比べて，南部白人の投票箱有権者はジム・クロウ時代の人種政策に関する重要な基本的事実を知らなかったようだ。

20世紀前半に南部の白人がジム・クロウ政策を広く支持していたことの原

因は，部分的には，彼らが純粋に規範的に人種的平等に賛成していなかったことにあるが，また部分的には，事実についてひどく無知で，政治的情報を理性的に利用しなかったことにもあった。

　一番悪名高い例の一つをあげよう。数十年間にわたって，南部白人有権者の多くは，黒人男性は白人女性を強姦しようとしているという全く間違った主張を信じていた[62]。広く受け入れられていたこの神話が，白人の殺害や強姦の件で（しばしば誤って）告発された多数の黒人のリンチを許可する南部州の政策を正当化する主たる理由だった[63]。すでに 1890 年代には学者と市民権提唱者がそのような主張は間違っていることを証明したにもかかわらず[64]，南部白人有権者の大部分は一見したところこの事実を知らなかったか，あるいは考察しようとしなかったようだ[65]。

　南部白人有権者はまた，何十年にもわたって，この地の大量のアフリカ系アメリカ人を教育・経済システムの多くから排除していることがこの地域の停滞の重要な原因だということ —— ほとんどの経済学者にとっては自明の点 —— を認められなかった。19 世紀後半と 20 世紀前半を通じて南部の相対的な経済的停滞は地方政治の主要争点だったのだが，第二次大戦後になるまで経済発展のための方法として人種隔離の撤廃を唱えた南部の白人はほとんどいなかったし，その時でさえも，そのような見解を提唱したのは，通常の有権者よりもビジネスリーダーやその他のエリートたちだった[66]。

　当時の適切な調査データが存在しないので，これらの南部白人有権者が人種問題について単純な無知に動かされてそう考えていたのか，それとも彼らが知っていた情報を理性的に評価しなかったからそうだったのかを知ることは難しい。一番ありそうなことは，両方の要素が結びついていたのだろう。いずれにせよ，この結果は合理的無知の仮説と一致しており，人種問題に関する黒人の足による投票者がもっと効果的に情報を獲得・利用したことと対照的だ。

　人種問題に関するジム・クロウ時代の白人の投票箱による投票と黒人の足による投票との間には，むろんいくつかの重要な違いがある。人種問題は白人にとってよりもアフリカ系アメリカ人にとって明らかに一層重要だから，後者はおそらくこの問題について情報を持つインセンティヴが一層強かっただろう。さらに，有効な足による投票のために必要な知識は，いくつかの点で，投票箱

による投票のために必要な知識よりも単純だ[67]。

　しかしながら，この二つのケース間の類似もまた大きいから，その比較は不完全だとしても意味がある。人種とそれに関係する経済的停滞は，ジム・クロウ時代の南部における最も重要な政治的争点の中に含まれていて，黒人だけでなく白人もそれに大きな政治的利害関係があった。公民権運動以前の南部における一党支配体制とその他の政治制度は，白人の優位を維持するという目的を中心に組織された[68]。さらに，白人は人種問題について関心がより小さかったにしても，この要素は白人の方が収入と教育のレベルが高いことによって少なくとも部分的には埋め合わせられる。

民間セクターにおける足による投票

　足による投票が持つ情報上の利益は中央集権化に対して連邦制を支持する論拠になるが，それだけでなく，政府に対して市場と市民社会を擁護する論拠にもなる。多くの場合，民間セクターは足による投票にとって連邦制よりもさらによいメカニズムになりうる。自分の足を使って市場におけるある製品を避けることは，足を使って地方政府を避けるよりも通常移動のコストがずっと小さい。別の製品や会社に乗り換えるために住所を移す必要はない。同じことは大部分の市民社会の組織についても言える。この点で，足による投票を支持する情報上の議論は，政府のレベル間の関係だけでなく，政府と民間セクターとの間のバランスについても意味を持つ。

　民間セクターで行動する市民もまた無知と非合理性のために間違いを犯すということは否定できない[69]。しかしいくつかの調査の示唆するところでは，投票行動や実験室の実験の際に現われる認知的バイアスの多くは，現実の市場的決定にもっと近い状況では消滅するようだ[70]。経済学者のチャールズ・プロットとキャサリン・ザイラーが示したところによると，一番よく持ちだされる認知的バイアスの一つである「保有効果（endowment effect）」——人はそのために，将来手に入れられるものよりもすでに保有しているものを過大評価すると言われる——は，誤った実験手続が作り出したものなのかもしれない[71]。最近，金融市場における消費者行動のありうべき非合理性について多くのこと

第5章 足による投票 対 投票箱による投票

が言われてきた。クレジットカードや標準形式契約に関する非合理性などだ[72]。しかしながら、入手できる証拠から示唆されるところによれば、これらの市場の参加者は相対的に少ししか誤りを犯さず、そして実際に犯した誤りもすぐに訂正することが多い[73]。

これは確かに、消費者が深刻な非合理性を決して持たないということを証明するわけではない。反対に、そのような消費者もいくらかいるだろう——特に、認知能力が低くてほとんど経験も訓練も積んでいない消費者ならば[74]。しかし重要なのは、消費者とその他の足による投票者が完全に合理的だということではなくて、彼らは認知的バイアスを避けようとするインセンティヴが有権者よりも強い、ということだ[75]。ノーベル賞を受けた経済学者のF.A. ハイエクが30年以上前に言ったように——

> 合理的行動はしばしば経済理論の前提として述べられているが、そうではない。理論の基本的な論点はむしろ、競争によって人々は暮らしていくために合理的に行動せざるをえなくなるだろう、ということである。それは市場過程への大部分の、あるいはすべての参加者は合理的であるという仮定に基づいているのではなく、反対に、少数の相対的により合理的な個人の存在がその他の人々に必然的に彼らと張り合わせ、優劣を競わせることになるのは、一般に競争を通じてである、という仮定に基づいている。合理的な行動がその個人に何らかの利益を与える社会においては、合理的な方法が次第に開発され、模倣によって広められるだろう。**もし合理的であることから利益を得ることができないなら、他の人々より合理的であっても無駄である**[76]。

ハイエクの論点は有権者と市場参加者との比較について特に意味がある。有権者はハイエクのいう「他の人々より合理的であっても無駄である」人々の典型だ。それに対して市場への参加者は、大きな欠点を持っているにもかかわらず、全く別のインセンティヴを持っている。

ブッシュ政権の2003年の巨額にのぼる処方薬法案に対して、有権者と市場参加者との間では極めて異なった反応があったが、これはその相違の好例だ。議会がこのプランを採決した時、公衆の約70パーセントはそれが通過したことさえ認識していなかった——それはここ数十年間における最大の新しい政府

プログラムだったにもかかわらず[77]。だがこのプログラムの結果、高齢者は今や政府のメディケア・システムを通じていくつもの異なった処方薬プランの中から選択できるようになった。処方薬プランを単に有権者としてしか評価しない立場にあった公衆の他の人々と違って、これら高齢者の市民は、その中で消費者として決定をしなければならない――もっとも政府によって制限された選択肢だけがある人工的市場の中でだが。

新しい法律が提供する選択肢は極端に複雑で、非専門家には評価が難しかった。それは新しいメディケア・パートDシステムに登録するか否か、またいつ登録するかの選択を含んでいたが、これは私的保険を通じた処方薬の割引購入を可能にするものだ[78]。経済学者のダニエル・マクファデンが発見したところでは、2006年（新しい処方薬ベネフィットが最初に施行された年）に調査対象となった、参加資格のある高齢者のサンプルの70パーセント以上が、その新しいプランによる彼らの支払額の期待現在価値（expected present value. EPV）が最小になる時にそのプランに登録するつもりだった[79]。自分のEPVを最小化するためには早すぎる段階での登録を計画した人は19パーセントいたが、彼らの中にもやはり合理的に行動した人はいただろう――もし彼らが高度にリスクを回避していたとしたら[80]。

高齢者の消費者は新しいメディケアによる処方薬の選択肢について、確かに完全に合理的ではないし完全な情報も持っていなかった。マクファデンの結論は、無視できない少数の人々が無知あるいは不合理性のために間違いを犯したというもので、彼はその人々の問題に対処するために「パターナリスティック」な介入を推奨している[81]。しかし市場参加者と投票箱の投票者との間の対照はそれでも印象的だ。前者の人々はとても「複雑」な選択に直面したのに[82]、彼らの大部分は、そのプログラムがまだ新しくてなじみがない時点で、合理的決定を行うのに十分情報を獲得したのだ。その一方で投票箱の投票者の大部分は、巨額にのぼるこの処方薬法案が通過したということさえ知らなかった。その結果、彼らはこのプログラムが現職の政治家の業績を評価するための重要な争点になるかもしれないということを認識しなかったのだ。

足による投票と，民間で計画されたコミュニティ

　民間セクターでの足による投票は，合衆国で地方政府が伝統的に行ってきたサービスの多くについてすでに現実になっている。2004年には，5200万人以上のアメリカ人が，コンドミニアムのような，民間で計画されたコミュニティに住んでいた[83]。それらの組織は，通常地方政府の責任とされるセキュリティ，ごみ収集，地域利用規制などのサービスをしばしば提供している[84]。同じような企業はヨーロッパやラテンアメリカやアジアの一部でも成功している[85]。民間で計画されるコミュニティ間の競争は，複数の地方政府間の伝統的な競争をしのぐ重要な長所を持っている[86]。一つの大都市圏の中には，政府機関よりもずっと多くの，共通の利益を持った民間のコミュニティが存在しうる。このために，その地域に住もうとする各人は自分のニーズに一番適したコミュニティを見つけることが容易になり，しかも大部分の移住者がしなければならない移動の距離を小さくすることで，ありうべき移転費用の節減もできる。

　しばしば上位政府から補助金を受けている州や地方の政府と違って[87]，民間で計画されているコミュニティの大部分は，その収入をもっぱら居住者に頼っている。このために，それらのコミュニティが居住者を求めて競争し，彼らの要求に応えようとするインセンティヴが高まる。もしコミュニティがそれに失敗したら，現在の所有者の財産価値は下がるだろう。そして他の領域で得た税収をそこに埋め合わせることもできない。これと対照的に，州政府や地方政府の公務員は移住者を引きつけたり現在の住民に住み続けさせたりすることに，ずっと弱い利害しか持たないのが普通だ。下位の政府も納税者からの収入を増やすために，移住者を引きつけようというインセンティヴを確かに持ってはいるが[88]，上位政府からの多額の補助金が存在するために，私的に計画されるコミュニティと比べるとこのインセンティヴは減殺される。

　最後に，州や地域への不合理かもしれない愛着のために，ある行政単位から出ようとする決意が妨げられるということもあるだろう。それは特に，決定者が強い一体感を感じている民族や宗教団体とその行政単位とが密接に結びついている場合にそうだ[89]。それと対照的に，民間で計画されたコミュニティに

対して強い感情的あるいはイデオロギー的な愛着を持つ人はほとんどいない。この要素のために，民間で計画されるコミュニティに関する「足による投票」の決定は，競争している政府の行政単位間で移住するかもしれない人々の決定よりも，平均的には合理的なものになりそうだ。

民間で計画されるコミュニティが政府にまさる長所は，特定の物理的な場所と結びついていない財やサービスの生産について一層大きいかもしれない。その場合，実際に全然動かずに足による投票ができるので，利害の方程式から移転費用が消去される。ここでもまた，足による投票の持つ情報上の利益から，民間による供給の方が政府をしのぐ重要な長所があるということが示唆される。

スイスの経済学者ブルーノ・フレイは，地方政府は領域と行政単位との間のリンクを断ち切ることで，私的セクターが持つ特徴のいくつかを採用できると論じている[90]。フレイの主張によると，異なった領域を専門とするさまざまの政府組織は重複する行政単位を持つことができ，市民は物理的移動なしに政府サービスのプロバイダーを変えることができることになるという。これらの提案について決定的な判定を下すことは早計だが，もしフレイの理論が実現可能ならば，それは足による投票が民間セクターだけでなく公的セクターでもしばしば効率的だということを確証するための青写真となりうる。フレイの発想にいくらか似たものが合衆国の商取引の領域にはすでに存在する。そこでは企業もそれ以外の当事者も，どの州の法律が相互の取引を規制するかを自分たちで選ぶことができて，その際に物理的移動は必要がない，ということがしばしばある[91]。

フレイの提案も，私的コミュニティに一層大きな力を譲渡すべきだという議論も，ともに「一番下までの連邦制（federalism all the way down）」を提唱する最近の研究と軌を一にしている。それはアメリカの州のような大きな地域ではなく，都市やその他の地方政府に一層大きな権限を委譲することを提唱するものだ[92]。提唱者たちは，そのように権限を譲渡すれば，政府の政策は地方コミュニティの多様な選好をよりよく反映することができるようになる——特に少数派集団がかなりの影響力を持つコミュニティでは——と論ずる。私的なコミュニティや私人への権限委譲は，さらに広範は諸個人・諸集団の見解を反映する，さらにきめ細かい決定を許すことになる。それはまた，地方政府機関への権限

移譲だけでは不可能な，地域に特化した知識の一層効果的な活用をも可能にするだろう93)。

民間で計画されるコミュニティと政治的組織との完全な比較は本章の範囲を超えている。ここで述べたことは，民間のコミュニティは政治的組織が支配するコミュニティに比べて，あまり分析されていないが重要かもしれない長所を持つ，ということだ。この長所がそれと競合するすべての考慮を必ずしのぐとは断定できない。しかし足による投票の持つ情報上の利益が，政治的行政単位よりも民間セクターにおいて一層大きい限りで，その利益は前者と比較した後者の権威を高めることになる。

政治的無知と政府の規模

決定権限を足による投票者に委ねることで知識問題を軽減することに加えて，政府の規模と複雑性の減少も，投票箱による投票につきまとう争点に関する情報問題を軽減できるかもしれない。有権者の無知に関する議論は，有権者がどれだけのことを知っているかという問題に集中してきたが，有権者が知っておくべき政府［統治］がどれだけあるかという問題に関心が集まることはめったにない。しかし政府の規模と複雑性が大きくなればなるほど，有権者が投票箱を通じて政府の政策を支配するために知らなければならないことは多くなる。ジェイムズ・マディソンが『フェデラリスト』第62編で言ったように，「もし，法律が，その条文があまりにも長すぎるために読むことができないとか，その内容が矛盾しているために理解することができないならば，人民の選出した人々によって法律が制定されるとしても，それは，人民にとってほとんど何の役にも立たないであろう。」94)

今や大部分の先進民主主義国では，政府支出はGDPの少なくとも3分の1,時には半分以上を占めている95)。合衆国のすべてのレベルを合わせた政府支出は，2007年ではGDPの36.8パーセント，2010年では42.3パーセントに増大したが，これは金融危機への政治的対応が生み出した新たな支出の爆発の結果だった96)。

しかし有権者の無知を増大させるのは政府の規模だけでなく，政府活動の異

常なまでの範囲だ。たやすく把握できる活動だけに巨大な資源を投ずる政府は，それらの活動にわずかな資源しか投入しない政府に比べて，有権者がはるかにその活動を理解しにくいとは限らない。

しかし最近一世紀間の政府の成長を特徴づけるものは，伝統的な政府の責任の領域内部での活動の増加だけでなく，政府の権限の領域自体の莫大な拡張だ[97]。この過程の行きついたところ，政府の支配を全く免れた社会生活の領域はもはや通例ではなく例外だと言えるほどだ。

合衆国においては，連邦政府の行政府だけでも15の省，56の独立規制機関と政府法人，4つの「半官」機関を持っている[98]。これらは機能において合衆国文化情報局から農業金融局から全国調停委員会までに至る。有権者はたとえ政治的情報に現状をはるかに超える関心を払っても，それらの活動をすべて十分に追うことができないだろう。

政治的知識に関する現在の諸調査は，通常特定の政府機関の機能を問うことさえしない。その代わりに，政府の構造のごく基礎的な側面を問うたり，「教育」とか「貧困層を助ける」とかいった広く定義された領域で政府は「もっと多く」のことをすべきか否かに関する意見を問うたりするにすぎない。このことは部分的には，十分な情報を持たない調査回答者にとって威圧的になる質問をしたくないという調査者の気持の結果だ。それにもかかわらず，もっと詳細な知識を要求する質問がいくつか調査の中にもぐりこんできた。驚くべきことではないが，これらはもっと基本的な情報に関する質問よりも一層大きな無知のレベルを示している[99]。

厳格に制限された権力しか持たない政府ならば，政府が決定すべき争点の数が少ないので，公衆の無知という問題を，有権者が処理できるレベルにまで縮小できるかもしれない。有権者の知識の総量は変わらなくても，それが広がる争点の数が少ないので，一つ一つのケースについては十分であることがもっと多いだろう。たとえば，平均的有権者が政治的知識を百単位持っていて，政府の仕事が五十あれば，有権者は論点ごとに平均して二単位の知識を持つことになる。それに対して，論点がもし十しかなかったら，有権者は争点ごとに平均して十単位ずつの知識を持つことになる。

このシナリオは現実世界のさまざまな複雑な事情を捨象している。たとえば，

第5章 足による投票 対 投票箱による投票

論点の複雑さには相違があるし，情報の中には複数の論点の分析に役立つものもある。だがたとえそうだとしても，他の点が等しければ，一定量の情報は論点の幅が広いときよりも狭いときの方が扱いやすいだろう。短期的には，合理的に無知な有権者が政府の主要な機能をたやすく理解し評価できる程度にまで政府の規模と複雑性を減少させることは，おそらく不可能だろう。しかし少しずつそれを減少させるだけでも，彼らの仕事はやはり容易になるだろう。

制限された政府は有権者の情報上の負担を軽減して，有権者が現在よりも大きなコントロールを行使できるようにする，という証拠が本当にあるのだろうか？ いかなる回答も決定的ではありえないが，19世紀のアメリカ史は肯定的な回答を示唆する。

連邦政府の権限が極めて限定されていたために，19世紀の中央政治は相対的に狭く限られた少数の争点をめぐって回転していた。その争点の中には，奴隷制の拡張，新たに獲得した西部の土地の処理，関税，インフラストラクチャへの連邦の支出，銀行制度，そして時々，外国との戦争があった。

今提出した理論の予言によれば，このように政府の権限が制限されていたおかげで，当時の有権者は選挙戦で問題になった争点について，今日可能であるよりも詳細に検討することができたはずだ，ということになる。この予言の体系的な検証はいまだになされていないが，いくらかの証拠はそれを支持する——それでもかなりの政治的無関心が存在したのだが[100]。

奴隷制についてはどうだったか。かなりの割合で文盲者を含む一般の多数の有権者の前で行われた，奴隷制の拡張に関するリンカーン対ダグラス論争は，奴隷制の拡張が自由人の労働に及ぼす影響とか，最高裁の憲法解釈が政府の他の機関による憲法解釈に必ず優先するかとか，独立宣言の政治イデオロギーにおける黒人の道徳的地位とか，「人民主権」の真の意味とかいった問題を，ある程度詳細に取り上げた[101]。内容がこれほど複雑な選挙演説は，少なくとも今日かなり珍しい。

残念ながら，19世紀と20世紀前半の政治的知識に関する体系的な調査結果が存在しないために，当時の知識レベルを現在のレベルと比較することはとても難しい。それでも政治家が有権者に対して向けた政治的レトリックの洗練を分析することで，いくらかの観念を得ることができる。候補者や政治的官職の

保持者は，有権者に一層効果的に訴えかけるために，聴衆の洗練のレベルを正確に測ろうとする強いインセンティヴを持っている。

　YourDictionary.com ウェブサイトの言語学研究者たちは，1789 年から 2001 年までのすべての大統領就任演説で用いられた言語のレベルを測るために Flesch-Kincaid の尺度を使った[102]。その結果，1900 年より前のすべての就任演説は，唯一の例外を除くと，今ならグレード 12 のレベルとみなされるものに達していたということがわかった。その例外のレベルは 11.5 だった[103]。対照的に，最近 50 年間の就任演説はグレード 7 から 9 のレベルだった[104]。

　政治学者エルヴィン・リムは最近 60 年間の大統領演説の変化の中に同様のパターンを記録している。その結論は，それは次第に単純化しているというものだ[105]。同じようなパターンは，言語学者ポール・J・J・ペイヤクによる選挙討論の内容分析にも現われている。1858 年のリンカーン対ダグラス論争で，ダグラスの演説はグレード 11.9 のレベル，リンカーンの演説はグレード 11.2 のレベルだった[106]。最近の大統領選挙討論のレベルは大体グレード 6 から 9 の間に収まる傾向があった[107]。現代の有権者と 19 世紀の有権者では教育レベルが大きく異なるということを考えると，この相違はますます驚くべきことだ。

　明らかに，言葉の洗練と実質的な洗練とは異なる。現代の政治家は単純な言葉を使って複雑な議論ができるというだけだ，ということも理論上はありうる。それでも，言語における複雑さと実質的な複雑さとの間には相関関係がある傾向がある。このことが真である程度において，現在の政治家は一世紀前の政治家よりもずっと単純な議論を有権者に対してしている，ということになりそうだ。

　入手可能な 19 世紀の証拠は決して決定的ではない。われわれが持っているデータの性質は曖昧であり，19 世紀のアメリカ人が政治的にとても成熟していたということを示すものではないが[108]，そうではあっても，政府の機能が今よりも少なくて単純だった時代の有権者は政府機能についてもっとよく知っていた，という命題をいくらか支持している。19 世紀のアメリカ人の教育レベルが今日のわれわれよりもずっと低かったということ事実に照らしてみると，これは驚くべきことだ。それに当時は，多くの政治的情報が現代のテレコミュ

ニケーションの時代ほどたやすく入手できなかったのだ。

　有権者の無知と政府の規模と複雑性との間の関係は，一番情報を持っている有権者でさえも十分な情報を持っているのかという問題にわれわれを導く。それはまた，政府の権限が社会生活の新たな領域に拡張されると，それは民主主義を促進するよりもむしろ侵食するという，直観に反する示唆にも至る。

足による投票が持ちうるいくつかの欠点

　分権化された政治システムにおける足による投票は，情報上の長所を持っているが，重大な欠点も持ちうる。その中で一番重要なものの中には，移動のコストや「底辺へのレース」や少数派集団の抑圧の危険がある。

　これらのどれも，時には真正の問題だが，それらはしばしば誇張されてもいる。ここで私が与えるものは，これらの論点や足による投票が持ちうるその他の短所に関する包括的な分析では決してない。私が示唆することは単に，これらの問題はしばしば考えられているほど深刻でなく，足による投票の情報上の利点を無視させるほどのものではない，ということだ[109]。

移動のコスト

　投票箱の投票と比較した足による投票の一番明白な欠点は，移動のコストの問題だ。ある行政単位から別の行政単位に移動しようとする人は，自分自身と財産を動かすコストを支払うだけでなく，新しい仕事と社会を見つけるという負担も負わなければならない。ある場合には，これらのコストのために，現在の場所よりも別の場所の方が魅力的である場合でも足による投票ができないということがあるだろう。極めて高い移動コストに直面する人々は，単純に足による投票ができないかもしれないのだ。他にもあるがこの理由から，足による投票は政府の欠点すべてに対する包括的な解決にはならない。

　しかし移動のコストは，何百万人もの人々が行政単位を超える移転をすることを妨げるほど大きくはない。2008年のピュー調査センターの調査によれば，アメリカ人の63パーセントは少なくとも一度は移転したことがあり，43パーセントは少なくとも一度は州を超える移転をしたことがあった[110]。合衆国で

も，また異なった政策を持つ行政単位間の移動の自由が存在する他の国々のどこでも，足による投票はごく普通だ。

西欧では，EU加盟国間の移住の自由が広範な足による投票をもたらしてきた。近年数十万人ものフランス人がブリテンに移住したが，その理由の多くは，後者の方が税金が安くて労働市場が開かれているために，経済的機会の追求が可能だからだ[111]。2007年のフランス大統領選挙では，当選した候補者のニコラ・サルコジはロンドンに住んでいる多くのフランス人の票を求めてそこまで選挙運動に行った[112]。

同じような理由から何万人ものドイツ人がスイスに移住しているので，スイス人の中には「粗野で傲慢なドイツ人」による「侵略」について文句を言う人もいる[113]。合衆国内部では，公共政策の相違による州際移住もよくあることで，移住者は低い税金と大きな経済的自由がある州を選ぶ傾向がある[114]。ニューハンプシャーは小さな州で，国内で税金が一番低く，経済的規制もほとんど一番少ない[115]。現在その人口のほぼ57パーセントは他州からの移住者で，その多くはこの州の経済政策にひかれてやってきた[116]。

足による投票は主として富裕者層のための選択肢だと主張する人がいるが，それに反して人口調査が明らかにするところでは，年収5000ドル未満の世帯は全体の平均に比べて二倍も州際移住をする傾向がある[117]。すでに述べたように，歴史的に見れば，貧しくて抑圧された人々はしばしば足による投票の機会を活用してきた。

調査が示すところでは，大部分の移住の動機は公共サービスの質に関する直接の計算よりも職に関係した考慮なのだから，公共政策についての足による投票は稀だ，と言おうとする学者もいる[118]。もしそうだとしたら，移動のコストが高すぎるので足による投票をする価値がないということになるかもしれない。実際，移住の動機が公共政策以外の考慮であることは多いが，これらの議論は，就職の見込みは税金や規制やその他の争点に関する地方と州の公共政策に影響されるところが大きいという事実を無視している。

社会の富が増加し運輸技術が向上したために，移住はこれまでになく安価になってきた。移動のコストが足による投票の短所であることに変わりはないが，それは情報上の利益を損なうには足りない。さらにすでに見たように[119]，私

第5章　足による投票 対 投票箱による投票

的に計画されるコミュニティと，物理的移動を必要としない行政単位を超えた競争とのおかげで，移動のコストのインパクトはさらに減少しうる。

　　底辺へのレース

「底辺へのレース」は，連邦制に対する昔からの一番有名な批判の一つだ[120]。この批判によると，税金を払う企業を誘致したいという欲求から，州や地方の政府は環境・安全規制を合理的な最低限以下に下げてしまいかねない。それは消費者と労働者と一般公衆に大きな危害を加える。そのような「破壊的競争」は足による投票者にとって可能な選択を幻想にしてしまうかもしれない。その結果彼らは，税収増を求めて狭い企業の利益に身を売るように強いられる行政単位の間で選択することになる可能性がある。

リチャード・レヴェズが1990年代の一連の影響力ある論文で，環境政策——底辺へのレースの議論が一番強力だと伝統的に考えられていた領域——におけるこの議論の理論的根拠を覆したことは意義深い[121]。レヴェズの指摘によれば，諸州は複数の争点において競争しているのであり，魅力的で健康的な環境は相対的に富裕な納税者と企業を引きつけそうな要素の一つなのだから，州政府や地方政府が汚染企業のために一貫して環境を犠牲にしていると予想すべき十分な理由は存在しない[122]。実際のところ，州にとって納税者として一番価値があるタイプの高収入の市民は，低収入の集団よりも環境保護に高い優先順位を与える[123]。地方政府はまた，移動しやすい企業が地域間の競争から不当な大儲けができる程度を縮小する手段を他にも持っている[124]。経験的な証拠はレヴェズの予言をかなりの程度まで支持している。連邦政府が州政府に要請するよりもずっと前から，州政府は多くの形態の環境保護の先駆者になっていた[125]。

環境保護に加えて，底辺へのレースのもう一つの有名な例は，最高裁判所の1918年の〈ハマー対ダーゲンハート Hammer v. Dagenhart〉判決だ。この判決は連邦の児童労働法が議会の権限の範囲を超えるために無効だとした[126]。しかしながら，1910年までには5州を除くすべての州がすでに児童労働の禁止を定めていたし（もっとも連邦法よりも厳格でない州もあったが）[127]，ハマー判決のわずか12年後の1930年には工場の児童労働はほぼ完全になくなってい

た[128]。1930年代後半にハマー判決が覆された時までには，大部分の州は最高裁判所が無効化していた連邦法に比べられるような法律を持っていた[129]。

以上あげたことはどれも，底辺への本当のレースが決して起きないということを示唆するわけではない。それはさまざまの状況で起こりうる——特に，州政府や地方政府が，土地所有権のような動かない資産を搾取する手段を使って，移動しやすい資産を引き寄せようとするときには。不動産に負担を課することによって，州は移動しやすい資産を引き寄せるためのコストを，退出するという実効的選択肢を持たない人々に課することができる[130]。

しかし底辺へのレースが生じうるし実際に生じているとしても，それは批判者たちが主張するほど多くはない。この問題が特に深刻だと考えられてきた二つの領域である環境政策と労働政策でも，底辺へのレースはこれまで信じられていたよりもはるかに少ないことがわかっている。

少数派の権利の問題

合衆国における連邦制の評判を何にもまして悪くしてきたものは，人種的・民族的少数派の抑圧との結合だ。連邦制はアフリカ系アメリカ人にとっておおむね災厄だった一方で，連邦権力の成長が彼らの苦境を大幅に改善した，というのが普通の見方だった[131]。指導的な政治学者ウィリアム・ライカーが1964年に述べたところでは，「アメリカ史を通じて［連邦制の］主たる受益者は南部の白人で，彼らは黒人を抑圧する自由を与えられてきた。……もし誰かが合衆国で南部の白人人種主義者に賛同するならば，アメリカの連邦制に賛成すべきだ。」[132]

アメリカの州政府と地方政府は実際多くの機会に少数派集団を抑圧してきたし，連邦による介入は時としてその抑圧を減少させるにあたって決定的な役割を果たした——1865年の奴隷制廃止や，1960年代の人種隔離廃止のように。そのことは疑いの余地がない。もし連邦制が一般に人種的・民族的少数派の利益の敵ならば，このことは，少なくとも不人気な少数派に関しては，連邦制内部の足による投票の効用を掘り崩すことになる。これらの集団にとって可能な選択肢は極めて貧弱なものになるだろう。

しかし連邦制とジム・クロウとの関係に関するこの常識は少なくとも誇張だ。

第 5 章 足による投票 対 投票箱による投票

州政府と地方政府はしばしばアフリカ系アメリカ人やその他の少数派を抑圧したが、同じことはアメリカ史の多くを通じて連邦政府についても言える。そして多くの場合、抑圧されている少数派の状態は連邦国家よりも統一的国家における方が悪いだろう。

アメリカ史の多くを通じて、人種問題に関する統一された連邦の政策は、少数派にとって一層大きな抑圧に至りえたのであって、その逆ではない。1787年に連邦憲法が起草された時、一つの州（マサチューセッツ）を除くすべての州はまだ奴隷制を持っていたが、いくつかの州は段階的な廃止法を制定していた[133]。その時に奴隷制について統一的政策がとられたならば、それは全国的にこの制度を合法化する結果になっただろう。それはさらに、奴隷制のない州が生み出す例証の力を、奴隷制反対運動から奪うことにもなっただろう。これらの州は南部奴隷州よりも経済的に成功することが明らかになったのだが。

南北戦争以前の時期の多くにおいて、連邦議会と大統領は奴隷制支持勢力によって支配されていた。その勢力は 1793 年と 1850 年の〈逃亡奴隷法〉のような立法の実現に成功した[134]。またこの期間中、統一的な州は連邦制下で現実に存在した法律よりも親 – 奴隷制的な政策を持つこともできた。南北戦争以前ずっと完全に連邦政府の支配下にあったコロンビア特別区［ワシントン］は 1862 年まで奴隷制度を合法化していたが、その年に奴隷制が廃止された主たる原因は、南北戦争をひき起こした南部奴隷州脱退の結果として大部分の奴隷州の議員が議会を去ったからだった[135]。全体として、連邦政府は奴隷制に反対するよりもそれを支持して行動する方がずっと多かった[136]。

1870 年代以後、大部分の北部の白人が人種隔離を撤廃しようとする熱意よりも南部の白人がそれを維持しようとする熱意の方がはるかに強かった時期が長く続いた。合衆国がその時代に単一的国家だったら実際の歴史よりもアフリカ系アメリカ人を一層抑圧したかどうか、それを確実に言うことはできない。しかしそのような統一的国家の政策は北部諸州の現実の政策よりも抑圧的だったろう —— 南部諸州の政策ほど抑圧的ではないとしても —— ということはありそうだ。この期間中もコロンビア特別区には南部の大部分と同じくらいの人種隔離があったということは注意に値する。軍隊や連邦公務員のような、連邦政府下の他の制度も高度に隔離的だった[137]。

アメリカ史の多くを通じてアフリカ系アメリカ人の奴隷制と隔離の促進に果たした役割に加えて，連邦政府は少数派集団迫害の他の悪名高いエピソードでも主役を果たした。たとえば連邦政府は第二次大戦中に十万人以上の日系アメリカ人を強制収容所に閉じ込めたし，19世紀にはモルモン教徒を大規模に迫害した[138]。

最後に，すでに見たように，競合する州の間での足による投票のおかげで，アフリカ系アメリカ人や他の少数派の状態のそれ以上の悪化が妨げられた[139]。連邦制が作り出した政策の相違がなかったら，少数派集団にとって事態はもっと悪化していただろう。もっと最近には，他の不人気な少数派——特に同性愛者——もまた，足による投票と連邦制から利益を得ている。連邦政府が同性愛者に対して，よくて無関心，悪ければ積極的に敵対的だった時に，好意的な州や地方の政府は，同性婚のような親‐同性愛政策を採用したのだ[140]。

19世紀や20世紀前半の合衆国のように世論が人種主義に染まっていた民主主義国では，政府が連邦制であれ単一的であれ，人種上の少数派は広い抑圧を経験しただろう。連邦制が足による投票を容易にしても，それはこの悲劇的状況にとって万能薬にはならなかった。だがしばしばそれは，それがなかった場合よりも状況をずっと改善した。

問題になっている少数派集団が地方政府か州政府を支配しているか，あるいは少なくとも大きな影響力を持っているならば，その場合も連邦制下の足による投票は少数派にとって大いに利益になる。そのようなシナリオの下では，少数派にやさしい行政単位は，他の地域の敵対的な政策に直面した少数派集団のメンバーに，価値ある退出の選択肢を与える。またそのような行政単位は，多数派が支配する中央政府よりも少数派集団にとって有効的なことが多いだろう。このことは合衆国以外の連邦国家において広く認識されている。そもそもそこでは，地域的には多数派だが全国的には少数派である集団が存在するということ自体が，連邦制度をとる主要な理由の一つになっている[141]。

合衆国では，そのような多数派と少数派が逆転する行政単位は歴史的に稀で，モルモン教徒が支配的なユタ州が，無視されがちな異色の例外だ。その結果，州政府や地方政府は少数派集団の友というよりも敵として見られることが普通だ。しかし近年になってさまざまの種類の少数派集団が州や地方のレベルで勢

力を持つようになってきた。ここから示唆されるのは，将来の合衆国の状態は他の連邦国家にもっと似てくるだろう，ということだ[142]。

今述べたことのどれ一つとして，連邦制が少数派集団にいつも純益をもたらすということを示すものではない。全国的な多数派が少数派の保護を強く支持し，その一方で地方の多数派が差別を支持するような状況では，連邦政府への権限集中がその少数派のために一番有利な政治構造になるだろう。これはむろん，1960年代の市民権革命時代のアフリカ系アメリカ人について起こったことだ。しかしそのような世論の形成は決して普遍的な通例ではないから，この異例な政治変動が通常だろうという想定に基づいて政治システムを設計するのは危険だ。

連邦制は不人気な少数派集団にとって常に福音であるわけではなく，集権化の方が彼らの利益に役立つこともある。しかし分権化された政治システムにおける足による投票は，多数派だけでなく少数派にとっても少なくとも同じくらい価値を持つことが多く，抑圧的な状況では，一層価値を持っている。

憲法の設計にとっての含意

広範な政治的無知と非合理性の存在は，中央政府の権力を憲法によって制限することを支持する議論を強める。それはまた，政府の権力の規模と範囲を憲法によって拘束することを支持する議論も強める。

足による投票は投票箱による投票にまさる情報上の利点を持っている。それは無知と非合理性の両方へのインセンティヴを減少させる。だがこの結論が受け入れられても，足による投票の利益は立法府による比較考量に委ねられるのかもしれない。政府の集権化の規模と程度を確定することは多くの複雑なトレードオフを含むのだから，関連する考慮の比較考量のためには，憲法制定者や司法審査権を持つ裁判所よりも立法府の方がふさわしい地位にある，ということもありうる。

この考慮にもかかわらず，分権化と制限された政府の両方の情報上の利益を通常の立法活動が過小評価するだろうと信ずべき理由がある。おそらく有名な「連邦制の政治的保護」があれば中央政府の権力への憲法的制限は不必要にな

るだろう。州政府の政治権力さえあれば過剰な中央集権化を妨げるために十分だ，なぜなら地方がその力を使って中央集権化を防止できるし，有権者は過剰な集権化を投票で罰することができるからだ，と論ずる学者もいる[143]。

だが不幸ながら，分権化と制限された政府とを支持する論拠である政治的無知それ自体のために，通常の政治過程を通じてそれを達成するチャンスは限られている。大部分の有権者は連邦制についてほとんど知らないし，連邦政府権力への制限と「足による投票」との間の相互関係に気づいていそうな有権者はもっと少ない[144]。この理由から，有権者が過剰な中央集権を推進する公職者を投票で罰するということはありそうもない。

もし中央政府と地方政府が過剰な中央集権化を避けようとする他のインセンティヴを持っているならば，これは問題ではないかもしれない。しかし実際には，地方政府も中央政府も，中央集権化への強いインセンティヴを持っていることが多い。中央政府はもっと多くの歳入を得て政治的支持を求めてその金を使うために，権力拡大へのインセンティヴを持っている。地方政府は中央政府に補助金を求めるインセンティヴと，相互の競争を抑止するカルテル実行者として中央政府を使おうとするインセンティヴを持っている[145]。注目すべきことだが，ほとんどの連邦国家では，地方政府はその資金の大部分を中央政府の補助金から得ている[146]。地方政府が中央政府の補助金に依存しているので，州は税収のために足による投票者を求めて競争しようとするインセンティヴが弱まり，中央政府は補助金を使って地域の政策の多様性を抑圧する能力が強化されているのだが，その事実にもかかわらず，この事態が生じている[147]。

中央政府の過剰な拡大がしばしば地方政府の利益になっているという政治の現実のため，最適レベルの分権化のためには連邦制の「政治的保護」だけで十分だという主張は成立しない。大部分のそのような議論は，地方政府の権力が中央政府へのチェックとして働くという想定に基づいている。だがもし地方政府が実際には中央集権化を助長しているならば，それが中央の立法府に対して有する影響は，連邦制を助けるよりもむしろ妨げることになる。

通常の政治プロセスはまた，政府が民間セクターを犠牲にして不当に拡大することを妨げるとは期待できないことが多い。有権者は政治的無知のために，一般公衆を犠牲にして狭い利益集団を利するような政府介入を効果的に監視す

ることができないだろう。政府予算の中の多くの項目について，有権者の大部分はおそらく知ってすらいない[148]。たとえ有権者が特定のプログラムの存在に気づいていても，彼らは「合理的非合理性」のため，自分が持っている情報を有効に利用しないことが多いだろう。

これらの理由から，広範な政治的無知と非合理性のため，政治過程が適切なレベルの分権化と政府への制限を生みだすことはありそうもない。この両者は，政治的無知と非合理性それ自体が引き起こす害悪を制限するために必要なのだが。ここから示唆されるのは，中央集権化と政府の成長を憲法によって拘束する必要があるということだ。

そのような拘束はどの程度厳格であるべきだろうか？　残念ながら，政治的無知の分析は，それ自体ではこの問題への解答を与えるものではない。明らかに，政治的無知だけが政府権力への憲法的制約の最適レベル決定にあたって考慮すべき要素ではない。それ以外にも多様な考慮が必要だ。その中には社会によって異なるものもある。しかしながら私の分析はともかく次のことを示唆する。――政治的無知の効果に対処するためには，中央集権化と政府の成長に対する憲法上の制約が，その無知が存在しない場合よりも一層強くなければならない。

足による投票を支持する論拠

投票箱の投票よりも足による投票の方が情報上の長所を持っているということは重要な含意を持つ。その中でもおそらく一番重要なのは，政治の分権化を支持する仕方だろう。政策に関する争点が国の政府ではなく地方政府の下にあればあるほど，市民が足による投票を通じて影響力を行使できて情報上の利益を利用できるような政策決定の範囲が大きくなる。

足による投票が持っている情報上の利益は，分権化擁護論を一般的に強めるだけでなく，協力的な連邦制ではなしに競争的な連邦制を支持する議論をも補強する[149]。地方政府が市民や納税者や企業を求めて互いに競争するインセンティヴが大きければ大きいほど，足による投票は，政府に民主的説明責任を課する道具として効果的になるだろう。この考慮は，競争的連邦制と結びつく政

策 —— 地方政府が競争へのインセンティヴを強めるように，それに対する中央政府の補助金を制限するなど —— を支持する議論を強める[150]。

さらに，ジム・クロウ時代の黒人のように，深刻な抑圧を受けていた少数派さえも，効果的な足による投票のおかげで必要な知識を得られる。このことから示唆されるのは，そのような集団は政治的中央集権化から利益を受けるに違いないという伝統的な見解[151]は見直さなければならない，ということだ。少数派集団を保護するための中央政府の介入はしばしば望ましいものだが，中央集権化がもたらすかもしれないこの利益は，足による投票を排除してしまうという不利益と比較考量されなければならない。この点が特に重要であるのは，連邦制が合衆国の少数派集団に及ぼした歴史上のインパクトが，伝統的に考えられていたよりもずっと積極的なものだったからだ。

抑圧されている少数派集団はしばしばそれ以外の人々より収入も教育水準も低く，それゆえ政治的知識も低いので，足による投票が彼らにとって持つ情報の相対的な利益は，他の市民にとっての利益よりさらに大きいかもしれない。分権化のそのような利益は，抑圧されている地方の少数派の苦境の改善について中央政府がほとんどあるいは全く関心を持たない時代 —— ジム・クロウ時代のかなりの時期の合衆国は確かにそうだった —— には特に重要だ[152]。抑圧された集団は連邦制の内部で足による投票から利益を得たのだから，足による投票は国際的な移住からさらに大きな利益を得られそうだ[153]。一つの社会内部の地方間の質的相違は国家間の相違よりも一般にずっと小さい。国際的な足による投票は，世界中で一番抑圧を受けている人々の多くにとって最善の希望かもしれない。

それと同時に，本章の議論のスコープが限られているということもまた認識しなければならない。足による投票の利益は，争点ごとに，国ごとに，またおそらくは集団ごとに違うだろう。特定の地域から離れられない人や，土地のような不動産を守ろうとする人は，行政単位を超える足による投票ができない。そういう人々の例としては，自分の専門技能に適した雇用を特定の地域の外では見出せない人や，重い健康上の問題のために動けない人があげられる。同様にして，足による投票は「ネットワーク産業」の役にも立たないかもしれない。その産業がどこかで機能するためには，全国どこでも同時に機能しなければな

第5章　足による投票 対 投票箱による投票

らない[154]。しかしながらそのような人々や企業も，民間セクターでは足による投票を利用できることがよくある。そこではしばしば物理的な移動が必要でない。

　最後に，社会が持つべき分権化の程度を決めるにあたって考慮しなければならない争点は，足による投票と政治的無知だけではない[155]。たくさんの他の考慮が足による投票の長所をしのぐような状況もあるだろう。たとえば，地方政府と民間セクターが大規模な「外部性」問題を効果的に処理できないことはしばしばある。そこでは一地域の活動が他の地域にスピルオーバー効果をもたらす。州境を越える州際的汚染はその好例だ[156]。地方政府への権限移譲が足による投票を促進するからといって，地方政府が地球温暖化のような巨大な外部性に対処できるということにはならない。また学者の中には，国家内部の下位政府が貧困層への再分配を効果的に行うことはできないと主張する人がいる。というのは，下位政府がそうすると，それは税金を支払う以上に福祉サービスを消費するような移住者を引き寄せる「福祉の磁石」になってしまうだろうと恐れるからだ[157]。

　ここで提出された議論は，連邦制や社会の中で政府が果たすべき適切な役割についての包括的な理論ではない。だがともかくそれは，あまりにも無視されている考慮を提起している。

　しかしながら分権化は，政治的無知のインパクトを制限するためにわれわれが利用できる唯一の制度的メカニズムではない。われわれは次の章で，同じ目的を果たすための追加的な道具として司法審査が果たしうる役割を見てみる。司法審査は選挙で選ばれた公務員に拘束を課すから民主主義的でないという昔からの慣習的な考え方はあるが，司法審査は実際には政治的無知のインパクトを軽減することによって民主的な説明責任の再生に寄与するかもしれない。場合によっては，司法審査の強力な制度が，本章で論じたような政治的分権化をまさに促進することによって，その目的の達成を助けるということもありうる。

第6章

政治的無知と司法審査

司法審査はアメリカの民主政の中で逸脱的制度である。
—— アレクサンダー・ビッケル[1]

　政府権力の制限と分権化は政治的無知の問題を緩和できる。司法審査の制度もまたこの課題の助けになりうる。政府の中の選挙による部門の権力を拘束することによって、司法審査は有権者が直面する課題の複雑性を減少させ、市民に「自分の足で投票する」ための助力をすることもできる。司法審査がこれらの利点を持ちうるということを認識すると、それは司法による立法の無効化に対して向けられる主たる伝統的な反論の一つの力を弱めることにもなる。その反論とは「反多数決主義の難問（countermajoritarian difficulty）」だ。

　反多数決主義の難問は、長い間アメリカ憲法の最も根本的な争点と考えられてきている[2]。それは「現代憲法学の中心的強迫観念」だ[3]。法学者アレクサンダー・ビッケルがその古典的著書『最も危険でない部門』[4]で述べた有名な言葉だが、「根本にある難問は、司法審査はわれわれのシステムの中の反多数決主義的な力だということである。」[5] ビッケルとその後の無数の著作者にとって司法審査は変則だ。なぜならそれは、選挙で選ばれない司法府が、選挙で選ばれた立法府が代表する人民の多数決意志に優越する力を与えるのだから[6]。ビッケルが『最も危険でない部門』を出版した1962年以来、膨大な学術文献がこの反多数決主義の難問を取り扱ってきた[7]。

　保守的な法学者もリベラルな法学者も、司法審査の廃止あるいは厳格な制限を提唱してきた。それは選挙で選ばれていない制度が民主的多数派の意志を覆すことを妨げるためだ[8]。司法審査の最も有名な保守派の批判者によれば、立法への司法審査は「民主的政府の新たな無能力」[9]を作り出すので悪いものだ。その一方、指導的なリベラルの憲法学者であるニール・カチャルは「アメリカ

における民衆統治の活力について懸念する人々にとって，［憲法の］裁判所解釈には恐れるべきことが多い」[10] という恐れを表明するとき，ボークの懸念を反響させている。

反多数決主義の難問という観念は，立法府が制定する法律は選挙による多数派の意志を反映しなければならないという前提に基づいており，そしてその前提自体は，選挙による多数派は彼らの代表者が行うことをコントロールするに足る十分な政治的知識を持っているという想定に基づいている。だがこの問題に関する膨大な文献の大部分は，政治的無知の重要性を無視している。

有権者の無知の深さと広さを理解するならば，反多数決主義の難問をいくつかの根本的な仕方で再考すべきだ。選挙民の大部分が政治と政府の政策についてほとんどあるいは全く情報を持っていないならば，立法の結果はビッケルやそれ以後の理論家の想定するような仕方で多数派の意志を代表してはいない，ということになろう。そのような立法を司法が無効化することは，一般に考えられているほど「反多数決主義的」ではない。この重要な論点は，憲法理論の中心的問題について有権者の無知が持つ重要な含意の最初のものにすぎない。

本章は，反多数決主義の難問に包括的な回答を与えるわけではないし，この題材に関する先行する学問的文献の中で提起されている争点をすべて取り上げることもしない。またそれは，司法審査と政府の政策と世論との間の相互関係全体を取り上げることもしない。たとえば，あまりにも積極的な司法審査は世論の目に映る司法府の正統性を損なうのではないか，という危険を考慮することはしない[11]。ここでの分析が焦点を合わせるのは，司法審査は公共政策への人民民主主義的支配を損なうから「反多数決主義的」だ，という主張だ。有権者の無知という事実はこの主張の妥当性を大幅に弱め，時には足による投票を促進することによってこの主張を逆転させる，ということを私は示したい。

広範な無知の存在が反多数決主義の難問にとって持つ含意

すでに見たように，アメリカ国民の間の政治的知識レベルはとても低いので，反多数決主義の難問の基礎になりうるような，いかなる代表制理論の要請にも応えられない[12]。この状態は深く根をおろしているように思われ，おそらく

長期にわたって続くだろう[13]。私はこの節では政治的知識の低い集計レベルが反多数決主義の難問にとって有する含意を検討する。これらの含意の最もラディカルな解釈は、反多数決主義の難問は立法の司法審査に反対する考慮として全然重要でない、というものだ。このラディカルな見解には一理あるものの、本書の目的のためには、もっと穏健な立場で足りる。つまり、反多数主義に関する考慮はおそらく完全には無視すべきでないという立場だ。しかし大部分の場合、そのような考慮よりも、司法によるある法律の無効化を支持する別の考慮があるならば、後者の考慮が優越すべきだ。時として、司法による法律の無効化は、有権者にとっての知識の重荷を軽減することによって、政治システムの多数決主義を**増加させる**。

ラディカルなアプローチ

政治的無知が反多数決主義の難問に与えるインパクトに関するラディカルな解釈は、反多数決主義の考慮には憲法理論の中で何の重みも与えられるべきでない、というものだ。もし大部分の国民が基本的な政治的知識をしばしば欠いているならば、議会と州の立法府による立法のかなりの部分は多数決主義のいかなる意味においても「人民」の位置を反映していない、ということになるだろう。

ほとんどの立法について、有権者の大部分はその存在さえ聞いたことがないし、ましてその利点について情報に基づく意見など持っていない[14]。その立法が国民の広い関心を生みだすほど顕著であるような稀なケースでも、大部分の国民は、その立法が実際には何をするのかについてほんの漠然としか把握していないことが多い。1990年代の最も顕著で論争的な国内政策立法のうちの二つ ── クリントン大統領のヘルスケア・プランと、1995年の共和党の〈アメリカとの契約〉 ── について公衆が理解する程度がとても不十分だったので、いずれのケースにおいても、政治家たちは公衆の支持を得るために有権者の無知を操作するという戦略を採用した ── 世論をもっと反映させるように自分たちの提案を調整したり、あるいは自分たちの提案が正しく長所を持っていると公衆を説得しようとしたりせずに[15]。私は2003年の論文で、特別に激しい政治的宣伝と動員が行われた時代だと考えられているニューディール時代に行わ

れた一番有名な立法は，実際には有権者の無知の操作を含んでいたということを示した[16]。

　最近の最も顕著な立法のいくつかとニューディールの「憲政上のモメント」[17]の最も重要な政策変更のいくつかについてこのことが言えるならば，そのような結果は通常の立法において一層よく起こるだろうという結論を避けることは難しい。このような立法の場合，政治的指導者は自分たちが望まない多数決主義の精査を避けるために努力する必要があまりないからだ。

　この結論は，これまで述べてきたことからある意味では自然に出てくるが，このラディカルな議論が反多数決主義の難問の伝統的枠組みからどのくらい大きく離れるかを理解することは重要だ。政治のスペクトラムをこえて，法学者[18]も有名な法律家も，司法審査と多数決主義との間に深い衝突があると想定してきた。いくつかの例だけをあげてみよう。フランクリン・ルーズヴェルトの法務長官でその後有名な最高裁判所判事になるロバート・ジャクソンはあっさりと，「民主主義が判事に屈するか，判事が民主主義に譲るか，そのどちらかしかない」[19]と主張した。

　もっと最近になって，最高裁判所の代表的な保守派判事といえるアントニン・スカリアは，最高裁が立法を覆すとき「人民が保有する自己統治の領域がますます狭められる」と主張することによって，反多数決主義の難問を繰り返し提起している[20]。リベラル派の判事も自分が反対する判決を批判する際に同じような考慮をあげている[21]。そのようなレトリックは時には不誠実だろうが，それが繰り返し用いられるという事実自体が，司法審査は反多数決主義だという批判の訴求力の証拠だ。

　有権者の無知のインパクトに関するラディカルな解釈が示唆するところでは，政治的無知のために立法は多数派の意志を真に反映などしていないのだから，そのような主張はすべて斥けられるべきだ。それでもむろん立法は議員の多数派の意志を代表しているが，これらの公職者が人民の意志を代表していないのは，判事がそれを代表していないのと変わりない[22]。バリー・フリードマンが言うように，「反多数決主義の理論は，政府の他の部門は司法府がしないような仕方で多数派の意志を『代表』しているという考えに明らかに基づいている。」[23] 巨大な政治的無知という事実がこの想定の反証になれば，反多数決主

義の難問は全然難問ではないことになる。

このラディカルなアプローチにはむろん限界がある。それは判事がいつでも好きなときに立法を覆せると主張していない。単に，判事は反多数決主義的になることを恐れて立法を覆すことを拒むべきでない，と主張しているだけだ。司法の謙譲はやはり望ましいかもしれない。その理由としては，判事には特定の領域で公共政策を決める能力が欠けているとか[24]，裁判所にはその意志を他の強力な政治的アクターに押しつける力がないとか[25]，裁判所は憲法の文言と原意に厳格に従うべきだ[26]といったことがあげられる。それにもかかわらず，このラディカルな議論は司法審査批判の中で一番広く用いられるものを斥けるという点でやはりラディカルだ。

（相対的に）穏健なアプローチ

ラディカルな見解には一理あるが，やはりそれはもっと徹底的でない選択肢には劣る。ラディカルな見解には二つの欠点があって，これらはもっと慎重であるべきことを教える。第一に，立法の中には事実多数派の意志を代表しているものがある。世論は実際にしばしば政策に影響する。これは特に，広く知られているとともに効果が相対的に単純な立法について言える。そのような場合，立法は効果的な回顧的投票のインパクトを反映しうる。回顧的投票は，現職の政治家が犯した誤りにたやすく遡ることができる，大きくて明白な問題が存在する場合には機能することが多い[27]。

第二に，上記のことがあてはまらない場合でも，当該の立法が政治的無知の壁を意外にも突き抜けるという小さなチャンスは常にある。少なくとも，公衆は何が起きているかを部分的には理解しているかもしれない。多くの立法は多数派の意志とわずかにしか結びついていないだろうが，わずかな結びつきでも全然ないよりはましだ。

特定の争点に関する立法を多数派がコントロールすることを妨げる主要な情報上の壁は，(1)多くの立法は大部分の市民に全く知られることがなく，(2)そうでない場合でも，多くの立法の効果は複雑なので，有権者は当該の立法が自分たちの信ずる価値と利益を促進するかどうかがわからないことが多い，という事実だ[28]。これに関連した難問は，市民の多数は対立している諸政党が特定

の争点についてどんな立場に立っているかを知らず，自らの立場による効果的な投票ができないことが多い，ということだ[29]。

多数派が大部分の立法をコントロールできない原因は，法律が知られておらずまた複雑でもあるという事実だとすると，単純であると同時によく知られている立法が例外的にあるかもしれないという結論に至る——少なくとも，有権者が情報の壁を越えて当該の争点に関する諸政党の立場を知ることに成功するときには。そのような立法の例は実際に存在する。たとえば，1965 年に制定されたメディケア立法の通過を，調査回答者の 76 パーセントは知っていた。もっとも彼らがその立法の現実の効果を理解していたかどうかはそれほど明らかではないが[30]。

同様に，回答者の過半数は，国旗を焼くことが第一修正の保護する表現の一形態だという，1989‐90 年の最高裁判所の諸判決を知っていて[31]，多くの人はこの判決を憲法修正によって逆転する試みを支持した[32]。メディケアの場合以上に，国旗を焼く事例は多数派の選好を真に反映する立法の特に明白な例だ。それは大変よく知られていただけでなく，メディケアと違って，かなり内容が単純でもあった。だからといって，国旗を焼くことに関する最高裁判所の判決が間違っていたと言うつもりはない。私見によれば，国旗焼却の禁止は第一修正に反するというその判決は正しかった。しかしこれらの判決は，真に反多数決主義的な司法審査の好例に違いない。

大部分の立法は，公衆による認知と理解の点で，国旗焼却やメディケアの例と似ていない。従って，制定法を無効とする最高裁判所の判決が国旗焼却事件の場合ほどはっきりと反多数決主義的になることは稀だろう。しかしながら通常の立法さえ，たまには異例なほどの公衆の精査にさらされるかもしれない。それゆえ，一般的に政治的無知が広がっているにもかかわらず時には立法が公衆の意識に達することもある，という可能性が生ずる。

大変よく知られているとともに相対的に理解しやすくもある少数の法律は，実際に多数派の選好を反映していることが普通だ。そう認識することによって，政治的無知とそれが反多数決主義の難問に及ぼすインパクトに関するラディカルな解釈を緩和しなければならない。それに加えて，もっとありふれた立法の多くも，公衆の意識に達して多数派の意志を反映しうるようないくつかの内容

を持っている。ただし立法の存在を知っているだけでは多数派が政策結果をコントロールするには足りないから、その反映の程度はもっと限られているが[33]。

　これらの理由から、もっと穏健なアプローチが示唆するところでは、政治的無知の問題は反多数決主義の難問を完全に消去はしないが、その重要性を大いに減少させる。穏健な見解は、その難問が杞憂にすぎないと証明することはしないが、ほとんどの立法は多数派を代表するとしてもそれはわずかな程度にすぎないということを確かに示している。その立法を覆すことの「反多数決主義的コスト」とでも呼べるものは、ゼロではなくても低いだろう。

　穏健な見解は、ラディカルなアプローチがするような仕方で反多数決主義の難問を完全に軽視したりしないが、大多数の立法の無効化について反多数決主義的コストは僅少だという結論に至る。この結論はやはり反多数決主義の難問に関する伝統的な見解を大幅に改定することになる。その見解によれば、ほとんどすべての司法審査にはいつも高い反多数決主義的コストが伴うのだが。

　それゆえ、司法が反多数決主義の難問にアプローチすべき仕方について、この穏健な見解は重要な含意を持つ。大部分の立法は、かりに多数決的な意義を持っているとしてもほんのわずかしか持っていないのだから、反多数決主義の心配は他の考慮によって、以前の理論家たちが示唆するよりもはるかにたやすく覆されうる。司法府による憲法的決定に影響すべき諸価値の範囲に関する完全な理論は本章の範囲を越える。しかし有権者の無知を真剣に取るならば、反多数決主義の心配には相対的に小さな重みしか与えられるべきでないのが普通だ、という結論に至る。それはつまり、「正しい」憲法理論が重要だとみなすような他のあらゆる考慮 ―― それが原意への忠誠にせよ、文言へのこだわりにせよ[34]、個人権への道徳的コミットメントにせよ[35]、何かほかの競合する価値にせよ ―― との相対的関係において、ということだ。

　穏健な見解の持つ第二の含意は、「政治的問題」[36]の決定からの司法の抑制といった回避ドクトリンや「司法ミニマリズム」[37]のさまざまの形態を使って広範な憲法的決定を避けるためのいろいろな提案にそれが疑いを投げかける、ということだ。ビッケルのいう「消極的美徳」の行使が反多数決主義の考慮によって動機づけられている限りで[38]、その有効性は大いに誇張されている。

だからといって司法的決定が常に「マクシマリスト」であるべきだというわけではない。様々な種類の考慮が司法府の用心を正当化するかもしれない。たとえば、判事は広い適用範囲を持つ判決の効果について確信が持てないので、狭い判決を下すことを選ぶかもしれない。しかしながら政治的無知は、ミニマリズムと回避を正当化するためには反多数決の困難以外の理由に基づかなければならない、ということを示している。

政治的無知と代表の補強

司法審査はしばしば主張されるように多数派の政治支配を減少させるのではないだけでなく、時には現実にそれを増大させることもある。それは有権者の無知の反多数決主義的インパクトを減ずることによってだ。司法審査は無知が引き起こす歪みを大部分解消することができると考えたら、それは間違いだろうが、いくらかは減少させることができるかもしれない。

本書の前の方で論じたように、教育のレベルが向上し情報コストも劇的に低下したにもかかわらず広範な政治的無知が引き続き存在するということからは、大部分の市民は政治的知識獲得のためにほんの限られた時間とエネルギーしか費やそうとしていないということがわかる[39]。だから大部分の市民が多くの争点を同時にフォローできるということはありそうもない。

この理由から、政府の大きさ・範囲・複雑性と、有権者が政府活動に多数決的支配を行使するに足るだけの知識を持つ能力との間には反比例の関係がある[40]。公衆が政治の争点に注意を向けるレベルが相対的には一定しているとすると、政府が引き受ける機能が大きくなればなるほど、それが大部分の市民の注意にはいってこない確率は高まるだろうし、かくして政府に対する多数決主義的支配の程度も低下するだろう[41]。それゆえ現代国家の大きさと複雑性は、政治的無知がもたらす諸問題を悪化させる要因の一つなのだ。第5章で述べたように、大部分の西洋の民主主義国では、政府支出はGDPの3分の1以上に達し[42]、大部分の人間活動は何らかの形の政府の規制に従っている。2010年には、合衆国のGDPの約42パーセントを政府支出が占めていた[43]。明らかに、1930年代以降の政府支出の大幅な増加には、規制活動の範囲の少なくともそ

れと同じくらい大幅な拡大が伴ってきた[44]。すでに述べたように，連邦政府だけでも，規制権限を持った15の省レベルの部門と56の独立規制機関を持っている[45]。大部分の市民はせいぜいこれらのうちいくつかの名をあげられるにすぎないだろう。ましてこれらの活動を監視し続けることなどできない。

　巨大で複雑な政府と，公衆がその活動について持つ知識と関心の乏しさとが結びついて生み出す諸問題は，司法審査によっては解決できない。また司法府は包括的解決を試みるべきですらない。しかしながら，司法審査は政府の活動の範囲を限定することによってその問題を軽減できることがある。たとえば，政府が内容に基づく言論規制を企てたり[46]，宗教団体の内部の事情に介入したり[47]することを司法審査が妨げるならば，その結果として，市民はこれらの領域における政府の活動について知るために時間と努力を費やす必要がなくなり，自らの限られた注意を他の争点に集中できる。少なくとも限界的な部分では有権者の情報の負担が軽減されて，政府の残りの機能に十分な注意を払う能力が向上する。

　政府の権力への，確立し広く受け入れられているこの二つの司法的制限について真であることは，他のもっと論争的な制限についてもあてはまるだろう。極端な例を一つあげよう。ニューディール以後のほとんどの経済的立法は違憲だというリチャード・エプステインの立場[48]を最高裁判所が採用することはとうていありそうもないが，かりにそうなったとすれば，有権者の情報の負担は大いに軽減され，彼らが政府の残りの機能をコントロールする能力はかなり増大するだろう。もっと現実的には，もし最高裁判所が「非経済的な州際活動」[49]への連邦の規制を制限する努力を拡張・強化するならば，それによって起きる情報負担の軽減は，もっと穏やかではあってもやはりかなりのものだろう。「非経済的州際活動」というカテゴリーがどのくらい広く定義されるかによって，その結果，政府規制の範囲への制約は有権者の知識の負担に重要なインパクトを持ちうる。

　このようにして，政府権力の範囲を司法が制限することは，反多数決主義の難問の悪化を避けるだけでなく，実際には多数派による政府の支配を実際に強化することにもなりうる。ジョン・ハート・エリィの言葉を借りれば，それは「代表補強的（representation-reinforcing）」[50]になりうるのだ。多数派が政府を

支配するためには市民が公共政策についてかなりの知識を持いることが必要だが，市民は政治的情報の獲得のためにごく限られた意欲と能力しか持っていない。これらのことを受け入れるならば，上記の結論に至らざるをえない。大不況後の国家の巨大化以前における有権者の政府参加についての経験的証拠は，通常の市民は注意すべき公共政策が少ないときの方が公共政策によりよく注意することができる，という命題をある程度支持している[51]。

　政府権力に司法が限界を課することは，別の仕方でも知識問題を軽減しうる。それは政府よりも民間セクターに委ねられた決定権を拡張することによって，一層多くの争点が投票箱による投票ではなしに足による投票で解決されるのを助けることになる。そして，第5章で論じたように，足による投票の方が，情報の獲得とバイアスのないその評価のためにずっとよいインセンティヴを作り出す。

代表補強論へのいくつかの警告

　われわれはここで司法権を支持する代表補強論へのいくつかの警告に注意しなければならない。何よりも第一に，この議論はそれ自体としては，政府権力へのあらゆる考えうる司法的制限を正当化するものではない。実際，それ自体は**いかなる**そのような制限も正当化しない。特定の司法的決定が正当化されるか否かは，それが代表補強的効果を持ちうるかだけでなく，広範囲にわたる他の要因にも依存する。その中には，憲法の文言への忠実さや歴史や判例やその他の考慮が含まれる。私の議論が主張しているのは，単に次のことだけだ。——反多数決主義の難問が憲法に関する裁判の中で重要な争点である程度において，政府権力の司法的制限は有権者の知識の負担を軽減することによって，多数決主義を掘り崩すのではなく実際には強化する，という事実をわれわれは考慮しなければならない。

　第二の警告はこうだ。私の分析は，民間領域に対する政府の他の部門の権力を制限するような司法府の行為にしかあてはまらない。司法府の支配が他の部門の権力にとって代わるような司法的決定は，そのような代表補強的効果を持たないだろう——もっともそのような決定も，他の理由から正当化されるかも

しれないが。そのような，**権力制限的**というよりも**権力移転的**決定の例としては，判事が公立学校 52) や刑務所 53) の運営を支配した有名な判例がある。権力移転的決定は権力制限的決定よりも，反多数決主義だという批判に弱い。なぜなら前者は，政府の決定を選挙によって選ばれた公務員による支配に服させないようにする一方，同時に有権者の情報の負担をなくすことがないからだ。ある場合には，そのような決定は公共政策の複雑さのレベルを増やすことによって，有権者の情報の負担を悪化さえさせるかもしれない 54)。

　第三に，場合によっては，ある領域における政府権力の司法的制限は，もっと包括的あるいはもっと複雑な政府介入への政治的インセンティヴを，社会の他の領域の中で作り出すかもしれない。たとえば，限られた活動についての規制だけを禁止するような，連邦規制権力への穏健な司法的制限のせいで，議会はもっと広い規制的立法を採用しようというインセンティヴを持つかもしれない，とエイドリアン・ヴァーミュールは論じている 55)。もしヴァーミュールの議論が正しいならば，この領域への司法の介入が代表補強的効果を持つのは，裁判所が議会の権限について一層厳格な制限を課すことができる場合に限られるだろう。もっと広く言えば，別々の政策の相互作用のために，司法的決定が反多数決主義的効果と代表補強的効果を持つ可能性も考慮しなければならないだろう。そのような相互作用の影響の包括的評価は本書の範囲を越える。現在の目的のためには次のことを示すだけで足りる。——司法審査が有権者の知識の負担を軽減するために，司法府が政府権力に課する制限が代表補強的効果を持つようなケースもかなり存在する。

足による投票と連邦制問題の司法審査

　ブッシュ対ゴア（Bush v. Gore）事件は例外かもしれないが 56)，最高裁判所の最近の判決のうち，連邦制に基づく制限を議会権力に課する司法審査を再建しようとする努力ほど，反多数決主義という根拠で多くの批判を巻き起こしたものはない。この議論は，司法による連邦制強行を批判する判事たち 57) によっても学者たち 58) によっても繰り返し提起されている。最高裁判所は 2005 年の Gonzales v. Raich 事件で，議会が州際通商を規制する権限は十分に広く，

それは市場で一度も売買されたことがなく生息地の州を越えたこともない医薬用マリファナの少量の所持を処罰する法律を有効とするほどのものだと判決することによって，連邦権力を制限しようとする努力から身を退いた[59]。それでも連邦制問題に関する司法審査について論争は続いている。一番最近，脚光を浴びた NFIB v. Sebelius 事件において最高裁判所がオバマ政権の大量の Affordable Care Act 立法をほとんど無効にしたために，この問題は再燃した[60]。

　本書は司法府による連邦制の強制が正統か，また望ましいかに関する広範囲にわたる論争を解決するわけではない[61]。これらの争点の解決は，政治的無知に加えて多様な要素に依存している。だが政治的無知を考慮に入れるならば，連邦制に関する司法審査は非民主的で反多数決主義的だという主張は弱められる。実際のところ，連邦制に基づいて司法府が連邦政府の権力を制限することは多数決主義を強化するかもしれない。それは市民が「足で投票する」能力を強めることによってだ。市民はこのようにして，自分が嫌う政策をとる州を去り，もっと自分にとって望ましい政策をとる州に移ることができる。

　ひとたび政治的無知が考慮に入れられると，司法府が強制する連邦制が持つ反多数決主義のコストは小さく，しばしば無に等しいということがわかる。この結論には三つの理由がある。

　第一の理由はこうだ。脱中央集権的連邦制が集権的な連邦政府の支配に勝る長所の大部分は，政府間の関係に関する広範な構造的・イデオロギー的理論にかかわる[62]。それらの長所のうち一番重要なものの中には，人とモノを求める諸州の間の競争[63] や，多様な地方的選好に対する州の反応性[64] がある。だがそれらの長所は，明確で把握しやすい少数の政策決定よりも，広範囲にわたる政策領域間の相互関係に依存している。

　不幸なことに，調査研究が示すところでは，政治的無知が一番深刻な問題になるのは，広範囲にわたるイデオロギー的争点や諸政策間の複雑な相互関係に対処するときだ[65]。この数十年間，調査回答者の大部分は，彼らが連邦政府への過剰な権力集中とみなすものに対して敵意を示してきたが，この一般的な見方を特定の政策的論点とに結びつける知識を欠いてきた。多数の人々はそのような論点については連邦の役割の拡大をしばしば支持する[66]。多くの市民はリベラル派と保守派のイデオロギーの基本的な側面さえ理解していないか

ら67)，連邦制と分権化に関する争点をめぐるもっと複雑な議論を理解できるのは，有権者の中でほんの一部だけだろう。有権者は政治的無知のために分権化された連邦制を支持する議論を —— それに反対する議論と同様 —— 理解できないから，連邦制に関する立法政策が情報に基づく多数派の選好を実質的に反映しているということはありそうもない。

この結論は，連邦制にかかわるほとんどの争点が，奴隷制にようにとても顕著な単一の政策論争から発していた時代ならあてはまらなかったかもしれないが，今日では確かにあてはまる。今では連邦制の問題は広範な争点にまたがっており，そのうちのどれか一つが支配的だということはない。そして一つの争点が州と連邦との関係を支配していたような，以前の非典型的な時代でさえ，その争点だけが顕著であるために，もっと広い連邦制の諸問題はぼかされてしまったかもしれない。たとえば南北戦争前の時代，いつも南部の政治的指導者たちは，反中央集権的な立場が奴隷制を支持するときにはその立場をとり，その逆が真であるときには中央集権を支持した —— 連邦の〈逃亡奴隷［引き渡し］法〉の執行を妥協なく主張するときのように68)。それと対照的に，逃亡奴隷の権利を守ろうとした北部の州政府は連邦権力について狭い解釈を支持した69)。理解できることだが，奴隷制という特定の争点が圧倒的に重要だったため，連邦制という，もっと広範だがそれほど喫緊でなかった問題についての首尾一貫性が妨げられたのだ。

連邦制に関する司法審査と政治的無知との間の第二の決定的な結びつきは，分権化を促進するために政治過程を用いようとする有権者は，全く別々の政策領域に属するさまざまな政策にわたって協調しなければならない，という事実だ。連邦権力はほとんど限りない仕方で州の権力に触れる。特に重要な一例をあげれば，連邦の州への補助金は全州収入のほとんど30パーセントを占めていて，その中には極めて多様な別々のプログラムに限られた資金が含まれている70)。これらの補助金，それらに付された条件71)，それらが州の自治と州際競争と多様な選好への対応とに与えるインパクト —— これらに注意を払って跡づけることは，それだけで有権者にとってフルタイムの仕事になる72)。その仕事は，最高裁判所の連邦制理論の中に含まれている他の多くの争点を考えてもいない。その他の争点としては，連邦による州政府の「徴集」73) や，「州際

通商条項」下の連邦権力への制限74)などがあるが,これは最も論争的な争点の中の二つにすぎない。

　連邦制政策について多数派支配を実現するためには,有権者はたくさんの政策の間の関係に注意を払って理解しなければならない。政治的無知の現状とありそうな将来とを前提すると,有権者が実際にそうするとは思えない。

　反多数派主義の難問を持ち出す理論が連邦制問題の司法審査に反対する理論として説得力を欠く,さらに根本的な理由がある。スティーヴン・カラブレージが言うように,連邦制の司法審査はそれ自体として多数決主義を排斥しているのではなくて,「いかなる多数派がいかなる争点について支配すべきかの決定」75)をしている。もし連邦権力が阻止されるならば,州レベルの多数派が決定を下すわけだし,その逆も真だ。ほとんど定義上,有権者集団として何がとられるかという問題について,多数決による支配を行うことは不可能だ。民主制に誰が参加するかという問題は,それ自体としては民主的には決定できない。なぜならいかなる多数決投票手続きも,設立に先立ってその問題を解決しておかなければならないからだ76)。

　連邦制に関する司法審査は,いかなる多数派が支配するかという問題の決定に制限される。それはその限りで反多数決主義的ではありえない。その問題は定義上,多数決主義的に決められない問題だからだ。以上の理論は,連邦制に関するすべての司法審査に妥当するわけではない。たとえばある政策は,いやしくもそれが機能するためには全国レベルで採用されるよりないかもしれない。なぜなら一つの州でも反対すればその実施が不可能になるかもしれないからだ77)。そのようなケースにおいて司法による無効化は,州ごとのバリエーションをも大部分不可能にしてしまうだろう。しかしながら,このような状態が公共政策の争点の大部分にあてはまると信ずべき理由はない。

　どの多数派を選ぶかという問題は,むろん政治的無知と直接関係するわけではない。しかし両者は関係している。なぜならいかなる多数派がいかなる争点について支配すべきかについての事前の決定は,一定の有権者がいかなる争点について情報を持つ必要があるかをも決定するからだ。もし最高裁判所の連邦制理論が州と中央の権力の間に明確な境界線を引けるならば ── 現在はそれから遠いが ──,それは有権者が別の州の政府の裁量にゆだねられる争点を無視

できるようにすることによって，有権者の知識の負担を減らすことができるだろう。

結　論

　数世代にわたって，法律家と法学者は「反多数決主義の難問」が司法審査の最も重大な欠点だと論じてきたが，この争点に関する論争は政治的無知をほとんどあるいは全く考慮していなかった。無知というものが現代の民主政に浸透している要素だということにひとたび気づくならば，反多数決主義の難問はこれまで考えられてきたよりもはるかに重要でない問題だということがわかる。司法審査を受ける立法の多くは，実際には情報に基づいた民主的同意の産物でない。それでも裁判所がそれを放置しておくことには十分な理由があるかもしれない。だが反多数決主義の難問は，そのような理由の一つではない。

　ある意味で，司法審査は実際には政治的無知のインパクトを弱めて，人民による統治を掘り崩すのではなく強化するかもしれない。中央政府に対する連邦制的拘束を司法が強制することは，第5章で論じた足による投票を容易化できる。それが存在するおかげで，市民は自らの選好する政府の政策を選ぶことができる。それが行われる枠組においては，投票箱による投票の際よりも合理的無知がはるかに危険でなくなるのだ。

第 7 章

有権者の知識を向上させられるか？

> 私は社会の最終的権力の安全な保存庫として人民以外のものを知らない。そしてもしわれわれが，人民は全面的裁量をもって自らの支配を実行できるほど啓蒙されていないと考えるならば，その治療策は人民からそれを取り上げることではなくて，人民による裁量に教育を吹き込むことである。
> ―― トマス・ジェファーソン 1)

　政治的無知が合理的であり長きにわたるということは，この問題の解決の難しさを示唆する。

　教育のレベルが上昇し，情報へのアクセスを容易にする新しいテクノロジーが導入されても，過去50年以上にわたって政治的知識はあまり向上しなかった 2)。

　それでも多くの人々が，政治的無知は選挙民の平均的知識のレベルの実質的向上によって軽減できる可能性があるという希望を持っている。その達成方法は大きく二種類ある。第一は有権者大衆をもっと知識ある人々にすることで，第二は政治権力をすでに十分情報を持っている人々の手に集中させることだ。残念ながら，いずれの解決案も効果的実現は難しい。

　本章は，有権者の知識レベルの向上あるいは知識ある人々への権力集中のためのよく知られた提案のいくつかを評価する。その提案とは，教育を通じた政治的知識の向上，ブルース・アッカマンとジェイムズ・フィシュキンが展開する「熟議の日（deliberation day）」の提案，参政権の制限，知識を持った専門家への政治権力の移転，政治に関するメディア報道の改革だ。本章はまた，有権者が政治について学ぶことに報酬を支払うことによって知識を増大させるという，あまり知られていないが興味深い可能性も簡単に考察する。不幸なことに，

これらの提案のどれも,提唱者が望むほどに効果的であることはなさそうだ。

教育を通じた政治的知識の向上

教育を通じて政治的知識を向上させるという考えは,政治的無知減少のための,おそらく最古の,一番よく知られている方法だろう。有権者の知識を向上させる方法としての公教育の初期の指導的な提唱者の一人であるトマス・ジェファーソンは,有権者の無知への「治療策」は「人民による裁量に教育を吹き込むこと」だと言った[3]。ジョン・スチュアート・ミルのような以後の政治理論家も,有権者の知識向上の方法として教育の重要さを強調した。もっともミルはまた,教育が国家権力者の好むイデオロギーを公衆に教え込むために利用されうるということも恐れていた[4]。

政治的知識の向上という目的で政府が教育を助成することは,公共財理論の自然な拡張だ。政治的知識は個々の有権者が調整されない随意的行為を通じて供給しようとする十分なインセンティヴを持たないような公共財だ,という理由で政治的無知が合理的だとすれば,政府がその財を供給する理由がある。ミルトン・フリードマンのような何人かの強力な自由市場支持者でさえ,政府による教育助成のこの正当化を受け入れてきた[5]。原理上は,政府は有権者が民主主義理論の「正しい」ヴァージョンの要請を満たすために獲得する必要があるいかなる政治的知識をも教えるように,公立学校に要求することができるはずだ[6]。

教育レベルの向上は政治的知識を向上させなかった

経験的研究がほとんど一様に示すことは,教育と政治的知識とは高度の相関関係を持っている —— たとえ他の変数について調整しても —— ということだ[7]。驚くようなことではないが,高い教育レベルの人々は政治的知識も多いという傾向がある。しかしながら不幸なことに,この〈教育が知識を向上させる〉という理論には大きな欠点がある。過去50年以上にわたる大規模な教育の向上は,政治的知識の大きな向上に至らなかったのだ[8]。1972年から1994年までに,30歳以上のアメリカ人の平均的な通学年数は11年から13年に延びたの

だが，計測された政治的知識はほぼ一定にとどまった[9]。教育について調整すると，政治的知識は実際には低下したとさえ言える。1990年の大学卒業者の知識レベルは1940年代の高校卒業者と大体同じだった[10]。過去一世紀の間IQは実質的に向上しているから計測された知能は上がっているという事実にもかかわらず，教育レベルの向上が政治的知識を向上させていないということもまた注目に値する[11]。

教育水準が大幅に向上にしているのに政治的知識は停滞している。これは将来政治的知識を向上させるために教育レベルのさらなる向上はあてにならないということを示唆する。

なぜ平均的教育水準の上昇は政治的知識を向上させなかったのだろうか？一つの可能性は，教育が知識と相関関係があるのは，政治的知識を向上させるものが相対的教育レベルであって全体的教育レベルではないからだ，というものだ。一番高い教育を受ける人々は社会のネットワークの頂点近くにいる傾向があって，そのために彼らは政治的知識へのアクセスを持っている[12]。教育と政治的知識との相関関係が第一次的にはこの理由によるものならば，平均的教育水準の向上は知識の獲得を将来もたらしそうもない。

それとは別の，しかし相互に排他的でない説明は，教育が政治的知識と相関関係がある大きな理由は，それが知能の代わりになるからだというものだ。IQについて調整すると，教育と経済的知識との相関関係は大幅に小さくなるので，知能が教育よりも一層大きな影響を持つということがわかる[13]。政治的知識も同じように働くのかもしれない。とはいえ最近数十年間のIQの上昇もまた，政治的知識を向上させていないように見受けられる。

教育レベルの向上が政治的知識のレベルを向上させていないということは，合理的無知理論とも調和する。教育は政治的知識獲得の**機会**を提供するかもしれないが，合理的に無知な市民はそれらの機会を効果的に使用しないことを選ぶかもしれない。なぜならそれから得られる個人的利益が十分大きくないからだ。この点は，自分自身の福利だけでなく社会全体の福利も気にかける相対的に利他的な諸個人にもあてはまる。彼らもまた，一層多くの政治的知識を学ぶことは自分の目的の達成を助けそうもないということを実感するからだ[14]。彼らはその代わりに，もっと興味深かったり彼らの将来の職業上の進歩のため

にもっと役立つことをマスターしたりするために努力することができる。

いずれにせよ、過去50年間の教育水準の大幅な進歩が政治的知識をほとんど向上させられなかったとすれば、将来この方法によって政治的知識を向上させる見込みについてわれわれは相対的に悲観的たらざるをえない。

　　改革の見通し

現在の教育の実践が教育水準の向上の結果として政治的知識の向上に至らなかったとしても、また別の教育制度がそうするかもしれないということはありうる。理論上は、学校が政治的知識を教授し、教師と学校管理者はなるべく多くの生徒が最小レベルの政治的情報をもって高校を卒業するように確保する強いインセンティヴを持つ、ということを州や連邦の政府が実現するのを妨げるものはない。

問題はむろん、インセンティヴにある。無知と不合理性の強い影響を受けた選挙プロセスによって選ばれた政治的指導者は、知識レベルを向上させ、ひいては彼ら自身の再選を脅かしかねない手段を取ろうとする強いインセンティヴを持たない。現職者にとって脅威となるには遅すぎるような政治的知識の向上についてさえ、彼らは将来それをもたらすようなカリキュラム改革を推進する積極的なインセンティヴをほとんど持たない。そこから得られる利益は何年も後にならないと刈り取れないということになりそうだから、現在の政治的指導者はその達成から選挙における利益を受けることが期待できないのだ。

　　教化の危険

政治的学習を推進しようとする積極的インセンティヴの欠如に加えて、公務員は有権者の知識を増大させる努力と実際には対立するような利害を持っていることが多いかもしれない。ジョン・スチュアート・ミルは他の点では政治的知識向上のための教育の指導的提唱者だが、彼には先見の明があって、「一律的国家教育」は「政府の支配的勢力を喜ばせる」イデオロギーを何でも教え込むことになりそうだと警告した[15]。

政府はいつでも、自分たちのイデオロギーを支持する傾向がある価値を生徒に教え込むために公教育支配を利用しようとする。支配的エリートが支持する

第 7 章 有権者の知識を向上させられるか？

民族主義的あるいは宗教的なイデオロギーを教え込むことが，19世紀のヨーロッパや合衆国の公教育設立の主たる動機の一つだったし，それ以降の多くの国々の公教育の重要な目的になってきている[16]。今日，政府も左右の民間セクターの利益集団も，公教育を使って自分たちの選ぶ価値を生徒に教え込むために活発なロビー活動をしている[17]。しばしばその結果として，事実について疑わしい内容を教える教化活動が行われる。たとえば，右翼グループは進化論を正確に述べたりアメリカ史を批判的に見たりする教科書の排斥を求めてロビー活動をして，時にはそれに成功してきた[18]。左翼グループは彼ら自身の不正確なカリキュラム改革のためにロビー活動をしてきた[19]。

単純な無知だけでなく政治的非合理性の重大さも考えると，教化の危険は一層高まる。かりにある学校のカリキュラムが事実的知識を向上させるとしても，それは同時にそれらの事実の非論理的分析の促進によって有権者の情報評価の質を低下させてしまうかもしれない。政府自身もさまざまの圧力集団も，そのような仕方で生徒を教化しようとする強いインセンティヴを持っていることが多い。

たとえばジム・クロウ時代の南部の州政府は公立学校の生徒に人種差別的イデオロギーを教え込んだが，それは生徒たちが学ぶいかなる事実の知覚にも影響を及ぼした。多年にわたって，東ドイツの共産党政府は市民に市場取引への敵意を教え込んだ。大部分の東ドイツ人が共産主義の崩壊を歓迎したにもかかわらず，ドイツ再統一から長い時間が過ぎてその反対のたくさんの事実的情報が以前の東ドイツ人にも入手できるようになっても，そのような教化の影響はまだ残っている[20]。

そのような教化が起きるとき，その影響は合理的非合理性によって悪化することがある。大部分の有権者は自分の信念を合理的に評価しようとするインセンティヴをほとんど持たないから，かりに自分が教え込まれた誤った理論がその逆の証拠にさらされたとしても，その理論を再考しないかもしれない。

教化がいつでも効果的なわけではない。火を見るよりも明らかな事実を人々に見せないようにすることはできない。共産主義のプロパガンダをいくら行っても，東ドイツ人の大部分にベルリンの壁を愛させることはできなかった。だがもっと複雑な争点については，人々の見解へのプロパガンダの影響力はずっ

と大きいだろう。たとえば市場の得失，社会福祉政策，自由貿易，人種関係などがそうだ。

インセンティヴと教化に関する心配と同じ心配が，教育システムを使って市民に認知的バイアスを避けさせようとする提案にもあてはまる。そのバイアスは，多くの市民に彼らが学んだ政治的知識を不適切に評価させるものだ[21]。政府の公務員はそのようなバイアスと闘うインセンティヴをほとんど持っておらず，バイアスが教化を容易にするときには積極的に利用さえするかもしれない。

原理上は，知識を持った選挙人団は，生徒を教化しようとする圧力集団と彼らの欲求を政治家が無視するように命じられるだろう。有権者は，教化なしに政治的知識を増大させるような学校カリキュラムの制定を政治的指導者に命ずる力を持ちうる。しかし現実には，よき公民教育が治癒することを意図されている政治的な無知と非合理性それ自体が，その実現を妨げることになりそうだ。

無知な有権者あるいは不合理な有権者は，必要な仕方でカリキュラムを変えることを公務員に命ずることができないかもしれない。その原因は部分的には，彼らがカリキュラムの欠陥を知らないことにあるのかもしれないし，また部分的には，利益集団や政府が次世代を教化しようとする不合理な見解や事実的に不正確な見解のいくつかを有権者が実際に共有していることにあるのかもしれない。だからかりに代替的な公教育カリキュラムが政治的知識を向上させるかもしれないとしても[22]，現在蔓延している政治的無知がそのカリキュラムの実施の主たる障害になる。

教育レベルの向上が政治的知識を向上させていないということは，現代の公教育の一般的欠点と密接に結びついているのかもしれない。過去40年以上，教育予算の大幅な増大にもかかわらず，数学や英語やその他政治的知識と直接関係しない他の科目の学生の成績も顕著に向上してはいない[23]。

新しいテクノロジーのブレークスルーのために近い将来教育の質が根本的に改善される，ということはありうる[24]。しかしかりにそれが起きるとしても，新しいテクノロジーが政治的無知の問題と闘うように利用できるかどうかは明らかでない。すでに見たように，政府の公務員も有権者も，政治的知識の向上を目指す強い動機をもっていない。さらに，大部分の学校が政府の支配下にと

どまる限り，新しいテクノロジーを効果的に使おうとするインセンティヴは大きくないだろう。

　公立学校における公民教育改善の試みに対する代替案として考えられるものは，政府がバウチャーを通じて私立学校教育を補助することだ。いくつかのデータが示唆するところでは，私立学校，特にカトリック学校の生徒は，公立学校の生徒よりも政治的知識のレベルが高い（人種とか性別とか親の収入といった標準的な人口統計学的変数について調整した後でも）[25]。この結果は，政府が公民教育を促進する最善の方法は公立学校に資金を与えるのではなく私的教育の消費に補助金を与えることだという，ミルトン・フリードマンとジョン・スチュアート・ミルの見解を支持する[26]。

　不幸なことに，私立学校バウチャー制度の広範な採用に対する政治的障害は，公立学校における効果的な政治的知識カリキュラムの採用に対する障害と同じくらい圧倒的だ[27]。さらに，たとえバウチャー制度の採用が，公立学校を通じての政治的知識と**相対的**には政治的知識を向上させるとしても，それによって達成される政治的知識の**絶対的**レベルが，合理的な政治的無知の危険を打ち消すほど高いかどうかはやはり明らかでない。

　バウチャー制度下で自分の子どものために私立学校を選ぶ親は，その決定において政治的知識の教育を重視していないだろう。個々の有権者が政治的情報のためにほとんどあるいは全く努力をしないことが合理的であるのと全く同じ理由から，バウチャー制度下の個々の親も，生徒の政治的知識へのインパクト以外の理由から学校を選ぶのが合理的だろう。それでも私立学校は一般的に高い質の教育を提供することの副産物として，公立学校と比べると政治的知識を向上させるかもしれない。だがその相違は，社会・政治的知識レベルに大きなインパクトを及ぼすほど大きくはないだろう。

　最後に，政治的知識のために最も効果的な学校カリキュラムでさえも，それだけのことしかできない。それは現代の政府が支配している諸問題全体を生徒に理解させるに近いことなどできないだろう。そしてかりにある高校卒業生が18歳の時に政界の争点のすべてについてよく知っているとしても，有権者としての生涯を通じて生ずるに違いない多くの新しい争点について知識を得るだろうと考えるべき理由にはほとんどならない。昔の争点と政府の基本的構造に

関する知識は，新しい争点を理解する助けにある程度までなるが，新しい争点は刻々と古い争点にとって代わり，政治システムも時を経て発展していくのだから，学校で得た元の知識はますます役に立たなくなっていくだろう。

　これらの警告にもかかわらず，学校の選択も，公立学校の公民教育を改善しようという試みも，確かに追求に値する。両者が政治的知識をいくらかでも増大させる限りにおいて，それは役に立つ。同じことが教育におけるテクノロジーの進歩についても言える。しかし予見できる将来においてこれらの戦略が政治的知識の大幅な向上に至ることはありそうもない。

熟議の日の提案

　子どもの教育によって政治的知識を増大させようとする伝統的なアプローチと違って，ブルース・アッカマンとジェイムズ・フィシュキンの「熟議の日」の戦略は成人の政治的知識のレベルを直接向上させようとする[28]。アッカマンとフィシュキンは合理的無知の問題と，それが政治的知識をごく低いレベルにとどめておく傾向とを認識している[29]。かくして彼らは，有権者が情報を得ようとするもっと強いインセンティヴを与える提案をするのだ。

　多くのアメリカ人はすでに政治を普段から論じている。最近の調査によると，約68パーセントは月に少なくとも数回政治的争点を議論していると回答し，25パーセントは政治的争点に関するもっと正式の会合に参加していると回答した[30]。しかしながら政治的無知の遍在から考えると，政治的議論にふだんから参加しても，それが政治的知識を大いに向上させることは，かりにあるとしても，あまりなさそうだ。そのような議論の多くの動機は新しい情報の獲得や真理への到達ではないという事実に照らしてみれば，このことは驚くに値しない[31]。政治的議論の多くは，人を楽しませようとか自らの既存の見解を確立しようという欲求の結果として起きる。後者の欲求は，普段政治について議論する人々のほとんどが自分と同意見の人々と圧倒的に多く議論することの原因の一つかもしれない[32]。

　「熟議の日」の提案は有権者を熟議のセッティングに置くことでこれらの問題を克服しようとする。そこで有権者は対立する見解の提唱者が提出する新し

い政治的情報にさらされるだろう。

熟慮の日はどのように機能するか

それぞれの選挙の前に，アッカマンとフィシュキンは政府に「熟議の日」を国民の休日として宣言させようとする。その日すべての有権者は，500人ずつのグループになって，主要な政党の代表者による主要争点に関する発表を聞く機会を与えられることになる。その後，有権者は質問をして自分たちの間で争点を議論することができる[33]。

アッカマンとフィシュキンは，合理的に無知な有権者が「熟議の日」の議論に欠席することを選ぶかもしれないということを認識して，個々の出席者に150ドルを支払うという提案をしている[34]。それと同時に，国民の休日を制定し，その日に「自らの労働力を強いて」働かせる使用者には「重い罰金」を科することで，収入減の可能性から生ずる不参加への金銭的インセンティヴを大幅に削減しようとする[35]。

アッカマンとフィシュキンは，「熟議の日」の提案の結果として，有権者は以前よりも情報を持ち，数日後投票日に投票箱で投票するときにはよりよい決定に至るだろう，と論じている。彼らはフィシュキンが「熟議的投票」について行った広範な調査を引用している。フィシュキンと同僚たちはこの調査において，無作為に選ばれて専門家の話を聞いた複数の有権者グループによる実質的な「ミニ熟議の日」を開催した。その調査が示すところでは，多くの熟議的投票参加者はその日討議された争点について，対立する議論を聞いた後で自分の意見を変えた[36]。

アッカマンとフィシュキンのアプローチは，合理的無知の問題を真剣にとらえ，相対的に低いコストの解決を与えようとするという点で賞賛されるべきものだ。彼らは個々の「熟議の日」のコストをほぼ5億2千万ドルと見積もっている。これに加えて，出席を選ぶ有権者ごとに150ドルの支払いがなされる[37]。後者は，かりに1億人の有権者が出席するならば150億ドルになる。かりにこの見積もりが楽観的すぎるとしても，政治的無知が実質的に削減されるならば，その何倍の費用でも安いものだろう。「熟議の日」の発想の第二の長所は，それは少なくともある程度実際に知識を向上させるだろうということ

だ。政策争点に関するプレゼンテーションと議論の一日を過ごした有権者が全然知識を増やさないなどということは想像しにくい。

熟議の日は熟議を改善するか？

「熟議の日」の提案は，真正の長所を持っているにもかかわらず，合理的な無知と非合理性を十分に打ち消すに足りるほどには政治的知識を向上させないだろう[38]。一つの重要な問題は単純に，連邦政府が取り扱う多数の政策問題のうち，ほんの一部しか取り上げる時間がないだろう，ということだ。第5章で論じたように，現代の国家はほとんど無限定なほど多様な争点を取り扱っており，GDPのほぼ40パーセントを支出し，社会のほぼすべてのセクターを規制している[39]。アッカマンとフィシュキンの提案では，参加者は二大政党の大統領候補者の間の75分にわたるテレビ討論をまず見てから，両党の地区代表との生の討論と質疑応答を行うことになる[40]。昼食休憩を含めて，全体の過程は約8時間に及ぶだろう[41]。

参加者の大部分はここで論じられる争点の大部分について前もって知識をほとんど持っていないだろうから，そのうちの一握りしか掘り下げて取り上げられないだろうと思われる。熟議の日が政府活動全体のほんの一部分以上について政治的知識を向上させるためには，州の機能に関する記述は根本的に削減あるいは単純化されねばならないだろう。さもなければ，選挙ごとに数日の熟慮の日を設けて，ずっと広い争点を取り扱うということも考えられる。しかしいずれにせよ，そのプロセスのコストは莫大に増えて，そもそも実現がはるかに難しくなるだろう。

「熟議の日」の提案に関する第二の問題は，現職の政治的指導者がそれを制定しその構成を決めなければならない，ということだ。特に，彼らは論じられるべき争点と対立する諸政党のスポークスマンを選ぶ方法とを決めなければならない。このプロセスは操作のための機会をたくさん作り出すだろう。たとえば，「熟慮の日」法案が通過するときにもし共和党が下院を支配していたら，彼らは共和党の方が優位にあると知っているような争点にプロセスの焦点を当てようとすることができる。同様に，政党とそのスポークスマンは，市民に本当の情報を与える代わりに互いに市民の既存のバイアスを補強して，有権者の

第7章　有権者の知識を向上させられるか？

合理的不合理性に訴えかけるようにこのプロセスを利用することができる。そのような操作は，フィシュキンとその同僚の以前の熟議的投票の実験ではそれほど深刻な問題にはならなかっただろう。そこでは政治的利害がそれほど大きな問題でなかったからだ。

　もっと一般的には，「熟議の日」法案を立法する現職の議員は，自分が再選されるチャンスを減らしかねない形での法案には賛成しないだろう。その結果として，政治のバランス・オブ・パワーの現状を大きく変えるだろうと思われるような立法がなされるチャンスは小さくなる。

　公民教育の改善によって政治的知識を増大させようという提案と同様に，十分な情報を持った選挙人団ならば，選挙で選ばれた公務員が相対的にバイアスのない「熟慮の日」を立法するようにさせる力を持ちうる。それは定められた時間内でカバーできるだけの数の争点についての知識を少なくとも真に増大させるだろう。知識ある選挙人団ならば，「熟議の日」の枠組みを自分たち自身の利益のために操作しようとする現職の政治家の試みを見抜き，それを罰することができるだろう。しかしながら，それほど知識のある選挙人団ならば，はじめから「熟議の日」をほとんど必要としないだろう。

　これらの留保をするからといって，私は「熟議の日」類似の提案を頭から斥けるつもりはない。これらの線に沿った実験にはやはり価値があるかもしれない。たとえば，「熟議の日」類似の枠組みをまず地方あるいは州の選挙で試行して，ありうべき効果をよりよく理解することができる。また「熟議の日」は，州民発議制を持つ州では州民投票の一部として一層役に立つかもしれない。個々の州民投票は単一の争点だけを扱うので，議論の範囲から重要な政策を排除するという議題操作の危険は少なくなるだろう。しかしながら全体として，「熟議の日」が政治的無知の問題に及ぼしうるインパクトは小さなものにすぎないように思われる。

　アッカマン-フィシュキンの案だけが，構造的熟議を通じて政治的知識を向上させようとする提案ではない[42]。それは単に，最近の学問的文献の中で一番徹底して展開された大規模な案だというにすぎない。しかしこの線に沿った他の案も同じ弱点を持っている。それらのいずれも，政治的争点の多さが作り出す困難と，議論のための争点と熟議者へのプレゼンテーションを行う権利を

持つ人々とを政府の公務員が選ばなければならないという必要性を解決できない[43]。

選挙権の制限

　選挙人団の政治的知識のレベルを大幅に向上させることで政治的無知の問題を解決することができそうもないならば，自明の代替案は，選挙権を平均以上の知識を持つ人々だけに移転することでその問題を解決することだ。可能な選択肢としては，相対的に高いレベルの教育を受けている有権者だけに選挙権を制限するとか，有権者が投票を許可される前に政治的知識の試験を受けて合格することを要求するといったものがある。

　あるいは，普通選挙制度にこだわるが，知識レベルが高い市民 —— 高い教育を受けた市民，政治的知識の試験で好成績をあげた市民，あるいは両方 —— に「余分（extra）」の票を与えることもできるだろう。ジョン・スチュアート・ミルは1861年の『代議制統治論』の中で，高い教育を受けた人々に余分の票を与える提案をした[44]。ミルは「無知も知識と同じだけの政治権力を持つ権利があると国制が宣言することは，有益ではなく有害である」[45]と論じた。

　選挙権を制限するという考えは民主的平等主義の支配的前提に反するので，現代の感性にとってはショッキングに思われるが，それは一見するほどラディカルではない。われわれはすでに人口のうちの大きな部分を投票権から除外しているが，その大きな理由は，彼らが十分な知識を持っていないという理由によるものだ。18歳以下の誰もが投票権を否定されているのは一次的にはまさにこの理由によるものだし，精神障害者の多くもそうだ[46]。同様にして，合法的な移民はアメリカの歴史と統治に関するいくつかの基本的事実をカバーする比較的単純な公民テストをパスできなければ市民になれない[47]。そのテストの問題の中には，多くの生まれながらのアメリカ人が答えられないものがある[48]。おそらく移民がこのテストの合格を要求されるのは，それが民主政治過程参加のための少なくとも最小限の能力を示していると考えられているからだろう。

　もし未成年者や，精神障害者の少なくとも一部や，市民権テストに落ちた合

第 7 章　有権者の知識を向上させられるか？

法的移民を，彼らは政治的知識を欠いているという想定のために選挙権から除外することができるならば，なぜ他の人々にも同じ取り扱いをしてはならないのか？　理論上，無知な人々を選挙人団から排除するために試験や類似のアプローチをとることは，政治的無知の問題を大幅に軽減するかもしれない。

無知な選挙人団は無知な有権者自身だけでなく，その国全体にも危険を及ぼす[49]。だから他の人々へのインパクトを無視して，彼らが自分の好きなように投票する権利を持っているという論拠で無知な人々の投票権を擁護することは難しい。ブライアン・キャプランが言うように，「投票能力試験は運転免許試験以上に反対すべきものではない。まずい運転もまずい投票も，ともに本人だけでなく，責任のない第三者にも危険だ。」[50]

それにもかかわらず，ラディカルな新しい制限を選挙権に課すことで政治的無知の問題を解決しようとするのを避けるべき十分な理由がある。歴史的に見れば，選挙権への読み書きテストやその他の同じような制約は，多数派が軽蔑する少数派，特にジム・クロウ時代の南部のアフリカ系アメリカ人と 19 世紀から 20 世紀前半の北部の非アングロサクソン系移民を排除するために使われてきた[51]。今ではよく知られているように，これらの法律は，ただでさえ不利益を被っている人々を政治過程から排除し，長い間政治的に無力だった人々を犠牲にする抑圧的政策を助けることになった。

今日の有権者は一世紀前の有権者よりもはるかに人種差別的でないだろうから，今日投票試験が導入されてもそれは弱いマイノリティ集団を排除しようとはしないだろう，と主張されるかもしれない。かりにそのようなマイノリティ集団が意図されざる理由から除外される割合が大きいとしても（たとえば彼らの平均的教育水準が低いという理由で），残りの選挙人団はその結果生ずる彼らの投票権の減少を利用しないかもしれない。なぜなら今日の有権者の大部分は社会全体にとっての最善の政策に関する意見を基にして「向社会的」に投票しようとするからだ[52]。

人種差別やその他の類似の偏見は完全に消滅したからマイノリティ集団が選挙権から排除される割合が大きくても危険がないとわれわれは確信できる，とは私は思わない[53]。しかしかりにこの見方が悲観的すぎるとしても，もっと広い論点が残る。一番情報を持つ人々に「余分」な票を与えるようないかなる

投票試験あるいは制度も，現職の議員の賛成を必要とする。この事実から重大な危険が生ずる。これらの公務員は，自分を支持する人々を有権者名簿に残す一方で政治的敵対者になりそうな人々をなるべく多く排除する傾向がある試験を設計しようとする，明らかなインセンティヴを持つだろう。たとえば，民主党員ならば共和党員を不均衡に排除する試験を設計しようとするかもしれないし，その逆も真だ。もしその試験が十分に効果的ならば，設計者は一時的な政治的多数派を長期的な実効的一党支配国家に変えられるだろう。

このシナリオは，国民の多くから選挙権を奪おうとするように見えるいかかる試みにも選挙人団が怒りを持って反応するであろう今日では，ほとんど危険になっていない[54]。しかし投票テストやその他の類似の選挙権制限が現実的な可能性である世界では，これは深刻な脅威になりうる。

専門家に権力を委ねる

政治的知識を持っている人々に政治権力を移譲するためのもっと政治的に現実的な方法は，選挙権だけはそのままにするが，可能な限り民主的過程から絶縁された，選挙によらない専門家にもっと大きな政策形成権限を移すことだ。これは連邦準備制度理事会とか合衆国最高裁判所といった制度の背後にある発想だ。いずれの組織のスタッフも，大きな権力をふるい，そして選挙政治からは少なくともかなりの程度まで遮断されている。

近年，最高裁判所判事のスティーヴン・ブライヤーやキャス・サンスティーンのような学者が，政治的な無知と不合理性の危険を軽減するための可能な方法としてこのアプローチに賛同した[55]。遮断された専門家に権力を移譲することへの賛否両論を完全に分析することは本書の範囲を超える。私はここでは，それは無知の問題を解決する万能薬にならないだろうと示唆するいくつかの短いコメントだけを述べておくにとどめる。

ある程度まで，このアプローチは第6章のおける私自身の議論に似ている。その議論は，広範な政治的無知は司法審査への反論を弱めるというものだったが，言うまでもなく司法審査は，遮断された専門家が民主的過程の決定を覆すことを認めるメカニズムだ。政府の大きさと範囲を考えると，複雑な現代国家

第7章 有権者の知識を向上させられるか？

の中で専門家へのかなりの程度の権限移譲は避けられない。しかし専門家の役割は司法審査の範囲をはるかに超えている。通常司法審査は判事が政府の他の部門の積極的行動を防止する権原を与えるだけで，判事自身が新たに重要な規制的政策を始めるわけではない[56]。

われわれは有権者の無知の問題への包括的解決案として「専門家支配」に賛成することには慎重でなければならない。一つの危険は，政治的無知のために，法律の中で定められる専門家への権力移譲の質が悪化しそうだということだ。民主政府においては，以後の政治的圧力から遮断される専門家へのいかなる権力移譲も，最初に立法府によって認められなければならない。明らかに，公衆の無知はその過程に影響を及ぼし，その結果，その移譲が元来果たすように意図された目的を実際には実現できないような移譲がたやすく生じうる。たとえばその権力移譲は，実際には大したことのない安全あるいは健康上のリスクを公衆が誇張して恐れた結果かもしれない。ブライヤーとサンスティーンが論ずるところでは，そのようなリスクを防止するためにまず専門家による介入が必要とされるというのだ[57]。

あるいはまた，専門家への権力移譲は利益集団のロビイングの結果かもしれない。彼らはその新しい組織を利用して自分たち自身の利益を公衆の犠牲の上で実現できる。これは経済学者が「レント・シーキング」と呼ぶものだ[58]。そのようなレント・シーキングは，政治的な無知と不合理性のために，利益集団が自らの利益のために世論を操作する機会の発生によって容易になる。サンスティーンとその共著者のティムール・クラン自身が示しているように，公衆の無知と認知的バイアスのために，時として利益集団と活動家は世論に影響を与えて，ありもしないか些細な健康のリスクのための支出を支持する抵抗不可能な政治的圧力を作り出す一方で，他のもっと深刻なリスクが放置されていることがある[59]。

これと密接に関係する問題は，圧力から遮断された専門家が権力を与えられた後になって「誰が監視人を監視するのか」というものだ。もしその監視をするのが選挙で選ばれた公務員ならば，政治的無知の問題がまた裏口からはいってくることになる。有権者はその選ばれた公務員が専門家を管理することを監視するために有能ではないだろう。有権者が有能でない原因はまさに，専門家

がそもそも絶縁されているべき理由なのだ。それにまた，専門家が政治的コントロールに服するということは，彼らが実際には結局は絶縁されていないということを意味する。その一方で，専門家が政治的報復を恐れずに自分の好きなことをできるような「余裕」を認められるとしたら，彼らが自分たち自身の目的追求と対立する公共の利益の保護のために自らの権力を使おうとするインセンティヴとして何を持つのか，それは明らかでない。

最後に，専門家の統制者も彼ら自身深刻な知識問題に直面する。よく知られているようにF.A.ハイエクが言ったことだが，彼らは自分が仕えようとする人々の真の選好を知ることができないかもしれない[60]。公衆衛生の専門家は飲酒や喫煙のリスクについておそらく私よりもよく知っているだろうが，私が一杯のビールを飲むことや一本のたばこを吸うことからどれだけの喜びを得るのを知っているのは私だけだ。その理由から，専門家も私の喫煙あるいは飲酒を制限しようとすることが私の福利を向上させるのか否かをたやすく語ることができない[61]。

これらの点は専門家支配にあまねくあてはまる決定的な批判ではない。特定の状況では，専門家を適切に拘束するインセンティヴを設計・実行できることもあるだろうし，別の状況では彼らに必要な自律を与えることができるだろう。政治的無知はそれがもたらす諸問題への特定の解決案を完全に排除するわけではない。しかしそれは解決案が持ちうる効果を確かに制限する。さらに，専門家支配に頼ることは，有権者の知識レベルを向上させようとする試みというよりも，民主的な統治支配そのものをなしで済ませようとするものだ ―― 少なくとも，専門家の統制者が決定する任務を持つ争点に関しては。

メディア改革

ある人々にとっては，政治的知識向上のための一番明白な方法は，メディアの政治報道を改善することだ。メディアが有権者に質量ともによりよい情報を与えさえすれば，おそらく有権者はそれを学んで，投票箱でよりよい選択を行うだろう[62]。

メディアの政治報道への批判はとても一般的で，その中には確かにもっとも

第 7 章 有権者の知識を向上させられるか？

なものがある。しかし政治的知識のレベルの低さをメディアのせいにするのは難しい。過去 30 年以上，24 時間放送のケーブルニュースとインターネットのために，メディアを通じた政治的知識の獲得はますます容易かつ安価になってきた。いくつかのメディア，特に C-SPAN ケーブル・ネットワークは選挙の「競馬」報道に加えて，公共政策の争点に関する長くて詳細な報道を提供しているが，これこそまさに多くの改革者が提唱するような種類の番組だ[63]。それにもかかわらず公衆の政治に関する知識は現実に全くあるいはほとんど上昇していない[64]。新しいメディアを使って自分の知識を向上させてきた人々は，第一次的には，政治にすでに強い関心を持ってきて他のソースから基本的な知識を得ていたであろう少数派のメンバーのように思われる[65]。さらに，もし政策の争点についてもっと詳細で実質的な報道への強い需要があるならば，それをもっと提供するような利潤追求のメディアがあってよさそうなものだ。

これらのことすべてが示唆しているのは，政治的知識のレベルが低いことの一次的原因は情報への需要の欠如であって供給の欠如ではないということだ。政府の機能が数多く複雑で，大部分の有権者が合理的に無知である世界では，政治的情報のうちわずか以上のものを取り込もうとして時間と努力を費やす人はほとんどいない。たとえその情報がメディアの源泉からたやすく入手できるとしても，そのことは変わらないだろう。この事情は大量のエンタテインメント系メディアが入手できることによっておそらく補強されている。そのメディアの多くは政治にあまり関心を持たない市民に対して，政治番組よりも訴えかけるところがある[66]。

これらの留保にもかかわらず，われわれはメディアの変化が政治的知識を向上させるかもしれないという可能性を完全に否定すべきではない。公営あるいは民放テレビ局が政治的争点を含む公共サービス番組にもっと多くの時間を割くように要請されている国々では政治的知識のレベルがもっと高いということを示唆する証拠もある[67]。しかしながら，そのような要請がほとんど存在しない合衆国とそれをもっと持っているヨーロッパ諸国との間の知識の違いは，国際ニュースの領域にある[68]。このことは，合衆国がヨーロッパのもっと小さな国々よりも歴史的に島国的な文化を持っているので，そのような大国では国際的事件への関心が低いという事実の自然な結果だろう。

メディア改革

　それだけではない。政治的ニュースをもっと広範にメディアが報道するように要請する法律は，制度化された熟議と同じ制約のいくつかに直面する[69]。ニュース報道が，現代の政府の支配している数多い争点のほんの一部以上にわたることは難しい —— 少なくとも，市民が見ると期待される報道の量が現実的なレベルにとどまる限りは。

　さらに，何が適切なニュース報道として認められるか，そしておそらくまた，たくさんの政治的争点の中でどれが他の争点よりも多くの報道を受けるべきかは，政府が決めることになるだろう。そのような決定は，公立学校における政治教育の場合と同様，世論の教化と操作への明白な機会を生みだす[70]。これらの考慮は，公的資金を受けるメディアに一層大きな政治的役割を割り当てようとする提案について一層強くあてはまる[71]。そのようなメディアは私的な資金によるメディアよりもさらに政府の圧力を受けやすい。

　指令された公共サービス番組は，もしそれを選んで見る有権者がほとんどいなければ，政治的知識の向上にあまり役立たない，ということも指摘するに値する。他にたくさんのエンタテインメントの選択肢がある現代のメディアの環境の中で，それは現実的な可能性だ。一番政治に関心のない人々 —— それは政治的知識のレベルが最低の人々である傾向がある[72] —— は，特に「硬い」ニュースよりもエンタテインメントを好みそうな人々でもある[73]。

　公共サービス番組の指令も，メディア報道のその他の変更も，政治的知識のレベルを実質的に向上させるということはありうるが，少なくともこの点でそのような結果は起きそうもない。政治への無知の根本的な原因は情報の供給不足ではなくて需要の不足だ。

　それにもかかわらず，将来のテクノロジーのブレークスルーがメディアを通じた政治的学習を顕著に向上させるかもしれない。それが特に起きそうなのは，将来のテクノロジーのおかげで新しい情報の吸収が現在よりも少しの時間と努力で可能になるとした場合だ。合理的に無知な有権者は政治に関する学習に費やそうとする資源を制限し続けるかもしれないが，情報テクノロジーがもっと発達したために，彼らは現在以上に努力しなくてももっと多くのことを学べるかもしれない[74]。

　新しいテクノロジーが合理的無知の壁を破るためには，この数十年してきた

第 7 章　有権者の知識を向上させられるか？

ように一層多くの情報を一層低いコストで作り出すだけでは足りない。すでに入手できる膨大な情報を市民が学び，理解し，評価することが，一層容易に，そして時間をかけずにできるようにしなければならない。さもなければ，将来のブレークスルーは前世紀のそれと同様に政治的知識のレベルを向上させないかもしれない[75]。正しい種類のテクノロジー的進歩が起きるまでは，メディアの政治報道における変化が政治的知識のレベルを大きく向上させないだろう。

この点のよい例証となるのが「予言市場（prediction markets）」——人々が政府と公共政策について賭けをすることを可能にする市場——だ。賭け手は大きな配当を得るために正しい予言をする強いインセンティヴを持っているから，このような市場は，別々の政策の選択肢のもたらしそうな効果について有用な情報を有権者と政策決定者にたくさん与える可能性がある[76]。同様にして，伝統的な株式市場は別々の産業と会社の将来の成功について価値ある情報を与えることができる。

だがかりに予言市場が上質の情報を無料でたやすく提供しても，合理的に無知な有権者はそれに全くあるいはほとんど注意を払わないかもしれない。それはちょうど，彼らが現在他の源泉から得られる膨大な情報を無視しているのと同様にだ。データが入手できたこの数年間にわたって，有権者のごく一部以上が予言市場に注意を払ってきたという証拠はどこにもないし，予言市場のデータは選挙へのインパクトをほとんど持ってこなかった。予言市場にいくらかの注意を払う有権者も，その結果をほとんど客観的には評価しないかもしれない——合理的不合理性のおかげで。

政治的無知は，予言市場が機能すること自体さえも困難にする。公衆の大部分が予言市場のことを知らないかその価値を理解しないことが部分的には原因になって，最大の予言市場サイトの一つであるイントレードへの 2012 年 12 月合衆国政府の取り締まりに対して，抗議の声がほとんどあがらなかった。商品先物取引委員会はイントレードに対して，アメリカ人からの賭けを引き受けることを止めさせたのだ[77]。皮肉なことに，政治的無知は時間がたつにつれてそれ自体を追い払ってくれるかもしれないテクノロジーの発展を自分で妨げることになりうる。

だからといって予言市場が無用だというわけではない。人々はやはりその

データを使って民間セクターでの決定をしたり，州や地方の政府の間で「足による投票」をしたりすることができる。これらの状況では，合理的無知が問題になる程度がずっと小さい[78]。予言市場のデータはまた，政府の公務員や政策専門家によって利用されてよい効果をもたらしうることもある。だがそれは有権者の無知という問題への解決になりそうもない。

有権者の学習に対して金を払う

　これまでの節で述べてきた戦略はすべて政治的無知の軽減のための努力に関する文献の中で以前からおなじみの主流だったが，通常見過ごされている，別のもっと単純な選択肢がある。それは有権者に対して彼らの知識を増大させるように金を支払うことだ。政治的知識の試験に合格しない市民に選挙権を否定する代わりに，政府は試験の合格者に金銭的報賞で酬いることもできる。このアプローチは，市民がさもなければ持たないような政治的情報を獲得しようとする個別的インセンティヴを彼らに与えるだろう。これは実際上，政治的知識の獲得を「ペイ」させることで合理的無知の根本を断とうとするものだ。

　アーサー・ルピアとマーカス・プライアによる 2008 年の研究が示すところでは，基本的な政治的知識の試験において正答ごとにわずか 1 ドルを実験の被験者に支払うことで，結果が顕著に向上した[79]。回答者が即座に回答しなければならなかった時でさえ，このインセンティヴは正答率を 11 パーセントも増加させた[80]。回答者に金銭的インセンティヴとともに回答まで 24 時間の余裕を与えると，その増加は 24 パーセントになった[81]。

　この論文の著者たちは，この実験は政治的知識の慣習的計測が有権者の知っている情報の真のレベルを過小評価していることを示すものだ，と論じている。だが彼らの証拠が現実に支持しているのは，それとは反対の結論だ。現実世界の有権者は自分の政治的知識を増加させるインセンティヴを与えられていないし，一般に政治的情報を探るために多くの時間を費やしたりもしない。ルピアとプライアの実験は，諸個人が情報を得るための金銭的インセンティヴを与えられると有権者の知識は増大すると証明することによって，実際には合理的無知の理論を支持している。

しかしそれはともあれ，彼らの研究のもっと興味深い含意は，小さな金銭的インセンティヴであっても政治的知識に有意義なインパクトを持ちうるということだ。明らかに，市民全体における知識の大きな増大をもたらすために一体どれだけ大きな支払いがなされねばならないのかをわれわれは知らない。さらなる調査が確かに必要だ。

市民に対して彼ら自身の政治的知識を増大させるように金を支払うことは，政治的無知を軽減するために少なくとも有効かもしれない方法だ。それと同時に，いくつかの警告をしなければならない。第一に，現代の政府が取り組んでいる争点の全体について市民が十分学ぶように効果的なインセンティヴを与えることは，難しいかあるいは不可能なほど費用がかかるかもしれない。第二に，情報をあまり持たない人々を選挙権から排除する投票試験と同じように，金銭的インセンティヴつきの試験もまた現職の議員の是認を受けなければならない。これはすでに論じた排除のための有権者知識試験に伴うのと似た操作の機会をたくさん生みだすだろう[82]。

市民に対して彼ら自身の政治的知識を増大させるために金を支払おうという提案は，必ず世論の反対を受けそうだ。人々が自分の「公民的義務」をよりよく果たすように彼らに金を払うという発想は，人気を得られそうもない。ここでもまた，政治的無知がそれ自身の軽減への大きな障害になる。だがそれと同時に，公衆は陪審への参加のような他の公民的義務の遂行については人々に金を支払う必要があると受け入れるに至っている。有権者がもっと情報を持つために金を支払うという発想についても，世論は徐々にそれを受け入れられるだろう。

これらの警告と疑念にもかかわらず，金銭の支払いは少なくともさらなる考察と研究を受けるに値する提案だ。将来の研究が，多様な争点において，また人々の中の特定の集団内部で，政治的知識の向上のためにどれだけのインセンティヴが必要とされるかの確定を試みることができよう。

政治的知識の向上のための限られた展望

全体として，近い将来における政治的知識の大幅な向上の展望は相対的に見

込み薄なようだ。政治的知識のラディカルな向上をめざす主要な諸提案は，効果的でないか，政治的に実現不可能か，あるいはその両方であるようだ。教育政策やメディア・テクノロジーやその他の領域におけるブレークスルーがこの大体において悲観的な予想を覆すということはありうるが，今のところ，政治的無知の問題は長い間われわれから離れないだろうと思われる。

　それだからといって，われわれが政治的知識を向上させようという努力をすべて捨てるべきだということにはならない。たとえ大きな改善が不可能でも，ささやかな進歩はやはり追求に値する。たとえば，小規模な熟議的投票は政治的知識を少しは向上させるかもしれない。同様に，ある程度知識を向上させるような，学校カリキュラムやメディアによる政治報道における改善をいくらかでも実現できるかもしれない。もっと長期的には，有権者に対して彼らの政治的知識の向上のために選択的なインセンティヴを与えることが可能になるかもしれない。これは今日ではラディカルな発想だが，他の公民的義務の遂行について市民に金を支払うのと根本的に違うわけではない。

　それと同時に残念な現実は，われわれは予見可能な将来において政治的知識の大幅な向上を何ら期待できないということだ。われわれははるかに大きな情報を持った選挙人団を作り出すのではなしに，現在の選挙人団を一番よく付き合っていかなければならない——少なくともかなりの間は。

結　論

　　自由主義者は民主主義がそれ自体に制限を課すことを望むが，その制限が……多数者が政府の行動を本当に指揮し，管理しうる制限であると信じている。

　　民主主義はおそらく制約された政府の最善の形態であろうが，もしそれが無制約な政府に変質するなら馬鹿げたものになる。民主主義が全能であると公言し，どのような特定の時点においても多数者の望むものをすべて支持する人々は，民主主義の崩壊のために働いていることになる。
　　——F.A. ハイエク[1]

　本書の中心の議論は，広範な政治的無知は民主政にとって深刻な問題であって，それは重要な政策決定を行う手段としての現代民主主義国家の有効性への信頼を低める，というものだった。それはまた，現代の選挙人団が民主主義理論の要請にいくらかでも応えているかも疑問にさらした。
　私の分析が民主政にとって持つ含意のすべてが否定的なわけではない。有権者の無知は，選挙人団の直面するものが明白で認識しやすい政策の失敗であって，それが容易に（そして正しく）現職の公務員の責任に帰することができるときには深刻な問題にならないだろう。そのような状況では，おおむね無知な有権者でも，責任を負う指導者を効果的に選挙で罰することができる[2]。これは民主主義が権威主義に勝る大きな長所だ。後者の下では政治的指導者が大失敗や暴政を働いても権力を失わずに逃げ切ることがよくある。しかし現代の民主政では，飢饉や政府がその人民に対して行う大量殺人ほど明確な公共政策上の争点はごく少ない。
　全体として，政治的無知の危険を認識すれば民主的統治についてもっと悲観

的になり，市場や市民社会や分権化された政治制度の支配にもっと多くの決定を委ねようという気になるはずだ。そこでは市民は「自分の足で投票」することができる。いかなる状況でも，政治的無知の存在はわれわれを政府の介入についてもっと懐疑的にさせるはずだ。政治的無知はまた，政府の権力の憲法による制限や司法審査によるその実現を支持する議論を強めることもする。

それと同時に，政治的無知の存在はそれ自体で絶対的なリバタリアニズムを正当化するわけではないし，政府の適切な大きさと範囲に関するいかなる他の理論を正当化するわけでもない。いかなるケースでも，対立する諸考慮が政治的無知の危険をしのぐということはありうる。市場の失敗の中には，政治的無知が助長するような政治的失敗よりもなお悪いものがある。

しかしながらこれらの反対の諸要因の重要性が失われないとしても，それは政治的無知のインパクトに照らして検討されねばならない。ある権力が民主的政府に委ねられるべきだという結論を出す前に，その権限が政治的な無知と不合理性の影響にもかかわらず効果的に行使されうるか否かを考えることが重要だ。十分情報を持った選挙人団が監視するならば民主的政府がうまくやれるが，選挙人団が相対的に無知ならば成功しないだろう，というような任務が存在するだろう。

十分な情報がある有権者を持つ政府ならば，全体として自由貿易政策をとりながらも，本当に経済全体を改善するようないくつかの保護主義的手段だけは局所的に実施するという，大部分の経済学者が推奨する[3]ことができるかもしれない。しかし公衆が基本的な経済学を知らず，そして強い「反外国」バイアスを持っている[4]ということを考えると，選挙で選ばれた公務員が貿易障壁を作る権力は，排除するか大幅に制限することが賢明だ。

政治的無知の最後の欠点は，それ自身の軽減への障害となるということだ。政治的知識を向上させる政策の実施を政治的無知がいかにして困難にするか，われわれはそれを第7章で見た。合理的に無知あるいは不合理な有権者はまた分権化や政府権力の制限のような政策にも反対するかもしれないが，これらの政策が実行されれば，政治的無知によって影響される決定の範囲は減少するだろう。この悪循環を軽減できる方法を考えることは，将来の研究の重要な目標になりうる。

結　論

　もし政治的無知が合理的であって、それが理由で大部分の有権者はあまり政治について知ろうとしないとしたら、予見可能な未来にわたって民主政は広範な政治的無知と共存していかなければならない。難問はこの無知がもたらす害悪を最小限にする方法を見つけることだ。

公共政策への含意

　政治的無知が広く行きわたっているということは、いくつかの重要な政策への含意を持っているが、そのうちのいくつかしか本書では詳しく考察できなかった。一つの含意は、それは投票率を上げようという努力に反対するということだ。投票率の上昇が望ましいということは、アメリカ政治の中でほとんど疑われることのない、二大政党のいずれも支持する通念だ。しかし投票率の上昇は選挙人団の平均的な知識レベルを引き下げて、政治的無知がもたらす危険を悪化させるかもしれない。このことは、投票率を向上させようとする努力はすべて間違いだということを証明するものではない。たとえば、1960年代までの南部の黒人のように、敵対的な多数派によって政治から組織的に排除されていた集団の中で投票率を上昇させようとすることは合理的だ。しかしながらその他の状況では、投票率の大幅な上昇は選挙人団の平均的知識レベルを下げるだけかもしれない。

　政治的無知の広範な存在が政策について有する第二の含意は、単純で透明な政策と制度の方が複雑なものよりも有権者にとって監視しやすいということだ。第4章で論じたように、よく見えやすい問題が現職者の政策にたやすく結びつけられる状況では、回顧的投票が効果的な情報ショートカットになりうる。だが問題になっている政策が複雑になればなるほど、そして政策の結果との関係が間接的になればなるほど、回顧的投票は困難になる。

　複雑な政策提案もまた有権者にとって大変評価しにくい。たとえば2009年9月の調査によると、アメリカ人のわずか37パーセントしかオバマ大統領のヘルスケア改革案を「理解している」と言わなかった[5]——その案は数カ月にわたってメディアをにぎわせていたという事実にもかかわらず。この案が大変複雑だったために、合理的に無知な有権者はその長所を十分な情報をもって

公共政策への含意

評価できるほど理解することが難しいか不可能だった。

だからといって単純な政策が常に最善だというわけではない。ある程度政策が複雑であることは避けられない。しかし政策の複雑さと有権者の理解との間の比較考量では入念な重みづけが必要だ。

おそらく政治的無知の広範な存在の一番重要な含意は，それが投票箱による投票よりも足による投票を支持する議論を強化するということだろう。足による投票は政府機能を州や地方の政府に分権化することによって，あるいはもっと多くの争点をはじめから政府の外で決定することによって，容易になる。投票箱による投票に比べると，足による投票は情報獲得についてもその情報の合理的評価についても，はるかに強いインセンティヴを作り出す。

特に短期的には，政府のすべての機能を完全に分権化することは可能でもなければ望ましくもない。それでも，合衆国の大きさのほんの一かけらくらいしかないにもかかわらずよく機能しているように見える小さな民主主義国はたくさんある。その中にはスイス，ルクセンブルク，リヒテンシュタイン，デンマークがあり，これらは世界でもっとも成功している民主主義国に含まれる。スイスの場合，核心的な政府権力の多くはカントンに移譲されているが，その大部分はアメリカの小都市よりも大きくない[6]。

もし規模の経済や他の要素が原因で，重要な政府機能は大規模に営まれなければならないとしたら，今あげた国々は世界でもっとも繁栄し成功している――どの国も特別自然資源に恵まれているわけでもないのに――民主主義国の中にはいらなかっただろう[7]。これよりもっと組織的な調査も，大きな民主主義国の方が小さな民主主義国よりもよく機能するということを見いだしていない[8]。小さな民主主義国が成功しているという事実は，合衆国のような巨大な民主主義国は多くの政府権力を分権化することで足による投票の利点を活用しても，規模の経済やその他の利点をあまり犠牲にしなくてすむ，ということを示唆する。

残念なことに，政治的無知はそれ自体のインパクトの軽減に役立つかもしれないような政府権力の分権化と制限に対する重大な障害になるかもしれない。たとえば経済学者のブライアン・キャプランは，有権者は強い「反市場バイアス」を持っていて，そのために有権者は政府による規制の減少の多くに反対す

結論

るということを見いだしている[9]。

　政治的無知の問題が自己実現の性質を持っているということからすると，読者は本書のような書物に一体目的があるのかと思うかもしれない。政府の制限と分権化を支持する議論がかりに正しいとしても，合理的に無知な有権者は他の重要な情報の多くと同様にそれをたやすく無視できるだろうから。

　この挑戦は深刻なものだ。それにもかかわらず，慎重な楽観主義をとるべき理由がある。いくつかの国々の過去の経験から，現代の民主主義国ではかなりの自由化と分権化が実現できるということがわかる。たとえば1980年代と1990年代にニュージーランドはその経済における政府の役割を大幅に減少させ，その結果空前の繁栄を達成した[10]。1985年から1995年までにアイルランドはケイトー研究所とフレイザー研究所の「経済的自由」ランキングで6.1から8.6に上昇したが[11]，これは10点満点の評価では大躍進だ。1990年代と2000年代前半には，リベラル左派のカナダ政府も政府支出の大規模な削減をやり遂げた[12]。数十年間にわたってスイスは高度に分権化された——そして高度に成功した——連邦国家だ。

　アイルランドもニュージーランドもスイスもすべて，ケイトー研究所＝フレイザー研究所の経済的自由指数において2007年の時点で合衆国をしのいでいた。2008年に始まった金融危機と不況の結果，連邦政府が支出と規制を大幅に増やす前からそうだったのだ[13]。カナダの順位は合衆国と統計上変わらなかったが，それ以来上位に立った[14]。

　これらの例は，現代の民主主義国で政府の大きさと範囲と中央集権化を実質的に減少させることは，しばしば政治的に困難だとしても少なくとも可能だ，ということを示唆する。合理的に無知な有権者が政府の主要機能をすべてたやすく理解できる程度にまで政府を縮小することは不可能かもしれない。しかしその仕事をいくらかでも容易にすること，そして投票箱による投票の代わりに足による投票によって行われる決定の範囲を増加させることは，少なくとも可能だ。それと対照的に，われわれが政治的知識を大幅に向上させることができるという証拠はほとんどない。

　調査が示すところでは，合衆国ではブライアン・キャプランの言う「反市場バイアス」と政府へのかなりの疑念とが共存している。2010年のワシントン

ポスト/ABCニュース調査によると，アメリカ人の58パーセントは（38パーセントが支持する）「より多くのサービスを行う，より大きな政府」よりも「より少ないサービスを行う，より小さな政府」を選んだ[15]。過去20年間にわたって，この問題では「より小さなサービスを行う，より小さな政府」が一貫して過半数の支持を受けている[16]。同様にして，2009年8月のギャラップ調査によるとアメリカ人の57パーセントは「政府は個人とビジネスに任せるべき事柄をあまりにも多く行おうとしている」と信じていた[17]。民主党が重要な勝利を収めた2012年11月の大統領選挙の日でさえ，CNNの出口調査によると有権者の51パーセントは，政府は民間セクターに任せるべき事柄を「あまりに多く」行っていると答えた。それに対して，政府は諸問題の解決のために「もっと多く」のことを行うべきだと言ったのは43パーセントだった[18]。

このような一般的な反政府感情の一方で，政府による干渉の多くの特定のタイプには強い世論の支持がある。たとえばピュー研究財団が2011年7月に行った広範な調査によると，公衆の大部分は最大の連邦支出のうちの二つであるメディケアと社会保障の給付削減に反対した[19]。ここでの問題は，政府の大きさと範囲の大幅な削減がたやすく実現できるとかすぐにも起きるだろうということではない。そのいずれも真ではない。私が言いたいのは単に，その削減は政治的知識の大幅な上昇よりもおそらく実行しやすいだろう，ということだけだ。

分権化と政府規模の削減は，政治的エリートか有権者のうち特に知識を持っている人々かを説得することによって，いくらか実現できるかもしれない。政治的無知が広範に存在するため，これらのグループは世論からのある程度の自律と「余地」を持っている[20]。

しかしあまり知識を持っていない一般公衆さえ，一般的な民営化と分権化を徐々に支持するようになるかもしれない。少なくとも，数多い政府のプログラムに関する有権者の知識を向上させて，現在の規模の政府の行動を実効的に監視できるようにするために必要な膨大な時間とエネルギーを投資するよりも，合理的に無知な有権者を説得して政府の一般的削減を支持させる方が容易だ。もし一貫して行使されるならば，政府への疑念と不信は有用な情報ショートカットとなりうる――特に，自分の知識と投票箱における判断の限界を意識し

ている有権者にとっては。時間がたてば，本書で述べたような議論はもっと多くの人々にそれらの限界を意識させる役に立つかもしれない。

民主的参加の諸理論への含意

　政治的無知の問題は民主的参加の規範理論にも含意を有する。特に重要なのは，参加の量と質との間にはトレードオフがあるということだ。この問題には二つの次元があって，それは政府の行動計画に関する争点の数と，民主的過程に参加する人々の数だ。有権者が考慮しなければならない争点が多ければ多いほど，有権者が情報を持って投票するために必要な情報を獲得し合理的に評価する確率は小さくなる。同様にして，投票権を持つ人々の割合が大きくなればなるほど，政治への関心が相対的に小さく政治的知識のレベルが低い人々の割合が大きくなる。

　このことは成人による普通選挙が望ましくないということを意味するわけではない。第7章で論じた理由から，選挙権の制限によって政治的無知を緩和しようとすることは危険かもしれない。しかしながら同時に，普通選挙権は高いレベルの政治的知識を実現することを一層難しくする。

　経験的証拠が示唆するところでは，政治参加に関する相対的に穏健な理論——回顧的投票理論のようなもの——が選挙人団に要求する政治的知識のレベルさえ，達成することは極めて困難だ[21]。この現実に照らすと，熟議民主主義のようなもっと厳しい理論が要求するずっと高い知識のレベルの達成は不可能だろう。これらの理論は高いレベルの事実的知識を要求するだけでなく，有権者が自分の持つ情報の評価にあたってかなりの洗練を示すことも求めている[22]。不幸なことに熟議民主主義の提唱者たちは，広範な合理的無知と不合理性という特徴を持った選挙人団を対象としてその理論がいかにして実現されうるのかを説得的に説明してこなかった。少なくとも予見できる未来において，熟議民主主義は現実的な可能性ではなさそうだ。合理的な無知と不合理性の結合が熟議の理想に対する強力な障害となる。

　しかしながら，重要な社会的決定に際して質の高い熟慮を達成することはやはり可能かもしれない。第5章で論じたように，足による投票者は情報を獲得

してそれを理性的に分析するインセンティヴを投票箱の投票者よりもはるかに強く持っている。足による投票者が行う熟慮による決定は，政治哲学者のもっとも厳しい要請を満たさないかもしれない。しかし足による投票は投票箱の投票者の選択よりもそれに近づいている[23]。逆説的なことだが，民主的熟議を改善する最善の方法は，それに頼る程度を小さくすることなのかもしれない。

民主政の未来

　将来のテクノロジーや経済の発展が政治的知識の大幅な向上をもたらすということは想像可能だ。しかしこれまでのところ，政治的な無知と不合理性はテクノロジーの変化によってもほとんど減少していない。ラジオ，テレビ，そして最近ではインターネットが登場して，政治的情報はそれまでよりもたやすく入手できるようになった。教育レベルとIQの向上も有権者にとって知識の獲得を容易にしてきた[24]。それでも過去数十年にわたって，政治的知識のレベルは向上しているとしてもわずかに向上したにすぎない[25]。また有権者が自分の持っている知識を利用する際に一層理性的になってきたと信ずべき証拠もない。供給よりも需要の限界の方が，政治的無知の一番重要な原因だと思われる。

　過去4年間以上，最近の金融危機と不況への政治的対応は政府の大きさと範囲を大幅に増大させてきた。政治的知識のレベルが向上して，その対応が有権者に課す情報の負担の増大に追いつくかどうか，それを語るのはまだ早すぎる。しかしながら過去の経験は楽観主義を支持するものではない。

　政治的無知にもかかわらず，民主政は独裁政のような競合する統治システムに勝る多くの長所を保持している[26]。だがそれでも，政治的無知は民主的統治の深刻な弱点であることをおそらくやめないだろう。われわれはその弱点を完全に排除できそうにないが，社会における政府の役割を制限し分権化することでその危険を減少させられる。

　もっとも少なく統治する政府があらゆる点で常に最善だということはない。しかしそれは政治的無知に対して一番抵抗力のある民主政の形態だ。政府への民主的コントロールは，コントロールされるべき政府が小さくなれば，一層うまく機能するだろう。

補　遺

2000 年 ANES 調査における政治的知識の相関関係

変数	非標準化係数	標準誤差	標準化係数	T-検定	有意
定数	−2.555	.770		−3.318	.001
地域（南部＝1）	−.351	.285	−.024	−1.229	.219
テレビニュースを見る（1週間あたりの日数）	.127	.053	.050	2.391	.017
新聞（1週間あたりの日数）	.114	.049	.047	2.312	.021
年齢（6ポイント・スケール）	−2.987E-02	.107	−.006	−.280	.780
教育（7ポイント・スケール）	1.289	.101	.292	12.818	.000
フルタイム労働（週30時間以上）	−.658	.314	−.045	−2.099	.036
家計内の労働組合員数	−2.490E-02	.380	−.001	−.066	.948
家計収入（5ポイント・スケール）	.849	.164	.119	5.193	.000
人種（黒人＝1）	−1.522	.454	−.065	−3.353	.001
ヒスパニック（ヒスパニック＝1）	−1.440	.647	−.042	−2.227	.026
性別（女性＝1）	−2.284	.282	−.160	−8.112	.000
投票以上の政治的活動（9ポイント・スケール）	.348	.122	.059	2.847	.004
政治的トーク・ラジオを聞く（4ポイント・スケール）	.461	.116	.077	3.969	.000
インターネットで選挙ニュースを見る	.701	.321	.046	2.184	.029
外的有効感（External Efficacy）（10ポイント・スケール）	7.414E-02	.062	.024	1.193	.233
政治への関心（9ポイント・スケール）	1.390	.091	.359	15.362	.000

注：OLS 回帰，　N=1,349；　自由度調整済みの決定係数＝0.538．
従属変数：政治的知識（30ポイント・スケール）

注

序論

1) James Madison, "Letter to William T. Barry, Aug. 4, 1822," in *Writings*, ed. Jack N. Rakove (New York: Library of America, 1999), 790.
2) 表 1.1. を見よ。
3) Ibid.
4) Siegel-Gale survey, September 18, 2009, http://www.siegelgale.com/media_release/new-poll-americans-still-confused-by-president-obama%E2%80%99s-health-care-plan/. この数値はおそらく真の知識レベルを過大視している。なぜなら多くの回答者は自分の無知を認めたがらないからだ。
5) Rassmussen Reports, "Toplines—Cap & Trade I—May 7‐8, 2009," http://www.rasmussenreports.com/public_content/politics/toplines/pt_survey_toplines/may_2009/toplines_cap_trade_i_may_7_8_2009.
6) Ibid.
7) 第 1 章を見よ。
8) リンカーン「ゲティスバーグ演説」。
9) たとえば Charles Beitz, *Political Equality: An Essay in Democratic Theory* (Princeton, NJ: Princeton University Press, 1989); Thomas Christiano, *The Rule of the Many* (Boulder, CO: Westview Press, 1996) を見よ。
10) たとえば Richard J. Arneson, "Democracy Is Not Intrinsically Just," in *Justice and Democracy: Essays for Brian Barry*, ed. Keith Dowding, Robert Goodin, and Carole Pateman (New York: Cambridge University Press, 2004), 40‐58 を見よ。
11) Jason Brennan, *The Ethics of Voting* (Princeton, NJ: Princeton University Press, 2011); Jason Brennan, "The Right to a Competent Electorate," *Philosophical Quarterly* 61 (2011): 700‐24 を見よ。
12) Robert H. Bork, *The Tempting of America* (New York: Free Press, 1990), 139.
13) H. L. Mencken, *A Little Book in C Major*, (New York: John Lane, 1916), 19.
14) John Stuart Mill, *Considerations on Representative Government* (Indianapolis: Bobbs-Merrill, 1958 [1861]), 154‐55 [ミル『代議制統治論』(岩波文庫, 1997 年) 256 ページ] (強調を加えた。) ミルと似た議論を今日行うものとして、Brennan, *The Ethics of Voting* を見よ。
15) たとえば, Mancur Olson, *The Logic of Collective Action* (Cambridge: Harvard University Press, 1965) [オルソン『集合行為論』(ミネルヴァ書房, 1996 年)]; James M. Buchanan, *The Demand and Supply of Public Goods* (Indianapolis: Liberty Press, 1999 [1968]) [ブキャナン『公共財の理論』(文眞堂, 1974 年)]; Paul A. Samuelson, "The Pure Theory of Public Expenditure," *Review of Economics and Statistics* 36 (1954): 387‐401 を見よ。

注（序論）

16) George Akerlof, "The Market for Lemons: Quality Uncertainty and the Market Mechanism," *Quarterly Journal of Economics* 84 (1970): 488‒500 を見よ。
17) 有権者は保護貿易主義の経済的利益を体系的に過大評価しているという証拠は，Bryan Caplan, *The Myth of the Rational Voter: Why Democracies Choose Bad Policies* (Princeton, NJ: Princeton University Press, 2007), 50‒52［キャプラン『選挙の経済学』（日経BP出版センター，2009年）］を見よ。
18) たとえば James L. Stimson, *Tides of Consent: How Public Opinion Shapes American Politics* (New York: Cambridge University Press, 2006); Stuart N. Soroka and Christopher Wlezien, *Degrees of Democracy: Politics, Public Opinion, and Policy* (New York: Cambridge University Press, 2009); Robert Erikson, et al., *Statehouse Democracy: Public Opinion and Policy in the American States* (New York: Cambridge University Press, 1993); Lawrence R. Jacobs, *The Health of Nations: Public Opinion and the Making of American and British Health Policy* (Ithaca: Cornell University Press, 1993); Benjamin Page and Robert Shapiro, *The Rational Public* (Chicago: University of Chicago Press, 1992) を見よ。
19) 第2章，第6章を見よ。
20) 回顧的投票に関する第4章の議論を見よ。また R. Douglas Arnold, *The Logic of Congressional Action* (New Haven: Yale University Press, 1990), 48‒51, 72‒74 も見よ。
21) 第3章の議論を見よ。
22) たとえば F. A. Hayek, "The Use of Knowledge in Society," *American Economic Review* 4 (1945): 519‒30［「社会における知識の利用」『ハイエク全集3 個人主義と経済秩序』（春秋社，1900年）］; Jeffrey Friedman and Wladimir Kraus, *Engineering the Financial Crisis: Systemic Risk and the Failure of Regulation* (Philadelphia: University of Pennsylvania Press, 2011) を見よ。
23) たとえば David Schultz, *American Politics in the Age of Ignorance: Why Lawmakers Choose Belief Over Research* (New York: Palgrave Macmillan, 2012) を見よ。
24) Jennifer Tolbert Roberts, *Athens on Trial: The Antidemocratic Tradition in Western Thought* (Princeton, NJ: Princeton University Press, 1994), 48‒92 を見よ。古代アテナイの民主政は無知の問題を克服できたと示唆する最近のすぐれた議論として Josiah Ober, *Democracy and Knowledge: Innovation and Learning in Classical Athens* (Princeton, NJ: Princeton University Press, 2008) を見よ。私はアテナイがこの点で相対的に成功したのは現代の民主政が持たない利点のおかげだと論じた。Ilya Somin, "Democracy and Political Knowledge in Ancient Athens," *Ethics* 119 (2009), 585‒90, available at Social Science Research Network, http://papers.ssrn.com/sol3/papers.cfm?abstract_id=1428612. を見よ。
25) プラトン『ゴルギアス』。偉大な歴史家トゥキュディデスは民主主義の失敗の責任を民衆の無知に帰している。彼の信ずるところでは，それこそがペロポネソス戦争中の紀元前415年のシケリア遠征の決定――アテナイ史上最悪の敗北に至り，その軍隊の大部分の喪失と最終的にはアテナイ帝国の滅亡をひき起こした決定――に責任を負う。彼によれば，市民＝投票者は「この島の大きさ」とシュラクサイとその連合軍の強さを知らなかったためにシケリア遠征を始めた。トゥキュディデス『歴史』6.1.1.
26) アリストテレス『政治学』III .xi.
27) 同上 III .iv‒v.

注（序論）

28) マディソン『ザ・フェデラリスト』第63論文。
29) Mill, *Considerations on Representative Government*, 140‐42.
30) Vladimir I. Lenin, *Chto Delat?*［レーニン『何をなすべきか？』］(Moscow: Lenin Institute, 1925 [1902]), chs. 2‐4.
31) Adolf Hitler, *Mein Kampf*, trans. Ralph Mannheim (New York: Houghton-Mifflin, 1971), 180［ヒトラー『わが闘争　上巻』(角川文庫, 1973年) 260ページ］.
32) 第4章で論ずる文献を見よ。
33) Benjamin Barber, *Strong Democracy* (Berkeley: University of California Press, 1984)［バーバー『ストロング・デモクラシー』(日本経済評論社, 2009年)], 234.
34) 要約として, Morton H. Halperin, Joseph T. Siegle, and Michael M.Weinstein, *The Democracy Advantage: How Democracy Promotes Prosperity and Peace*, rev. ed. (New York: Routledge, 2010), chs. 1‐2を見よ。
35) Ibid.
36) 第4章の議論を見よ。
37) Ibid.
38) 2007年5月のGallup調査によれば, 35パーセントのアメリカ人が同性愛は「教育と環境」が原因だと信じており, 42パーセントがそれは「生まれつき」の状態だと（正しく）答えた。前者の回答者の方が, 同性愛は道徳上受け入れることができず同性間の性交は法律に反すると信じる傾向がずっと強かった。後者の回答者のうち78パーセントが, 同性愛は「受け入れられるオルターナティヴなライフスタイル」だと信じる一方, 前者のグループの中でそう信じている人は30パーセントにすぎなかった。 Gallup Poll, May 10‐13, 2007.
39) Laurence H. Tribe, *Abortion: The Clash of Absolutes* (New York: Norton, 1991) を見よ。
40) 重要な政治的見解の相違の大部分は事実に関する争いに基づくということを示す証拠を最近サーヴェイするものとして, Michael Murakami, "Paradoxes of Democratic Accountability: Polarized Parties, Hard Decisions, and No Despot to Veto," *Critical Review* 20 (2008): 91‐114 を見よ。
41) 上記の論文とMorris Fiorina, *Culture War? The Myth of a Polarized America*, 3rd ed. (New York: Longman, 2010) を見よ。
42) ある推定によると, 最高裁判所が1973年に全国的に中絶の合法化を強制する前, 毎年100万人に上る女性がブラックマーケットで中絶を受けていた。Tribe, *Abortion*, 140. 中絶反対派の人々の中には, たとえこの問題を知っていても中絶の禁止を支持したであろう人も多かったかもしれない——そうでない人々もいただろうが。しかし巨大なブラックマーケットが存在するということは, いかなる種類の中絶反対政策を取るべきかにとって確かに重要なはずだ。それは中絶を不道徳だと考える人々の観点からも変わらない。
43) Ian Shapiro, *Democracy's Place* (Ithaca: Cornell University Press, 1996), 9. シャピロは, 民主政は「帰結主義的根拠」によっても弁護されねばならないと付け加えてこの主張を限定しているが, そうだとすると民主政の結果を評価する外的基準が結局は存在することになりそうだ。ところがそれから彼は, 「問題になっている帰結の望ましさに**議論の余地がある**」状況でいかなる政策を取るべきかを決められるのは民主的手続だけだと示唆すること

注（第1章）

によって，その制限を掘り崩している。おそらくそのような状況は，人々の意見が異なりそうな政治的争点のすべてを実際上含むだろう（同上）。外的基準によって民主政を評価する可能性を同じようにして斥けるものとして Barber, *Strong Democracy*, 117‒18 を見よ。そのような議論に対する別の批判として，Caplan, *Myth of the Rational Voter*, 187‒89 を見よ。

44）民主政を外的基準によって評価することはできないと論ずる学者の大部分は，民主政はそれ以外の政治体制よりもすぐれているとも論じている。たとえば Ian Shapiro, *The State of Democratic Theory* (Princeton, NJ: Princeton University Press, 2003), 1‒2［シャピロ『民主主義理論の現在』（慶應義塾大学出版会，2010年）2ページ］; Barber, *Strong Democracy*, ch. 1 を見よ。

45）Anthony Downs, *An Economic Theory of Democracy* (New York: Harper & Row, 1957)［ダウンズ『民主主義の経済理論』（成文堂，1980年）］, ch. 13.

46）Caplan, *Myth of the Rational Voter*, ch. 5.

第1章

1）John Ferejohn, "Information and the Electoral Process," in *Information and Democratic Processes*, ed. John Ferejohn and James Kuklinski (Urbana: University of Illinois Press, 1990), 3.

2）この時期の古典的研究として，たとえば Angus Campbell, et al., *The American Voter* (New York: John Wiley & Sons, 1960); Bernard Berelson, et al., *Voting* (Chicago: University of Chicago Press, 1954) そして特に Philip Converse, "The Nature of Belief Systems in Mass Publics," in *Ideology and Discontent*, ed. David Apter (New York: Free Press 1964)［『イデオロギーと現代政治』（慶応通信，1968年）］を見よ。証拠のもっと最近のサーヴェイとしては，特に Michael X. Delli Carpini and Scott Keeter, *What Americans Know About Politics and Why It Matters* (New Haven: Yale University Press, 1996); Scott L. Althaus, *Collective Preferences in Democratic Politics* (New York: Cambridge University Press, 2003); and Richard Shenkman, *Just How Stupid Are We? Facing the Truth About the American Voter* (New York: Basic Books, 2008)［シェンクマン『アメリカ人は嘆く　われわれはどこまでバカか？』（扶桑社，2009年）］を見よ。

3）John Sides and Lynn Vavreck, "Independents and Undecided Voters on Paul Ryan: More Unfavorable than Favorable, but Most Unsure," *Monkey Cage*, August 11, 2012, http://themonkeycage.org/2012/08/11/independents-and-undecided-voters-on-paul-ryan-more-unfavorable-than-favorable/

4）Pew Research Foundation, "As Fiscal Cliff Nears, Democrats Have Public Opinion on their Side," December 13, 2012, http://www.people-press.org/files/legacy-pdf/12-13-12%20Political%20Release.pdf. CNN の出口調査によると，投票者の60パーセントが投票日にこの提案を支持した。CNN Exit Poll, November 6, 2012, http://www.cnn.com/election/2012/results/race/president#exit-polls.

5）Peter Schroeder, "Hill Poll: Likely Voters Prefer Lower Individual, Business Tax Rates," *The Hill*, February 27, 2012, http://thehill.com/polls/212643-hill-poll-likely-voters-prefer-lower-tax-rates-for-individuals-business.

6）Pew Research Center, *What Americans Know, 1989‒2007: Public Knowledge of Current Affairs Changed Little by News and Information Revolutions* (Washington, DC: Pew Research Cen-

注（第1章）

ter, 2007), 25.
7) 下記の表1.5を見よ。
8) Suzanne Mettler, *The Submerged State: How Invisible Government Policies Undermine American Democracy* (Chicago: University of Chicago Press, 2011); Christopher Howard, *The Hidden Welfare State: Tax Expenditures and Social Policy in the United States* (Princeton, NJ: Princeton University Press, 1999) を見よ。
9) Mettler, *Submerged State*, 4 – 6, 8 – 29.
10) American National Election Studies (ANES) 2002, variable 025083. から計算したデータ。2002年調査からのデータは，著者あるいはANES website at http://www.electionstudies.org. から入手可能。
11) たとえばW. Russell Neumann, *The Paradox of Mass Politics* (Cambridge: Harvard University Press, 1986), 15 – 16; Stephen E. Bennett and Linda Bennett, "Out of Sight Out of Mind: Americans' Knowledge of Party Control of the House of Representatives, 1960 – 1984," *Political Research Quarterly* (1992), 67 – 81 を見よ。
12) Ilya Somin, "Voter Ignorance and the Democratic Ideal," *Critical Review* 12 (1998): 413 – 58, at 417.
13) Benjamin Page and Robert Shapiro, *The Rational Public* (Chicago: University of Chicago Press, 1992), 10.
14) Delli Carpini and Keeter, *What Americans Know About Politics*, 62.
15) Ibid., 94; Neumann, *Paradox of Mass Politics*, 15.
16) たとえばAlthaus, *Collective Preferences*; Delli Carpini & Keeter, *What Americans Know About Politics*, ch. 2 を見よ。
17) Delli Carpini & Keeter, *What Americans Know About Politics*, 70 – 71.
18) Zogby Poll, July 21 – 27, 2006.
19) McCormack Tribune Freedom Museum, "Americans' Awareness of First Amendment Freedoms," January 20 – 22, 2006, http://www.freedomproject.us/files/pdf/survey_results_report_final.pdf.
20) Michael Dorf, "Whose Constitution Is It Anyway? What Americans Don't Know About Our Constitution—and Why It Matters," *Findlaw*, May 29, 2002, http://writ.corporate.findlaw.com/dorf/20020529.html.
21) たとえばSomin, "Voter Ignorance and the Democratic Ideal," 417 – 18 にあげた文献を見よ。またDavid RePass, "Searching for Voters Along the Liberal-Conservative Continuum: The Infrequent Ideologue and the Missing Middle," *The Forum* 6 (2008): 1 – 49 も見よ。
22) Anthony Downs, *An Economic Theory of Democracy* (New York: Harper & Row, 1957)［ダウンズ『民主主義の経済理論』（成文堂，1980年）］, ch. 7.
23) たとえばSamuel Popkin, *The Reasoning Voter* (Chicago: University of Chicago Press, 1991), 52 を見よ。
24) Neumann, *Paradox;* Donald Kinder and Lynn Sanders, "Mimicking Political Debate with Survey Questions: The Case of White Opinion on Affirmative Action for Blacks," *Social Cognition* 8 (1990): 73 – 103.

注（第1章）

25) 時間的変化をほとんどあるいは全く示さない調査として，Delli Carpini and Keeter, *What Americans Know About Politics*, 62–134; Eric R.A.N. Smith, *The Unchanging American Voter* (Berkeley: University of California Press, 1989); Stephen E. Bennett, "'Know-Nothings' Revisited: The Meaning of Political Ignorance Today," *Social Science Quarterly* 69 (1988): 476–92; Stephen E. Bennett, "'Know-Nothings' Revisited Again," *Political Behavior* 18 (1996): 219–31; Stephen E. Bennett, "Trends in Americans' Political Information, 1967–87," *American Politics Quarterly* 17 (1989): 422–35; Michael X. Delli Carpini and Scott Keeter, "Stability and Change in the U.S. Public's Knowledge of Politics," *Public Opinion Quarterly* 55 (1991): 583–96 を見よ。例外として，Althaus, *Collective Preferences*, 215 を見よ。これは 1980–88 年と比べて 1990–98 年の方が，ごくわずかに知識が上昇しているということを示している。Althaus の調査の中のこの上昇はごく小さいし（前者の時期の正答率 52 パーセントに対して後者の時期では 54 パーセント），特定の質問が作り出した結果かもしれない。
26) 過去数十年間の教育レベルの上昇が政治的知識の向上に結びついていないという証拠は，Norman H. Nie, et al., *Education and Democratic Citizenship in America* (Chicago: University of Chicago Press, 1996), 111–66 を見よ。
27) たとえば Pew Research Center, *What Americans Know*. を見よ。
28) Markus Prior, *Post-Broadcast Democracy: How Media Choice Increases Inequality in Political Involvement and Polarizes Elections* (New York: Cambridge University Press, 2007), 74–84.
29) Ibid., ch. 4.
30) Bruce Bimber, *Information and American Democracy: Technology in the Evolution of Political Power* (New York: Cambridge University Press, 2003), 229–30; Markus Prior, "News vs. Entertainment: How Increasing Media Choice Widens Gaps in Political Knowledge and Turnout," *American Journal of Political Science* 49 (2005): 577–92. また John Hindman, *The Myth of Digital Democracy* (Princeton, NJ: Princeton University Press, 2008), 60–61; Prior, *Post-Broadcast Democracy*, chs. 4 and 8 も見よ。
31) John Stuart Mill, *Considerations on Representative Government* (Indianapolis: Bobbs-Merrill, 1958 [1861]) [『代議制統治論』] を見よ。
32) ANES の 2000 年調査は，1800 人を超える回答者に広範な主題にわたる 30 の質問を行ったもので，この数字は単一の調査における知識項目の数としては異常に多い。30 の知識項目すべてについて完全なデータを持っていたのは全部で 1545 人だった。この 2000 年の調査のデータは the University of Michigan Interuniversity Consortium on Political and Social Research, at http://www.icpsr.umich.edu/icpsrweb/landing.jsp. からダウンロードできる。2000 年調査は，data set number 3131 である。現在の研究のために再コード化された変数を含むデータのヴァージョンは著者から提供できる。
33) 共和党の副大統領候補 Paul Ryan と税率に関する公衆の知識についての議論は，本章の前の個所を見よ。
34) CNN/Opinion Research poll, Oct. 27–30, 2010.
35) David M. Herszenhorn, "Components of Stimulus Vary in Speed and Efficiency," *New York Times,* January 29, 2009.
36) 130 S.Ct. 876 (2010).

注（第1章）

37) Reid はまた 2010 年の再選挙にも出馬し，最終的には共和党の候補 Sharron Angle を僅差で破った．
38) 多くの回答者は存在しない立法について，一度も聞いたことがないと認めるよりも，それについて意見を述べさえするだろう．悪名高い実例として，存在しない "Metallic Metals Act" について回答者の 70 パーセントが意見を述べたという Stanley Payne の調査結果を見よ．Stanley Payne, *The Art of Asking Questions* (Princeton, NJ: Princeton University Press, 1951), 18. もっと最近の調査では，回答者の 43 パーセントが，架空の "Public Affairs Act" を廃止する提案について，それが何か知らないと認めるよりも，それについて意見を述べた．George Bishop, *The Illusion of Public Opinion* (New York: Rowman & Littlefield, 2004), 28. いくつかの補足的な証拠については，Patrick Sturgis and Patten Smith, "Fictitious Issues Revisited: Political Interest, Knowledge and the Generation of Nonattitudes." *Political Studies* 58 (2010): 66–84 を見よ．
39) Stephanie Condon, "Five Health Care Promises Obama Won't Keep," *CBS News Special Report,* September 21, 2009, http://www.cbsnews.com/stories/2009/09/21/politics/main5326987.shtml.
40) *Newsweek,* September 29, 2008. この争点は数日前に新聞売り場をにぎわせていた．
41) Public Interest Project/Greenberg Quinlan Rosner Research Poll, June 17–26' 2008.
42) 本章の前の部分の，当て推量についての議論を見よ．
43) 実際のところ *Wall Street Journal* の 2004 年 7 月の報道によると，4 月 2 日に労働省が 3 月だけで 30 万 8 千人が職を得たと報告すると，「就職なき回復の議論は雲散霧消した．」Aaron Luchetti, "Bond Rally Ends as Economy, Job Market Spur Fed to Move," *Wall Street Journal,* July 1, 2004, C12.
44) Pew Research Center Survey, February 11–16, 2004.
45) Ibid.
46) 私は最高裁判所長官が誰かに関する，重要だが方法論上欠陥がある質問を含めないことにした．この質問は最近の研究で評判が悪くなっている．James L. Gibson and Gregory Caldeira, "Knowing the Supreme Court: A Reconsideration of Public Ignorance About the High Court." *Journal of Politics* 71 (2009): 429–41 を見よ．
47) 2004 年と 2008 年の ANES 調査では，知識に関する質問はかなり少なかった．
48) 例外かもしれない項目は，副大統領候補ディック・チェイニーとジョー・リーバーマンの地元州（それぞれ，コネティカットとワイオミング），そしておそらくは，自分の選挙区で上院議員を 2 人あげられることだろう──特に上院選挙が接戦でない選挙区では．これら 3 項目を除外しても，本章で分析した結果のいずれについても重要な変化は生じない．さらに，前二者は選挙戦中にプレスで繰り返し言及されたから，選挙戦に関心があった者なら誰でも知っていただろう．
49) これらの項目は，クリントン時代の連邦赤字の減少，犯罪率の減少，貧困層への政府支出の増加．
50) Delli Carpini and Keeter, *What Americans Know About Politics,* 138–52.
51) 表 1.4 にあげた質問から計算したデータ．
52) Bennett, "'Know-Nothings' Revisited," 483.

213

注（第1章）

53）表1.4にあげた回答から計算したデータ。
54）この17の項目とは，ブッシュとゴアの，あるいは共和党と民主党の，争点に関する位置についての12項目と，1992 - 2000年の間の犯罪率，赤字，貧困層への支出の変化についての3項目と，ブッシュとパット・ブキャナンのイデオロギーについての2項目（穏健か，リベラルか，保守か）だ。これらの質問の中には元来の調査では3をこえる選択肢を持っていたものがあったが，私は再コード化のために選択肢を3にまとめた。その結果として，あてずっぽうで答えた回答者が正答する確率は3つに1つになる。ブッシュとゴアのイデオロギーに関する質問について，私は「穏健」を選んだ回答者に0.5ポイントを与えた —— 大部分の有識者はそのような回答に同意しないかもしれないが。ゴアは「人民対権力者」というテーマを強調する明示的にリベラルな選挙戦を行った。たとえばJohn F. Harris and Ceci Connolly, "Shaking Off the Clinton Strategy, Too; With Populist Push, Gore Looks Toward a Different Group of Swing Voters," *Washington Post*, August 24, 2000, A1 を見よ。ブッシュが自分を「共感力ある保守派」と呼んだことは有名だし，大幅な減税と社会保障の民営化を含む保守色の強いいくつかの政策をはっきりと提案もした。
55）それは選挙前の下院と上院の支配政党に関する2つの質問である。
56）私はクリントンのイデオロギーに関する質問で，「穏健」も「リベラル」もともに正答としてコード化することに決めた。
57）4人の候補者の地元州，リーバーマンの宗教，ロットとブレアとレノが占めている職 —— これらに関する問題については，成功する確率は低いとはいえ，あてずっぽうで答えることができた。
58）0.5ポイントという数字がありうるのは，私が2つの質問について，ある解答を半分正答と認めたからである。
59）私は，あてずっぽうで答える回答者は3つの選択肢がある17問中，平均で5.67問に正答し，2つの選択肢がある2問のうち1問に正答し，クリントンのイデオロギーに関する問題（3つの選択肢中，「リベラル」も「穏健」も正答とした）には0.66ポイントをとり，残りの9問については平均して1問正答しただろうと想定している。すると総計のスコアは8.33になる。
60）Bennett, "'Know-Nothings' Revisited," 483.
61）Scott L. Althaus, "Information Effects in Collective Preferences," *American Political Science Review* 92 (1998), 545 - 46 を見よ。
62）上記注59の計算を見よ。
63）注38の議論を見よ。
64）この結果は，（政治家に関する一番よく知られている事実は本当の情報価値がほとんどない個人的豆知識だという証拠を示す）以前の類似した調査結果をなぞるものだ。Delli Carpini and Keeter, *What Americans Know About Politics*, 10. たとえばブッシュ（父）大統領に関する一番よく知られた事実は，彼がブロッコリ嫌いで，「ミリー」という名の犬を飼っていたということだった。（同上）
65）それはリーバーマンの地元州（正答は30パーセント）と共和党副大統領候補ディック・チェニーの地元州（正答は19パーセント）に関するものだった。皮肉なことにこの2項目は，正答率がもっと大きかった3つの似た質問のうちの2問よりもおそらく情報価値が

大きかった。リーバーマンの立ち位置は穏健リベラルのコネティカットを代表するとも言えるし，チェニーの保守主義はワイオミングの多数派の政治的意見を確かに代表していた。

66) もしクリントンのイデオロギーに関する質問を除くなら，24問のうち平均10.5（正答は44パーセント）という，少しだけ低い平均を得ることになる。

67) この数字は上記の注でアウトラインを述べた方法を用いて算出された。私は，当てずっぽうで答える回答者は3つの選択肢がある17問中，約5.67問に正解し，2つの選択肢がある2問については合わせて1ポイント，クリントンのイデオロギーについての質問には0.66ポイントを得ると想定し続けている。しかしながら他の項目の数が10から5に減ったから，私はあてずっぽうによる正答の数は30項目スケールのモデルにおける1.0ではなく0.5に変わると想定した。かくして予想される正答の総数は8をわずかに下回る。回答者のうち35パーセントは，25ポイント・スケールで正答が8問以下だった。

68) たとえばGibson and Caldeira, "Knowing the Supreme Court"; Jon A. Krosnick, Arthur Lupia, Matthew DeBell, and Darrell Donakowski, "Problems with ANES Questions Measuring Political Knowledge," *ANES Report*, March 2008; Jeffery J. Mondak and Mary R. Anderson, "The Knowledge Gap: A Reexamination of Gender-Based Differences in Political Knowledge," *Journal of Politics* 66 (2004): 492–512; Jeffery J. Mondak and Belinda Creel Davis, "Asked and Answered: Knowledge Levels When We Will Not Take 'Don't Know' for an Answer," *Political Behavior* 23 (2001): 199–224 を見よ。

69) Robert Luskin and John Bullock, "'Don't Know' Means 'Don't Know': DK Responses and the Public's Level of Political Knowledge," *American Political Science Review* 73 (2011): 547–57, esp. 555–56 を見よ。

70) 注38の議論を見よ。

71) Gibson and Caldeira, "Knowing the Supreme Court." を見よ。この欠陥を是正しても，算定される政治的知識のレベルはわずかに上昇するにすぎないということを示してこの問題を部分的に擁護するものとして，Luskin and Bullock, "'Don't Know' Means 'Don't Know,'" p. 555 を見よ。

72) Luskin and Bullockが指摘しているように，「われわれが問うた質問は，ありうべき政治的知識の世界の決してランダムでないサンプルで，極めて易しいものである。その世界は，もし誰かが知っているとしても政策の専門家しか知らないようなたくさんの項目を含んでいる。だからあらゆる調査質問表は，われわれのものやANESのものも含めて，易しい項目に偏るという強いサンプリングのバイアスを持っている。」Luskin and Bullock, "'Don't Know' Means 'Don't Know,'" 556.

73) 関係する証拠の議論について，たとえばWilliam Galston, "Political Knowledge, Civic Engagement, and Civic Education," *Annual Review of Political Science* 4 (2001): 217–34 を見よ。

74) たとえば，Stephen Ansolabehere and Eitan Hersh, "Validation: What Big Data Reveal About Survey Misreporting and the Real Electorate," *Political Analysis* 20 (2012): 437–59; Brian D. Silver, Barbara Anderson, and Paul Abramson, "Who Overreports Voting?" *American Political Science Review* 80 (1986): 613–24 を見よ。

75) Ansolabehere and Hersh, "Validation"; Silver, Anderson, and Abramson, "Who Overreports Voting?"

注（第 2 章）

76）政治的知識との相関関係については，政治への関心に関する第 3 章の議論と補論を見よ。

第 2 章

1) Joseph A. Schumpeter, *Capitalism, Socialism, and Democracy,* 3d ed. (New York: Harper Perennial, 1950), 262 ［シュンペーター『資本主義・社会主義・民主主義』東洋経済新報社，1995 年，419 ページ］.
2) 回顧的投票のもっとも顕著な理論として，V. O. Key, *The Responsible Electorate* (Cambridge: Belknap Press, 1966) と Morris Fiorina, *Retrospective Voting in National Presidential Elections* (New Haven: Yale University Press, 1981) を見よ。
3) バーク的信託理論のよく知られている分析は，Hanna F. Pitkin, *The Concept of Representation* (Berkeley: University of California Press, 1967), 168‒89 を見よ。
4) 多数派支配への政府の応答に関する政治学文献の多くはこのパースペクティヴをとる。たとえば Robert Erikson, et al., *Statehouse Democracy: Public Opinion and Policy in the American States* (New York: Cambridge University Press, 1993); Lawrence R. Jacobs and Robert Y. Shapiro, *Politicians Don't Pander: Political Manipulation and the Loss of Democratic Responsiveness* (Chicago: University of Chicago Press, 2000); Lawrence R. Jacobs, *The Health of Nations: Public Opinion and the Making of American and British Health Policy* (Ithaca: Cornell University Press, 1993) を見よ。これらの文献の一部についての私の評価は Ilya Somin, "Do Politicians Pander?" *Critical Review* 14 (2001) 147‒59 を見よ。
5) 本書は，さまざまの規範的な民主主義理論をそれらが要求する知識に基づいて分類した Jamie Terence Kelly の最近の著作を私が十分利用できる前に書かれた。Jamie Terence Kelly, *Framing Democracy: A Behavioral Approach to Democratic Theory* (Princeton: Princeton University Press, 2012), ch. 4 を見よ。Kelly の一次的な焦点は，さまざまの理論が市民に要求する事実に関する知識よりも，市民が情報の分析において「フレーミング効果」を避けられることを諸理論が要求する程度にある。
6) この点に関する一層詳細な議論は，Ilya Somin, "Voter Ignorance and the Democratic Ideal," *Critical Review* 12 (1998): 413‒58, 415‒16; Ilya Somin, "Resolving the Democratic Dilemma?" *Yale Journal on Regulation* 16 (1999): 401‒16, 410‒11 を見よ。
7) 稀なる例外として，Bryan Caplan, *The Myth of the Rational Voter: Why Democracies Choose Bad Policies* (Princeton, NJ: Princeton University Press, 2007), 172‒76 ［『選挙の経済学』325‒333 ページ］を見よ。
8) 第 4 章を見よ。
9) プラトンとアリストテレスの見解に関する序論の中の記述を見よ。
10) Schumpeter, *Capitalism, Socialism, and Democracy,* 272 ［邦訳 434 ページ］. シュンペーター自身は**回顧的投票**という用語を使っていない。これは以後の政治学文献から来ている。私は便宜上この現代的用語を用いる。シュンペーター的理論の最近の重要な擁護としては Richard A. Posner, *Law, Pragmatism, and Democracy* (Cambridge: Harvard University Press, 2003) を見よ。Posner の分析への私の批判として，Ilya Somin, "Richard Posner's Democratic Pragmatism and the Problem of Ignorance," *Critical Review* 16 (2004): 1‒14 を見よ。
11) William H. Riker, *Liberalism Against Populism: A Confrontation Between the Theory of Democ-*

racy and the Theory of Social Choice (Long Grove, IL : Waveland Press, 1982), 9, 11 ［ライカー『民主的決定の政治学』（芦書房，1991 年）22 ‒ 24 ページ］．
12) Riker, *Liberalism Against Populism*, 11 ［邦訳 24 ページ］．
13) Fiorina, *Retrospective Voting in National Presidential Elections*, 5. Fiorina 自身はその後この見解を限定している。Somin, "Voter Ignorance and the Democratic Ideal," 447 n. 6 を見よ。
14) Riker, *Liberalism Against Populism*, 11 ［邦訳 24 ページ］．
15) Fiorina, *Retrospective Voting in National Presidential Elections*, 10. また Key, *The Responsible Electorate*, 60 ‒ 61 も見よ．
16) 有権者に要求される知識の量を削減する道具として回顧的投票を用いることの限界をもっと詳細に分析するものとして，Somin, "Voter Ignorance and the Democratic Ideal," 426 ‒ 27 と，第 4 章の回顧的投票に関する議論を見よ．
17) 表 1.1 を見よ．
18) 表 1.4 を見よ．
19) この 3 つの質問のすべてについて，元来の調査機関は，関連する変数が 1992 年よりも「ずっと大きい」と「ずっと小さい」ではなく「いくらか」大きく，あるいは小さくなったという回答しか許さなかった。そのような回答は正しい方向に向かった限り正答とみなされた。しかしながら，犯罪率の減少も財政赤字と貧しい人々への支出の増大も，以前のレベルに比べるとすべて巨大だったのだから，それらの回答は誤りあるいは部分的にのみ正しいとみなすべきだ，と論ずることができよう．
20) Thomas Holbrook and James Garand, "Homo Economicus? Economic Information and Economic Voting," *Political Research Quarterly* 49 (1996): 351 ‒ 72, at 361; Larry Bartels, "Uninformed Votes: Information Effects in Presidential Elections," *American Journal of Political Science* 40 (1996): 194 ‒ 217 を見よ．
21) 第 4 章の回顧的投票に関する節の中の，この論点に関する議論を見よ．
22) Edmund Burke, "An Appeal from the New to the Old Whigs [1791]," in *Burke's Politics*, ed. Ross J. S. Hoffman and Paul Levack (New York: Knopf, 1949), 397 ‒ 98 ［『バーク政治経済論集』法政大学出版局，2000 年，662 ページ］．
23) Ibid., 398. この短い要約は，バーク自身の見解内部の数多い内的矛盾や限定づけを意図的に無視している。なぜなら私の関心はバーク自身ではなく，もっと一般的に信託理論の知識に関する要請にあるからだ。バーク的信託代表理論のもっとニュアンスに富んだ分析として，Pitkin, *The Concept of Representation*, 127 ‒ 31, 168 ‒ 89 を見よ．
24) Ibid., 183 ‒ 89.
25) この意見の不一致と，それが弾劾闘争に及ぼしたインパクトについてのよい議論は，Richard A. Posner, *An Affair of State: The Impeachment of Bill Clinton* (Cambridge: Harvard University Press, 1999), 132 ‒ 59, 199 ‒ 216 を見よ．
26) バーク的信託モデルに完全に賛同している現代の理論家はほとんどいないということも指摘するに値する。ハンナ・ピトキンが言うように，バークのエリート主義的な信託理論の暗黙の前提は，人々の「真の」利益は「客観的」でバイアスのない仕方で確定できるから信託者がそれを実効的に代表できる，というものだ。Pitkin, *The Concept of Representation*, 186 ‒ 89. ひとたびこの前提を捨てるか疑うならば，バークのエリート主義的な結論はもっ

注（第2章）

と問題を含むものになる。それにもかかわらず私がバークのモデルを論じたのは，その要素——特に政治的リーダーの個人的徳性の必要性の強調——が現代の思想の中にも残っているからだ。何人かの現代の学者は，個人的特徴は政治的リーダーの選出に際して考慮されるべき重大な要素だというバークの考えを支持している。たとえば James David Barber, *The Presidential Character: Predicting Performance in the White House*, 4th ed. (New York: Prentice-Hall, 1992) を見よ。

27) 表1.1を見よ。
28) Ibid.
29) 表1.4を見よ。
30) Delli Carpini and Keeter, *What Americans Know About Politics*, 94.
31) Table 1.4を見よ。Lottがよく知られていないことは，信託理論が個人的特性を強調することに照らしてみるともっともだ。人種主義のかどで2002年12月に彼が最終的に与党のリーダーを辞任する前から，彼は仲間の保守主義者たちからさえも，人種主義的な Council of Conservative Citizens との多年にわたる関係のゆえにしばしば批判されてきた。たとえば Jeff Jacoby, "Renounce the Racists," *Boston Globe*, April 19, 1999, A19.
32) Amy King and Andrew Leigh, "Beautiful Politicians," *Kyklos* 62 (2009): 579–93; Gabriel Lenz and Chapell Lawson, "Looking the Part: Television Leads Less-Informed Citizens to Vote Based on Candidates' Appearance," *American Journal of Political Science* 55 (2011): 574–89; Alexander Todorov, Anesu N. Mandisodza, Amir Goren, and Crystal C. Hall, "Inferences of Competence from Faces Predict Election Outcomes," *Science* 308 (2005): 1623–26 を見よ。
33) 第4章における回顧的投票に関する議論を見よ。
34) この考えを詳しく述べるものとして Phillip Pettit, "Three Conceptions of Democratic Control," *Constellations* 15 (2008): 46–55, at 52–53 を見よ。
35) Angus Campbell, et al., *The American Voter* (New York: John Wiley & Sons, 1960), 168–87.
36) Somin, "Voter Ignorance and the Democratic Ideal," 415–16; Somin, "Resolving the Democratic Dilemma?" 410–11 を見よ。
37) この例は Somin, "Resolving the Democratic Dilemma?" 410–11 からとった。
38) この点に関する第5章の議論を見よ。
39) もっとも徹底した要約として Delli Carpini and Keeter, *What Americans Know About Politics*, 62–104 を見よ。
40) 表1.1を見よ。
41) Ibid.
42) 第1章の表1.2と，それに関連する議論を見よ。
43) 表1.3を見よ。
44) 545 U.S. 469 (2005).
45) Ilya Somin, "The Limits of Backlash: Assessing the Political Response to *Kelo*," *Minnesota Law Review* 93 (2009): 2100–78.
46) Ibid., 2108–10.
47) Ibid., 2101–2を見よ。これは43の州が制定した改革法を要約したもの。この論文の執筆後改革法を制定したミシシッピ州については Ilya Somin, "Referendum Initiatives Prevent

Eminent Domain Abuse," *Daily Caller*, November 9, 2011. を見よ。ヴァージニア州はその州立法府を通じてすでに改革を採用していたが，2012年11月のレファレンダムによって付加的改革を採用した。

48) Somin, "Limits of Backlash," 2155‐59.
49) Ibid.
50) Ibid., 2120‐30.
51) 民主党は共和党よりもサービスへの高いレベルの政府支出を支持するということを知っていた57パーセントと，ゴアはブッシュよりも銃規制を支持するということを知っていた51パーセント。
52) 政党支持による情報ショートカットに関する第4章の議論の中で引用するデータを見よ。
53) Ibid.
54) Delli Carpini and Keeter, *What Americans Know About Politics*, 138‐52 を見よ。
55) 熟議民主主義あるいはそれと密接に関係する「共和主義」理論を提唱するさまざまの著作については，たとえば Cass R. Sunstein, *The Partial Constitution* (Cambridge: Harvard University Press, 1993), 25‐29; Robert Goodin, *Reflective Democracy* (New York: Oxford University Press, 2005); Frank Michelman, "Law's Republic," *Yale Law Journal* 97 (1988): 1493; Cass R. Sunstein, "Beyond the Republican Revival," *Yale Law Journal* 97 (1988): 1539 ［サンスティーン「共和主義の復活を超えて」『熟議が壊れるとき』勁草書房，2012年］; Cass R. Sunstein, "Naked Preferences and the Constitution," *Columbia Law Review* 84 (1984): 1689; Ethan R. Lieb, *Deliberative Democracy in America: A Proposal for a Deliberative Branch of Government* (University Park: Pennsylvania State University Press, 2004) を見よ。類似の見解の政治理論家の著作は，James Bohman, *Public Deliberation: Pluralism, Complexity, and Democracy* (Boston: MIT Press, 1996); John S. Dryzek, *Deliberative Democracy and Beyond: Liberals, Critics, Contestations* (New York: Oxford University Press, 2002); Amy Gutmann and Dennis Thompson, *Why Deliberative Democracy?* (Princeton, NJ: Princeton University Press, 2004); Amy Gutmann and Dennis Thompson, *Democracy and Disagreement* (Cambridge: Belknap Press, 1996); Seyla Benhabib, "Toward a Deliberative Model of Democratic Legitimacy," in *Democracy and Difference*, ed. Seyla Benhabib (Princeton, NJ: Princeton University Press, 1996); James S. Fishkin, "Deliberative Democracy and Constitutions," *Social Philosophy and Policy* 28 (2011): 242‐60 を見よ。以前私は，投票者の無知という問題に十分答えないという理由で熟議民主主義の提唱者を批判した。Ilya Somin, "Deliberative Democracy and Political Ignorance," *Critical Review* 22 (2010): 253‐79; and Somin, "Voter Ignorance and the Democratic Ideal," 438‐42 を見よ。異なった仕方で共和主義理論を批判するものとして Richard A. Epstein, "Modern Republicanism—Or the Flight from Substance," *Yale Law Journal* 97 (1988): 1633‐48 を見よ。
56) このフレーズは Sunstein, "Naked Preferences" からのもの。
57) Bohman, *Public Deliberation*, 25.
58) Somin, "Deliberative Democracy and Political Ignorance," 268‐69 も見よ。
59) 文献の中であげられているいくつかの異なった基準については，Somin, "Voter Ignorance and the Democratic Ideal," 439‐40 を見よ。
60) Gutmann and Thompson, *Democracy and Disagreement*, 57‐58. ガットマンとトムソンは彼

らの理論を Gutmann and Thompson, *Why Deliberative Democracy?*, chs. 2 - 3 の中でさらに詳論している。

61) Samuel Freeman, "Deliberative Democracy: A Sympathetic Comment," *Philosophy and Public Affairs* 29 (2000): 371 - 418, 375. フリーマンの論文は多くの熟議民主主義者の共通の立場を要約している。Ibid., 375 - 76. 他の熟議民主主義者は，適切に拘束されるならば自己利益による投票も熟議民主主義の中で役割を果たしうると信じる。たとえば Jane Mansbridge, "The Place of Self-Interest and the Role of Power in Deliberative Democracy," *Journal of Political Philosophy* 18 (2010): 64 - 100 を見よ。

62) Freeman, *Deliberative Democracy*, 377.

63) John Rawls, "The Idea of Public Reason Revisited," *University of Chicago Law Review* 64 (1997): 765 - 84, at 777 ［ロールズ『万民の法』岩波書店，2006 年，209 - 211 ページ］．また John Rawls, *Political Liberalism* (New York: Columbia University Press, 1993), 212 - 47 を見よ。ドゥオーキンによる類似の議論は，一般的に Ronald Dworkin, *Life's Dominion* (New York: Vintage Press, 1993)［『ライフズ・ドミニオン』(信山社，1998 年)］を見よ。彼はそこで，中絶と死ぬ権利に関する政治的論争は宗教的見解に基づく議論を排除すべきだと言っているが，彼はこのカテゴリーを極めて広くとっている。

64) Rawls, *Political Liberalism*, 243. この条件は，ロールズによると，たとえば妊娠最初の三カ月中の中絶の禁止を要求する包括的な道徳的ドクトリンを排除するほど厳格である。

65) Jürgen Habermas, *Moral Consciousness and Communicative Action*, trans. Christian Lenhardt and Shierry Weber Nicholson (Cambridge: MIT Press, 1990), 75 - 76, 100. ［ハーバマス『道徳意識とコミュニケーション行為』(岩波書店，1991 年)］

66) David Estlund, *Democratic Authority: A Philosophical Framework* (Princeton, NJ: Princeton University Press, 2007), 176. Estlund はこれらの条件を満たす「理想的」熟議は非現実的で，「求めるべきゴールではない」(ibid., 182 - 83) と認めているが，その一方で，「現実の民主的熟議」は「ユートピア的でない前提の下で，それが理想的認識の熟議と大体同じ結論に至る傾向がありうる」かどうかによって判断されなければならないとも論じている。

67) たとえば Gutmann and Thompson, *Why Deliberative Democracy?* 13 - 17 を見よ。

68) Joshua Cohen, "Deliberation and Democratic Legitimacy," in *Deliberative Democracy*, ed. James Bohman and William Rehg (Cambridge: MIT Press, 1997), 274.

69) Fishkin, "Deliberative Democracy and Constitutions," 251 - 52.

70) この例は Guido Pincione and Fernando Teson, *Rational Choice and Democratic Deliberation: A Theory of Discourse Failure* (New York: Cambridge University Press, 2006), 10 - 13 からのもの。

71) Gutmann and Thompson, *Democracy and Disagreement*, 56 - 65.

72) Habermas, *Moral Consciousness and Communicative Action*, 75 - 76 ［邦訳 124 ページ］．

73) 政治的知識のレベルが熟議民主主義の要請をはるかに下回る程度に関する，もっと詳細な議論は Somin, "Deliberative Democracy and Political Ignorance," 257 - 62 を見よ。また Mark Pennington, "Democracy and the Deliberative Conceit," *Critical Review* 22 (2010): 159 - 85 も見よ。

74) この論点は第 3 章でもっと詳しく論じられる。

75) Gutmann and Thompson, *Why Deliberative Democracy?* 20.

76) Somin, "Deliberative Democracy and Political Ignorance," 262‑66.
77) それらのいくつかに関する批判的な議論は ibid., 266‑72 を見よ。また第 7 章も見よ。
78) たとえば Dryzek, *Deliberative Democracy and Beyond*, 40‑42 を見よ。
79) 私は第 7 章で両方のタイプの提案を評価し批判する。熟議民主主義者が提案する知識増大のためのありうべき提案に関する議論は，Somin, "Deliberative Democracy and Political Ignorance," 266‑72 を見よ。
80) David M. Ryfe. "Does Deliberative Democracy Work?" *Annual Review of Political Science* 8 (2005), 49‑71, 63‑64.
81) 民主主義の純粋に手続的な擁護についての記述として，Thomas Christiano, "The Authority of Democracy," *Journal of Political Philosophy* 12 (2004): 266‑90 を見よ。
82) たとえば，手続は「適切に熟議的」なときに限って正当だと想定する人がいる。Ibid., at 266‑67. Fabienne Peter, *Democratic Legitimacy* (New York: Routledge, 2008) も見よ。しかしながらすでに論じたように，熟議はかなりの程度の知識を要求する。
83) この点は Thomas Christiano, "Knowledge and Power in the Justification of Democracy," *Australasian Journal of Philosophy* 79 (2001): 197‑215, at 197 で論じられている。
84) 政治哲学者 Jamie Terence Kelly が指摘するように，「**純粋**に手続的だと自称する民主主義理論の（すべてではないにせよ）ほとんどは，最終的にはこの主張を維持できない。」Kelly, *Framing Democracy*, 74.
85) そのような政策に関する第 5 章の議論を見よ。また C. Vann Woodward, *The Strange Career of Jim Crow* (New York: Oxford University Press, 1955)［ウッドワード『アメリカ人種差別の歴史』（福村出版，1998 年）］，70‑76 も見よ。これは一層厳格な隔離政策を支持する世論に応えて位置を変えた，20 世紀前半の顕著な南部白人政治家の例を何人かあげている。
86) Dan T. Carter, *The Politics of Rage: George Wallace, the Origins of the New Conservatism, and the Transformation of American Politics* (Baton Rouge: Louisiana State University Press, 1995), 95‑96.
87) Ibid., 96.
88) このような信念に関する第 5 章の議論を見よ。
89) Avraham Barkai, *Nazi Economics: Ideology, Theory, and Policy* (London: Berg Publishers, 1990); Adam Tooze, *The Wages of Destruction: The Making and Breaking of the Nazi Economy* (New York: Viking, 2006) を見よ。
90) Gallup Poll, May 10‑13, 2007. 同性愛は遺伝的要素に起因するということを示す科学的証拠の要約は Matt Ridley, *Nature Via Nurture: Genes, Experience, and What Makes Us Human* (New York: HarperCollins, 2003), 159‑62［リドレー『やわらかな遺伝子』（紀伊國屋書店，2004 年）］を見よ。
91) 同性愛は遺伝的だと信ずる人々の約 78 パーセントが，それは「受容可能なライフスタイル」だという見解を支持したのに対して，それが教育か環境によるものだと信ずる人々の 30 パーセントしかこの見解を支持しない。Gallup Poll, May 10‑13, 2007.
92) この種の顕著なモデルとして Sam Peltzman, "The growth of Government," *Journal of Law and Economics* 23 (1980): 209‑88 を見よ。レント・シーキングに関する経済学文献のサー

注（第3章）

ヴェイは Dennis Mueller, *Public Choice III* (Cambridge: Cambridge University Press, 2003), 333‒58. を見よ。

93) 関連する文献の批評は Caplan, *Myth of the Rational Voter*, 148‒53, 198, 229,［『選挙の経済学』281‒291, 376ページ］and David Sears and Carolyn Funk, "Self-Interest in Americans' Political Opinions," in *Beyond Self-Interest*, ed. Jane Mansbridge (Chicago: University of Chicago Press, 1990) を見よ。いくつかの例は Leif Lewin, *Self-Interest and Public Interest in Western Democracies* (Oxford: Oxford University Press, 1991); Carolyn Funk, "The Dual Influence of Self-Interest and Societal Interest in Public Opinion," *Political Research Quarterly* 53 (2000): 37‒62; and Thomaas Holbrook and James Garand, "Homo Economicus? Economic Information and Economic Voting," *Political Research Quarterly* 49 (1996): 351‒75 を見よ。

94) Holbrook and Garand, "Homo Economicus" を見よ。この結論に達する研究のリストは Caplan, *Myth of the Rational Voter*, 229［『選挙の経済学』408ページ］を見よ。キャプランは、社会経済的福利に基づいて投票する有権者は一般的な繁栄から自分も利益を受けることを望んで自分の狭い自己利益を念頭においていたかもしれないと書いている（上掲個所）。

95) Dennis Mueller, *Constitutional Democracy* (New York: Oxford University Press, 1996), 237‒47 を見よ。

96) James W. Ely Jr., *The Guardian of Every Other Right: A Constitutional History of Property Rights*, 3d. ed. (New York: Oxford University Press, 2008), 42‒57 を見よ。

97) Mueller, *Public Choice III*, 104‒6.

98) Caplan, *Myth of the Rational Voter*, 50‒51, 69‒71.

99) John Palmer, "Obama and McCain Offer Voters a Choice on Trade," Reuters,

100) Susan Ferrechio, "Obama Backs Away from Reforming Free Trade Deal," *Washington Examiner*, May 17, 2009.

101) Jonathan Weisman, "Obama, in Canada, Warns Against Protectionism," *Wall Street Journal*, February 20, 2009.

102) NBC/*Wall Street Journal* の 2010 年 9 月の世論調査によれば、アメリカ人の 53 パーセントは「自由貿易論」は一般的に「合衆国に害を与えてきた」と信じており、これに対してそれが「合衆国のためになってきた」という人は 17 パーセントにすぎなかった。"NBC/*Wall Street Journal* Survey," Study #101061, September 22‒26, 2010, http://online.wsj.com/public/resources/documents/WSJNBCPoll09282010.pdf.

第3章

1) Tony Blair, *A Journey: My Political Life* (New York: Knopf, 2010), 70‒71［『ブレア回顧録』（日本経済新聞出版社、2011年）上巻 141‒2ページ］.

2) たとえば Richard Shenkman, *Just How Stupid Are We? Facing the Truth About the American Voter* (New York: Basic Books, 2008)［シェンクマン『アメリカ人は嘆く われわれはどこまでバカか？』（扶桑社、2009年）］を見よ。

3) 標準的なアメリカ人の IQ は 20 世紀後半に 15 ポイント上昇した。Michael R. Flynn, *Are We Getting Smarter? Rising IQ in the Twenty-First Century* (New York: Cambridge University Press, 2012), pg. 6.

4) Blair, *A Journey*, 70.
5) Barack Obama, *The Audacity of Hope* (New York: Crown, 2006) ［オバマ『合衆国再生』（ダイヤモンド社，2007 年）］, pg. 4.
6) William H. Riker and Peter Ordeshook, "A Theory of the Calculus of Voting," *American Political Science Review* 62 (1968): 25‒42; Andrew Gelman, Nate Silver, and Aaron Edlin, "What Is the Probability That Your Vote Will Make a Difference?" *Economic Inquiry* 50 (2012): 321‒26. 経済学者のアントニー・ダウンズはすでに 1950 年代に合理的無知の理論を定式化していた。Anthony Downs, *An Economic Theory of Democracy* (New York: Harper & Row, 1957)［『民主主義の政治理論』（成文堂，1980 年）］, ch. 13 を見よ。
7) Andrew Gelman, et al., "What Is the Probability that Your Vote Will Make a Difference?", 322‒24.
8) Mancur Olson, *The Logic of Collective Action* (Cambridge, MA : Harvard University Press, 1965)［『集合行為論』］; Russell Hardin, *Collective Action* (Chicago: University of Chicago Press, 1982).
9)「公共善」にコミットしている非利己的な人物は，「個人的善」の追求に関連する情報について合理的に無知である人々よりも政策について多くの知識を持つだろうという議論については，Gerry Mackie, "Rational Ignorance and Beyond," in *Collective Wisdom: Principles and Mechanisms*, ed. Hélène Landemore and Jon Elster (Cambridge: Cambridge University Press, 2012) を見よ。マッキーは，利他的な人物でさえも政治的情報の獲得にほとんど時間を割かないことが合理的である理由を無視している。この点については後述する。
10) たとえば Brian Barry, *Economists, Sociologists, and Democracy*, 2nd ed. (Chicago: University of Chicago Press, 1978) を見よ。
11) 政治的知識はほとんどあるいは全く向上していないということを示す研究は，第 1 章であげた著作を見よ。
12) Riker and Ordeshook, "Calculus of Voting."
13) たとえば Jeffrey Friedman, "Popper, Weber, and Hayek: The Epistemology and Politics of Ignorance." *Critical Review* 17 (2005): i–lviii を見よ。
14) Russell Hardin, *How Do You Know? The Economics of Ordinary Knowledge* (Princeton, NJ: Princeton University Press, 2009), 74（強調は原文のまま）．また Hardin, "Ignorant Democracy," *Critical Review* 18 (2006): 179‒95, 186‒87 も見よ。
15) Derek Parfit, *Reasons and Persons* (Oxford: Clarendon Press, 1984), 73‒75［パーフィット『理由と人格』（勁草書房，1998 年）第 27 節］; Aaron Edlin, Andrew Gelman, and Noah Kaplan, "Voting as a Rational Choice: Why and How People Vote to Improve the Well-Being of Others," *Rationality and Society*, 19 (2007): 293‒314. 穏やかな利他主義というこの想定は説得力がある。経験的証拠が示唆するところでは，大部分のアメリカ人は穏やかに利他的だ。アメリカ人は家計収入の約 3 パーセントを慈善に費やす。Arthur Brooks, *Who Really Cares? America's Charity Divide* (New York: Basic Books, 2006), 3; Richard B. McKenzie, "Was It a Decade of Greed?" *Public Interest* 27 (1992): 91‒96 を見よ。これは個々の有権者が政治的情報獲得のために費やす額よりもはるかに多いだろう — 調査結果から判断する限り。
16) この方程式は Parfit, *Reasons and Persons*, 74［邦訳 99 ページ］からとって変えたもの。

17) この方程式は，大部分の人々は他の人々に巨大な利益を与えることができる場合に真に巨大な犠牲を払う用意があるかもしれないという含意を持つ限りで，彼らの利他性を過大視しているかもしれない。その犠牲の大きさが人々の富全体の中で大きな割合を占めるようになると彼らが犠牲を払う意欲は非線形になる，と想定して方程式を変形するとしても，ここでの焦点になっている結論は変わらない。
18) Gelman と同僚の最近の研究では，6千万分の1というわずかによい割合が平均だとされていて，そう想定すると蓋然的投票率はさらに大きくなるが，情報獲得のインセンティヴを有意に上げることはない。
19) Blake Aued, "Two Elections Decided by One Vote," *Athens Banner-Herald*, November 6, 2009, http://www.onlineathens.com/stories/110609/new_513141849.shtml. を見よ。
20) John Aldrich, "Rational Choice and Turnout," *American Journal of Political Science* 37 (1993): 246–78.
21) Terry M. Moe, *The Organization of Interests* (Chicago: University of Chicago Press, 1980), 70–72 を見よ。
22) この2つの発見については，Edlin, et al., "Voting as a Rational Choice" を見よ。また Aldrich, "Rational Choice and Turnout" も見よ。
23) 年間わずか1–2ドルの人頭税が，19世紀後半のジョージア州では投票率を約16から28パーセント減少させた。J. Morgan Kousser, *The Shaping of Southern Politics: Suffrage Restriction and the Establishment of the One-Party South, 1880–1910* (New Haven: Yale University Press, 1974), 67–68. また Bryan Caplan, *The Myth of the Rational Voter: Why Democracies Choose Bad Policies* (Princeton, NJ: Princeton University Press, 2007), 132 [『選挙の経済学』249–50ページ] にあげられた研究も見よ。
24) Donald R. Kinder and Cindy Kam, *Us Against Them: Ethnocentric Foundations of American Opinion* (Chicago: University of Chicago Press, 2009).
25) たとえば Jason Brennan, *The Ethics of Voting* (Princeton, NJ: Princeton University Press, 2011), 23–24; Geoffrey Brennan and Loren Lomasky, *Democracy and Decision* (New York: Cambridge University Press, 1993), ch. 4 を見よ。
26) Gelman et al., "What Is the Probability that Your Vote Will Make a Difference?" を見よ。
27) 可能な利益は，投票の時間と努力の削減（もし相対的に低い蓋然性のモデルが正しいならば）か，あるいは方程式 3.1 あるいは 3.2 の下の期待効用（もし Gelman が正しいならば）ということになろう。
28) 本章の第二部を見よ。
29) Caplan, *Myth of the Rational Voter*, 103–4 [邦訳 192–94 ページ].
30) 類似の議論は Guido Pincione and Fernando Teson, *Rational Choice and Democratic Deliberation* (New York: Cambridge University Press, 2006), ch. 3 を見よ。
31) この理論については，Mackie, "Rational Ignorance and Beyond" を見よ。マッキーはこの議論は投票に関する標準的な合理的選択の説明とそれに基づく合理的無知の理論を掘り崩すと主張するが，彼の議論は私がここで展開する論点を考慮していない。
32) 一般的に Lawrence J. Grossback, David A. M. Peterson, and James Stimson, *Mandate Politics* (Cambridge: Cambridge University Press, 2006) を見よ。

注（第3章）

33）他のすべての票が等しく分けられているとき，1票が勝敗を決めることになるが，1票が「大きな」委任と通常の委任との間の相違を作り出せるかどうかは明らかでない。勝者の投票数が1票多かろうが少なかろうが，それは世論にとってはほとんど知覚できないだろうし，違いに気がつきさえしないだろう。これに対して，1票の差で勝敗が決まる選挙は実際に起こりうる —— たとえめったになくても。

34）投票のパラドックスと，合理的選択に対するその関係に関するもっと徹底した議論は，Aldrich, "Rational Choice and Turnout" を見よ。それぞれの側において期待されるコストと便益がとても小さいので投票率は集合行為理論の基準にならないという Aldrich の議論は，私が本文で展開する議論を補うものとして役に立つ。

35）Terry Moe, *The Organization of Interests*, 31–32; Hardin, *How Do You Know?* 74. この説明が役に立つためには，それが**すべての**投票率を説明する必要はなく，多くの投票率を説明すれば足りる。

36）Ruy Teixeira, *The Disappearing American Voter* (Washington, DC: Brookings Institution, 1992), 56.

37）読者に思い出していただきたいが，不合理だとは単に，投票者個人が自らの義務を果たすことが実際にはその同胞を助けることに成功していない，ということを意味する。投票には「表出的効用」という動機もあるという見解の擁護は Geoffrey Brennan and Loren Lomasky, *Democracy and Decision* (New York: Cambridge University Press, 1993) を見よ。また Alan Hamlin and Colin Jennings, "Expressive Political Behavior: Foundations, Scope, and Implications," *British Journal of Political Science* 41 (2011): 1–26 も見よ。

38）Stefano DellaVigna, John List, and Ulrike Malmendier, "Voting to Tell Others," unpublished paper, February 27, 2013, http://elsa.berkeley.edu/~sdellavi/wp/turnout13-03-04.pdf.

39）Brennan and Lomasky, *Democracy and Decision*, 32–51.

40）このデータを支持するものとして David E. Campbell, *Why We Vote?* (Princeton, NJ: Princeton University Press, 2006) を見よ。

41）DellaVigna, et al., "Voting to Tell Others."

42）Jeffrey Friedman, "Ignorance as a Starting Point: From Modest Epistemology to Realistic Political Theory," *Critical Review* 19 (2007): 1–22, esp. 11–13; Jeffrey Friedman and Stephen E. Bennett, "The Irrelevance of Economic Theory to Understanding Economic Ignorance," *Critical Review* 20 (2008): 195–258, esp. 206.

43）第1章の議論を見よ。

44）Jon D. Miller "Public Understanding of, and Attitudes Toward, Scientific Research: What We Know and What We Need to Know." *Public Understanding of Science* 13 (2004): 273–94; Rafael Pardo and Felix Calvo, "The Cognitive Dimension of Public Perceptions of Science: Methodological Issues," *Public Understanding of Science* 13 (2004): 203–27.

45）Gallup poll, February 6–7, 2009. 2006年の調査によると，アメリカ人の46パーセントは，人類は進化したのではなくて，「1万年くらい前に大体現在の形で」神によって創造されたと信じていた。Gallup poll, May 8–11, 2006. 回答者の約36パーセントは，「人類はもっと進歩していない形態から数百万年にわたって発展してきたが，その過程を指導したのは神だ」と信じていた。（同上）

注（第3章）

46) National Geographic Foundation, *Final Report: National Geographic-Roper Public Affairs 2006 Geographic Literacy Study*, 2006, http://www.nationalgeographic.com/roper2006/pdf/FINALReport2006GeogLitsurvey.pdf.
47) たとえば Robert Lichter and Stanley Rothman, *Environmental Cancer—A Political Disease?* (New Haven: Yale University Press, 1999); Nancy Kraus, Torbjorn Malmfors, and Paul Slovic, "Intuitive Toxicology: Expert and Lay Judgments of Chemical Risks," *Risk Analysis* 12 (1992): 215‐32 を見よ。
48) CNN/*Time* survey, June 1997.
49) たとえば Friedman, "Popper, Weber, and Hayek." を見よ。
50) Delli Carpini and Keeter, *What Americans Know About Politics*, 184; Robert C. Luskin, "Explaining Political Sophistication," *Political Behavior* 12 (1990): 331‐53, at 344 を見よ。
51) Tyler Cowen, "Self-Deception as the Root of Political Failure," *Public Choice* 124 (2005): 437‐51 を見よ。関連する、政治的・宗教的コミットメントとスポーツファンとの比較は、Jonathan Haidt, *The Righteous Mind: Why Good People Are Divided by Politics and Religion* (New York: Pantheon, 2012)［ハイト『社会はなぜ左と右にわかれるのか』（紀伊國屋書店、2014年）］, 246‐49 を見よ。
52) レッドソックスとヤンキーズの最近の歴史を書いた著者たちは、自分たちは「レッドソックスとヤンキーズの『宿命の対決』の公正な見解」を書こうとしたわけではないと言っている。なぜなら「われわれのどちらも、ヤンキーズの観点を描こうと望んでいなかったからだ。われわれのどちらも、ヤンキーズをほめるようなことを少しでも――ましてや一冊の半分も――言ったりできなかった。」Bill Nowlin and Jim Prime, *Blood Feud: The Red Sox, the Yankees and the Struggle of Good vs. Evil* (Cambridge, MA : Rounder Books, 2004), 4.
53) たとえば Charles Lord, Lee Ross, and Mark R. Lepper, "Biased Assimilation and Attitude Polarization: The Effects of Prior Theories on Subsequently Considered Evidence," *Journal of Personality and Social Psychology* 37 (1979): 2098‐2109; Charles S. Taber and Milton R. Lodge, "Motivated Skepticism in the Evaluation of Political Beliefs," *American Journal of Political Science* 50 (2006): 755‐69 を見よ。
54) たとえば Brendan Nyhan and Jason Reifler, "When Corrections Fail: The Persistence of Political Misperceptions," unpublished paper, April 22, 2009; John Bullock, "The Enduring Importance of False Political Beliefs," paper presented at the annual meeting of the Western Political Science Association, March 17, 2006 を見よ。
55) Nyhan and Reifler, "When Corrections Fail," 311‐15.
56) Ibid., 323‐24.
57) たとえば, Taber and Lodge, "Motivated Skepticism,"; Shenkman, *Just How Stupid Are We?* ch. 3 を見よ。
58) Caplan, *Myth of the Rational Voter*, ch. 5; Bryan Caplan, "Rational Ignorance vs. Rational Irrationality," *Kyklos* 53 (2001): 3‐21. これほど発展していない類似の議論は George A. Akerlof, "The Economics of Illusion," *Economics and Politics* 1 (1989): 1‐15 を見よ。
59) Caplan, "Rational Ignorance vs. Rational Irrationality," 5.
60) Akerlof, "Economics of Illusion," 1.

61）Taber and Lodge, "Motivated Skepticism."
62）Diana Mutz, *Hearing the Other Side: Deliberative Versus Participatory Democracy* (New York: Cambridge University Press, 2006), 29–41; Alan S. Gerber, et al., "Disagreement and the Avoidance of Political Discussion: Aggregate Relationships and Differences across Personality Traits," *American Journal of Political Science* 56 (2012): 849–74.
63）Mutz, *Hearing the Other Side*, 32.
64）Shanto Iyengar and Kyu S. Hahn, "Red Media, Blue Media: Evidence of Ideological Selectivity in Media Use," *Journal of Communication* 59 (2009): 19–39 を見よ。
65）Markus Prior, "Media and Political Polarization," *Annual Review of Political Science,* forthcoming. を見よ。
66）Haidt, *The Righteous Mind*, 75–76.
67）Ibid.
68）John Stuart Mill, *On Liberty*, ed. David Spitz (New York: Norton, 1975), 36［『自由論』（岩波文庫，1971年）76ページ）］.
69）Jeffrey Friedman and Stephen E. Bennett, "The Irrelevance of Economic Theory to Understanding Economic Ignorance," *Critical Review* 20 (2008): 195–258, 206.
70）Ibid., 206–7.
71）この批判に対する同様の回答は Bryan Caplan, "Reply to My Critics," *Critical Review* 20 (2008): 377–413, 380–82 を見よ。キャプランはまた，人々は自分の信念と反しかねない情報を無視するか否かを選べる――そうしようという入念に計算された計画なしに――から，不合理であろうとする意識的な決定がなくても合理的不合理性は存在しうるとも指摘している（同上）。
72）補遺の表は，2000年の ANES 調査中の政治的知識の決定要因に関する回帰分析の結果を示すことによって，この点を例証するものである。この調査はすでに第1章で大規模に利用した。
73）他の調査と同様に2000年の ANES 調査も，政治的知識のレベルは女性が男性より低く，黒人が白人より低いということを示す。たとえば Nancy Burns, et al., *The Private Roots of Public Action: Gender, Equality, and Political Participation* (Cambridge: Harvard University Press, 2001); Delli Carpini and Keeter, *What Americans Know About Politics*, 184–85, 203–9; Sidney Verba, et al., "Knowing and Caring About Politics: Gender and Political Engagement," *Journal of Politics* 59 (1997): 1051, 1054–57 を見よ。また Michael X. Delli Carpini and Scott Keeter, "Gender and Political Knowledge," in *Gender and American Politics: Women, Men, and the Political Process*, ed. Jyl J. Josephson and Sue Tolleson-Rinehart (Armonk, NY: M.E. Sharp, 2000), 21, 24–30; Ilya Somin, "Political Ignorance and the Countermajoritarian Difficulty," *Iowa Law Review* 89 (2004): 1287, 1354–63 も見よ。
74）政治への関心という変数は，2000年選挙運動への回答者自身が報告する関心と，もっと一般的な選挙運動への回答者自身が報告する関心と，ANES の調査者が回答者のインタビューへの関心を評価したものとを組み合わせて，9点の尺度で表わしたものである。このようにして，私は回答者の関心の自己評価と外部評価の両方を含めることができる。
75）データは補遺で述べた回帰分析による。

注（第4章）

76) 以前の研究もまた，政治的関心の重要性を強調してきた。たとえば Delli Carpini and Keeter, *What Americans Know About Politics*, 184; Robert C. Luskin, "Explaining Political Sophistication," *Political Behavior* 12 (1990): 331, 344, を見よ。これは関心が政治的知識に「巨大な影響」を持つと強調した。
77) Norman H. Nie, et al., *Education and Democratic Citizenship in America* (Chicago: University of Chicago Press), 11‒66 を見よ。教育が政治的知識を向上させる可能性をもっと楽観的に評価する見解として，William Galston, "Political Knowledge, Political Engagement, and Civic Education," *Annual Review of Political Science* 4 (2001): 217 を見よ。また第7章の議論も見よ。
78) この数字は補遺で示した 2000 年の ANES のデータによる。
79) Neil Malhotra and Yotam Margalit, "State of the Nation: Anti-Semitism and the Economic Crisis," *Boston Review*, May-June 2009, http://bostonreview.net/BR34.3/malhotra_margalit.php.
80) Ibid.
81) The Harris Poll, "'Wingnuts' and President Obama," March 24, 2010, http://www.harrisinteractive.com/vault/Harris-Interactive-Poll-Research-Politics-Wingnuts-2010-03.pdf.
82) Rassmussen poll, April 30–May 1, 2007.
83) Ibid.
84) いずれの例も Cass R. Sunstein and Adrian Vermeule, "Conspiracy Theories," University of Chicago Law School Law & Economics Research Paper No. 387 (2008) で述べられている。
85) Malhotra and Margalit, "Anti-Semitism and the Financial Crisis"; Rassmussen poll, April 30–May 1, 2007; The Harris Poll, "'Wingnuts' and President Obama."
86) 別の可能なシナリオは，ユダヤ人の金融家あるいは政府公務員が意図的にではなく知らず知らずのうちに危機をひき起こしたので，ユダヤ人は危機への「非難」に値する，というものだ。しかしながら，ユダヤ人の公務員や金融家がこの点で非ユダヤ人と異なる行動をしたと示唆するような証拠は何もない。
87) 現代の民主政における世論は政治エリートによって支配されているという見解のよく知られた主張は，Benjamin Ginsberg, *The Captive Public* (New York: Basic Books, 1986) を見よ。
88) Stuart Taylor, "Campaign Lies, Media Double Standards," *National Journal*, September 20, 2008 を見よ。
89) Ibid.
90) Sandler Training poll, May 2010.
91) 類似の議論は，Caplan, *Myth of the Rational Voter*, 176‒77 [『選挙の経済学』334‒7 ページ] を見よ。
92) 本章の前の方の議論を見よ。

第4章

1) Walter Lippman, *Public Opinion* (New York: Free Press, 1997 [1922]), 174 [リップマン『世論』(岩波文庫，1987 年) 下巻 211-2 ページ].
2) しかしこの流れは過去 15 年間に少なくとも部分的に変わった。2001 年の文献レビューが指摘するように，「ある基礎的知識のレベル以下では，理性的な公民的判断を十分に行

注（第 4 章）

う能力が害されるというような，そういうレベルが存在する」という「コンセンサスが生まれつつあるという兆し」がある。William A. Galston, "Political Knowledge, Political Engagement, and Civic Education," *Annual Review of Political Science* 4 (2001): 217‒34, at 221.

3）テクニカルには，集計の奇跡は情報ショートカットではない。なぜならこれは，有権者が政治的争点に関する理解を向上させることができる道具ではなく，むしろ有権者の誤りがランダムに分布している限り有権者にはそうする必要がないと示唆する議論だからだ。私が本章にこれを含めるのは，ともかくこれは，有権者がほとんどあるいは全く知識を持っていなくても情報に基づく決定ができるとする議論だからだ。

4）たとえば Richard Lau and David Redlawsk, "Advantages and Disadvantages of Cognitive Heuristics in Political Decision Making," *American Journal of Political Science* 45 (2001): 951‒75 を見よ。この論文が示すことは，認識ショートカットはすでに情報を持っている専門家が使えば決定を改善するが，十分な情報を持たない「新米」が使うと決定を悪化させる，ということである。

5）Arthur Lupia, "How Elitism Undermines the Study of Voter Competence," *Critical Review* 18 (2006): 217‒33.

6）たとえば Samuel Popkin, *The Reasoning Voter* (Chicago: University of Chicago Press, 1991); Donald Wittman, *The Myth of Democratic Failure* (Chicago: University of Chicago Press, 1995) ［ウィットマン『デモクラシーの経済学』（東洋経済新報社，2002 年）］, ch. 1. を見よ。

7）この観念は Anthony Downs, *An Economic Theory of Democracy* (New York: Harper & Row, 1957), 243‒44 ［『民主主義の経済理論』251‒2 ページ］に遡る。

8）Popkin, *Reasoning Voter*, 23‒24. また Gerry Mackie, "Rational Ignorance and Beyond," in *Collective Wisdom: Principles and Mechanisms*, ed. Hélène Landemore and Jon Elster (Cambridge: Cambridge University Press, 2012), 290‒91 も見よ。

9）Popkin, *Reasoning Voter*, 23.

10）Thomas Holbrook and James Garand, "Homo Economicus? Economic Information and Economic Voting," *Political Research Quarterly* 49 (1996), 361.

11）Ibid., 360.

12）Ibid.

13）Diana Mutz, "Direct and Indirect Routes to Politicizing Personal Experience: Does Knowledge Make a Difference?" *Public Opinion Quarterly* 57 (1993), 483‒502.

14）Martin Gilovich, *How We Know What Isn't So: The Fallibility of Human Reason in Everyday Life* (New York: Simon & Schuster, 1991), 78‒79 ［ギロビッチ『人間　この信じやすきもの』（新曜社，1993 年）126‒8 ページ］を見よ。

15）Bryan Caplan, *The Myth of the Rational Voter: Why Democracies Choose Bad Policies* (Princeton, NJ: Princeton University Press, 2007), 36‒39 ［『選挙の経済学』74‒8 ページ］.

16）Ilya Somin, "Voter Ignorance and the Democratic Ideal," *Critical Review* 12 (1998): 413‒58, at 421.

17）Downs, *Economic Theory of Democracy*, chs. 7‒8; John H. Aldrich, *Why Parties?* (Chicago: University of Chicago Press, 1995), 47‒49.

18）たとえば Aldrich, *Why Parties?* 170‒74 を見よ。

注（第4章）

19) D. Sunshine Hillygus and Todd Shields, *The Persuadable Voter: Wedge Issues in Presidential Campaigns* (Princeton, NJ: Princeton University Press, 2008), 31. また Richard R. Lau and David P. Redlawsk, *How Voters Decide* (New York: Cambridge University Press, 2006), 76–82 を見よ。
20) 表1.4を見よ。
21) この点について，回顧的投票に関する本章の後の議論も見よ。
22) たとえば，2012年において20年間成人だったアメリカの有権者は，政治意識を持つに至った以来，二つの民主党政権と二つの共和党政権を経験していたことになるだろう。これはオバマ政権の最初の2年を数に入れている。
23) David Schleicher, "Why Is There No Partisan Competition in City Council Elections? The Role of Election Law," *Journal of Law and Politics* 23 (2007): 419–73 を見よ。Schleicher は，地方政府は資本の流動性とその他のファクターによって完全に拘束されているから地方政府における党派的競争は重要でないという主張を効果的に論駁している (ibid., 420–25)。
24) Schleicher, "Why Is There No Partisan Competition in City Council Elections?"
25) Lau and Redlawsk, *How Voters Decide*, 86–87.
26) Somin, "Voter Ignorance and the Democratic Ideal" を見よ。
27) Lau and Redlawsk, *How Voters Decide*, 202–3.
28) Kathleen Bawn, et al., "A Theory of Political Parties: Groups, Policy Demands and Nominations in American Politics," unpublished paper, UCLA, September 5, 2011, http://masket.net/Theory_of_Parties.pdf, 1–2, 12–14 を見よ。
29) たとえば Larry M. Bartels, "Beyond the Running Tally: Partisan Bias in Political Perceptions," *Political Behavior* 24 (2002): 117–150 を見よ。
30) たとえば John Bullock, Alan Gerber, and Gregory Huber, "Partisan Bias in Responses to Factual Questions," paper presented at the Western Political Science Association, March 2010 を見よ。
31) Ibid.
32) 本章の後の，集計の奇跡に関する議論を見よ。
33) そのような選挙は地方レベルではよくある。David Schleicher, "Why Is There No Partisan Competition in City Council Elections?" を見よ。
34) Susan Herbst, *Numbered Voices: How Opinion Polling Has Shaped American Politics* (Chicago: University of Chicago Press, 1995) を見よ。
35) たとえば James L. Stimson, *Tides of Consent: How Public Opinion Shapes American Politics* (New York: Cambridge University Press, 2006); Robert Erikson, et al., *Statehouse Democracy: Public Opinion and Policy in the American States* (New York: Cambridge University Press, 1993); Lawrence R. Jacobs, *The Health of Nations: Public Opinion and the Making of American and British Health Policy* (Ithaca: Cornell University Press, 1993); Benjamin Page and Robert Shapiro, *The Rational Public* (Chicago: University of Chicago Press, 1992) を見よ。
36) もっとも徹底的な研究は Scott L. Althaus, *Collective Preferences in Democratic Politics* (New York: Cambridge University Press, 2003) を見よ。
37) Ibid.
38) 回顧的投票に関する本章の議論を見よ。また Samuel DeCanio, "State Autonomy and

American Political Development: How Mass Democracy Promoted State Power," *Studies in American Political Development* 19 (2005): 117–136; Samuel DeCanio, "Beyond Marxist State Theory: State Autonomy in Democratic Societies," *Critical Review* 14 (2000): 215–36 も見よ。

39) この理論を支持する広範な文献の代表例を引用するものとして，Somin, "Voter Ignorance and the Democratic Ideal," 424 を見よ。

40) Popkin, *Reasoning Voter*, 47 に引用された W. Russell Neuman。オピニオン・リーダー・ショートカットのもっとも詳細な擁護は，Arthur Lupia and Matthew McCubbins, *The Democratic Dilemma: Can Citizens Learn What they Need to Know?* (New York: Cambridge University Press, 1998) ［ルピア／マカビンズ『民主制のディレンマ』(木鐸社，2005 年)］を見よ。私はその本の書評の中で彼らの分析を批判した。Ilya Somin, "Resolving the Democratic Dilemma?" *Yale Journal on Regulation* 16 (1999): 401–16 を見よ。

41) Danny Oppenheimer and Mike Edwards, *Democracy Despite Itself: Why a System That Shouldn't Work at All Works So Well* (Cambridge: MIT Press, 2012), 183–84.

42) Sidney Verba, et al., *Voice and Equality* (Cambridge: Harvard University Press, 1995) の中の広汎な分析を見よ。

43) Somin, "Voter Ignorance and the Democratic Idea," 425 に引用された文献を見よ。古典的な分析は Philip Converse, "The Nature of Belief Systems in Mass Publics," in *Ideology and Discontent*, ed. David Apter (New York: Free Press, 1964) ［『イデオロギーと現代政治』(慶應通信，1968 年)］である。

44) 私は Somin, "Resolving the Democratic Dilemma?" 404–11 において，オピニオン・リーダーの欠点をもっと詳しく分析した。

45) たとえば Arthur Lupia and Matthew McCubbins, *The Democratic Dilemma: Can Citizens Learn What They Need to Know?* (New York: Cambridge University Press, 1998), ch. 9 を見よ。

46) Ibid.

47) Somin, "Resolving the Democratic Dilemma?" 411 を見よ。

48) たとえば Jonathan Woon, "Democratic Accountability and Retrospective Voting: A Laboratory Experiment," *American Journal of Political Science* 56 (2012): 913–30.

49) R. Douglas Arnold, *The Logic of Congressional Action* (New Haven: Yale University Press, 1990), 28–34, 272–73 を見よ。本章で展開された回顧的投票批判は，政治家が回顧的投票を予想する場合にも予想しない場合にも，同じように容易にあてはまる。いずれのシナリオでも，回顧的投票の効力はさまざまな種類の無知の影響を受けるだろう。政治的指導者が無知の存在について知っていれば，彼らはそれを自分たちの計算の中に取り込むことさえできる。

50) Morris Fiorina, *Retrospective Voting in American Presidential Elections* (New Haven: Yale University Press, 1981), 10. また V. O. Key, *The Responsible Electorate* (Cambridge Harvard University Press, 1966), 60–61 も見よ。

51) 私は規範的理論を第 2 章で考察した。

52) 他のそのようなケースに関する，序章と第 1 章の議論を見よ。

53) Suzanne Mettler, *The Submerged State: How Invisible Government Policies Undermine American Democracy* (Chicago: University of Chicago Press, 2011), ch. 1 を見よ。

注（第4章）

54) たとえば D. Roderick Kiewet, *Macroeconomics and Micropolitics* (Chicago: University of Chicago Press, 1983) を見よ。
55) Andrew Leigh, "Does the World Economy Swing National Elections?" *Oxford Bulletin of Economics and Statistics* 71 (2009): 163–81.
56) Justin Wolfers, "Are Voters Rational? Evidence from Gubernatorial Elections," working paper, University of Pennsylvania (2011).
57) Ibid.
58) Christopher H. Achen and Larry Bartels, "Blind Retrospection Electoral Responses to Drought, Flu, and Shark Attacks," UCLA International Institute, revised January 24, 2004, http://www.international.ucla.edu/media/files/PERG .Achen.pdf; Andrew Healy, Neil Malhotra, and Cecilia Hyunjung Mo, "Irrelevant Events Affect Voters' Evaluations of Government Performance," *Proceedings of the National Academy of Sciences* 107 (2010): 12804–9; Andrew Healy and Neil Malhotra, "Random Events, Economic Losses, and Retrospective Voting: Implications for Democratic Competence," *Quarterly Journal of Political Science* 5 (2010): 193–208.
59) Healy, Malhotra, and Hyunjung Mo, "Irrelevant Events Affect Voters' Evaluations of Government Performance."
60) Michael K. Miller, "For the Win! The Effect of Professional Sports Records on Mayoral Elections," *Social Science Quarterly* 94 (2013): 59–78.
61) Christopher H. Achen and Larry Bartels, "Musical Chairs: Pocketbook Voting and the Limits of Democratic Accountability," Princeton University, September 2004, http://www.princeton.edu/~bartels/chairs.pdf; Larry M. Bartels, *Unequal Democracy: The Political Economy of a New Gilded Age* (Princeton, NJ: Princeton University Press, 2010), 99–104; Christopher Achen and Larry Bartels, "Myopic Retrospection and Party Realignment in the Great Depression," working paper, Princeton University (2008).
62) Gregory Huber, Seth Hill, and Gabriel Lenz, "Sources of Bias in Retrospective Decision Making: Experimental Evidence on Voters' Limitation in Controlling Incumbents," *American Political Science Review* 106 (2012): 720–41.
63) Frederic Bastiat, *That Which Is Seen, That Which Is Not Seen: The Unintended Consequences of Government Spending* (West Valley, UT: Editorium, 2006 [1849]), 1–2.
64) 表1.1を見よ。
65) 有権者は政府の構造を知らないという証拠の引用は第1章を見よ。
66) Fiorina, *Retrospective Voting*, 11.
67) Bryan Caplan, Eric Crampton, Wayne Grove, and Ilya Somin, "Systematically Biased Beliefs About Political Influence," *PS: Political Science and Politics*, forthcoming, available at http://ssrn.com/abstract=2241024. 公衆と政治学者の間のこれらの相違は，イデオロギー・教育・収入・性別・人種といった変数をコントロールした後でも残る。それゆえそれは専門家が持つすぐれた知識の産物なのだろう。
68) Ibid.
69) 経済的な回顧的投票に対する，知識に基づくいささか異なった批判は Jose Antonio Cheibub and Adam Przeworski, "Democracy, Elections, and Accountability for Economic Out-

comes," in *Democracy, Accountability, and Representation* ed. Adam Przeworski, Susan Stokes, and Bernard Manin (Cambridge: Cambridge University Press, 1999), 222‒50 を見よ.
70) Achen and Bartels, "Blind Retrospection," 36.
71) Ibid., 4.
72) Amartya Sen, *Development as Freedom* (Norwell, MA : Anchor Press, 1999), 178 ［セン『自由と経済開発』（日本経済新聞社, 2000 年) 201‒3 ページ].
73) スターリンの共産党政府は, 1930 年代前半のソヴィエト連邦で数百万人の死者を出した飢饉を意図的に作り出した. Robert Conquest, *The Harvest of Sorrow* (New York: Oxford University Press, 1986)［コンクエスト『悲しみの収穫』（恵雅堂出版, 2007 年)］を見よ. 一層大きい 3 千万人と推定される人々の命を奪った, 毛沢東の中国で起きた政府主導の飢饉について, Jasper Becker, *Hungry Ghosts: Mao's Secret Famine* (New York: Holt, 1996)［ベッカー『餓鬼（ハングリー・ゴースト)』（中央公論新社, 2012 年)］を見よ.
74) Rudolph Rummel, *Power Kills: Democracy as a Method of Nonviolence* (New Brunswick: Transaction, 1997); Rudolph Rummel, *Death by Government* (New Brunswick: Transaction, 1994).
75) Alastair Smith and Alejandro Quiroz Flores, "Disaster Politics: Why Earthquakes Rock Democracies Less," *Foreign Affairs*, July 15, 2010, http://www.foreignaffairs.com/articles/66494/alastair-smith-and-alejandro-quiroz-flores/disaster-politics.
76) Andrew Healy and Neil Malhotra, "Myopic Voters and Natural Disaster Policy," *American Political Science Review* 103 (2009): 387‒406.
77) アメリカとニュージーランドの政治的伝統の最近の比較は, David Hackett Fisher, *Fairness and Freedom: A History of Two Open Societies: New Zealand and the United States* (New York: Oxford University Press, 2012) を見よ.
78) 第 5 章で論ずるように, 連邦制はいくつかの仕方で政治的無知の問題を軽減もするだろう.
79) Larry Bartels, "Beyond the Running Tally"; Thomas Rudolph, "Triangulating Political Responsibility: The Motivated Formation of Responsibility Judgments," *Political Psychology* 27 (2006): 99‒122; Michael Marsh and James Tilley, "The Attribution of Credit and Blame to Governments and Its Impact on Vote Choice," *British Journal of Political Science* 40 (2009) 115‒34; Chistopher H. Achen and Larry M. Bartels, "It Feels Like We're Thinking: The Rationalizing Voter and Electoral Democracy," working paper (2006), http://www.princeton.edu/~bartels/papers; and Donald Green, Bradley Palmquist, and Eric Shickler, *Partisan Hearts and Minds: Political Parties and the Social Identities of Voters* (New Haven: Yale University Press, 2002), vii–viii, 85‒139 を見よ.
80) 上記に引用された著作を見よ.
81) Bartels, "Beyond the Running Tally," 133‒38.
82) 本章後記の,「集計の奇跡」に関する議論を見よ.
83) Converse, "The Nature of Belief Systems in Mass Publics."
84) Shanto Iyengar, "Shortcuts to Political Knowledge: The Role of Selective Attention and Accessibility," in *Information and Democratic Processes*, ed. John Ferejohn and James Kuklinski (Urbana: University of Illinois Press, 1990).

85) Michael X. Delli Carpini and Scott Keeter, *What Americans Know About Politics and Why It Matters* (New Haven: Yale University Press, 1996), 138–52.
86) たとえば Vincent L. Hutchings, *Public Opinion and Democratic Accountability: How Citizens Learn About Politics* (Princeton, NJ: Princeton University Press, 2003) を見よ。
87) Ibid., ch. 4.
88) Iyengar, "Shortcuts to Political Knowledge."
89) Somin, "Voter Ignorance and the Democratic Ideal," 429.
90) Mancur Olson, *The Logic of Collective Action* (Cambridge, MA : Harvard University Press, 1965), 165 [『集合行為論』201 ページ].
91) たとえば Matthew A. Baum, "Soft News and Political Knowledge: Evidence of Absence or Absence of Evidence," *Political Communication* 20 (2003): 173–90; Kathleen McGraw, Milton Lodge, and Patrick Stroh, "On-line Processing in Candidate Evaluation: The Effects of Issue Order, Issue Importance, and Sophistication," Political Behavior 12 (1990): 41–58; Milton Lodge, Kathleen McGraw, and Patrick Stroh, "An Impression-Driven Model of Candidate Evaluation," *American Political Science Review* 83 (1989): 399–419 を見よ。
92) 前注にあげた文献を見よ。
93) 本章前記の議論を見よ。
94) 本章前記の回顧的投票に関する議論を見よ。
95) Daniel Kahneman, *Thinking Fast and Slow* (New York: Farrar, Straus & Giroux, 2011), 31–38 [カーネマン『ファスト&スロー』(早川書房, 2014 年)] を見よ。
96) Ibid., 41–48 を見よ。不合理性に関する第 3 章の議論も見よ。
97) 第 3 章の議論を見よ。
98) たとえば Gabriel Lenz and Chapell Lawson, "Looking the Part: Television Leads Less-Informed Citizens to Vote Based on Candidates' Appearance," *American Journal of Political Science* 55 (2011): 574–89 を見よ。
99) このフレーズは Philip Converse, "Popular Representation and the Distribution of Information," in *Information and Democratic Processes*, ed. John Ferejohn and James Kuklinski (Urbana: University of Illinois Press, 1990), 383 から取った。
100) 集合理論を支持する議論は, たとえば Oppenheimer and Edwards, *Democracy Despite Itself*, 185–87; Wittman, *Myth of Democratic Failure* [『デモクラシーの経済学』]; Converse, "Popular Representation"; Page and Shapiro, *Rational Public*; James Stimson, "A Macro Theory of Information Flow," in *Information and Democratic Processes*, ed. John Ferejohn and James Kuklinski (Urbana: University of Illinois Press, 1990); Bernard Grofman and Julie Withers, "Information-Pooling Models of Electoral Politics," *Information, Participation and Choice*, ed. in Bernard Grofman (Ann Arbor: University of Michigan Press, 1993); James Surowiecki, *The Wisdom of Crowds: Why the Many Are Smarter Than the Few* (New York: Doubleday, 2004) [スロウィッキー『「みんなの意見」は案外正しい』(角川文庫, 2009 年)], ch. 12; and Robert S. Erikson, Michael B. Mackuen, and James A. Stimson, *The Macro Polity* (New York: Cambridge University Press, 2002) を見よ。
101) Page and Shapiro, *Rational Public*, ch. 10.

102) Converse, "Popular Representation."
103) Althaus, *Collective Preferences*, 129–33 を見よ。
104) Ibid., 130.
105) たとえば Delli Carpini and Keeter, *What Americans Know About Politics*, ch. 6; Martin Gilens, "Political Ignorance and Collective Policy Preferences," *American Political Science Review* 95 (2001): 379–96 を見よ。
106) Gilens, "Political Ignorance and Collective Policy Preferences," 387.
107) 第3章の議論を見よ。
108) Ibid.
109) Arthur Lupia, "Shortcuts vs. Encyclopedias: Information and Voting Behavior in California's Insurance Reform Elections," *American Political Science Review* 88 (1994): 63–76 を見よ。
110) Caplan, *Myth of the Rational Voter* [『選挙の経済学』]; Holbrook and Garand, "Homo Economicus"; Mutz, "Politicizing Personal Experience"; Lau and Redlawsk, "Advantages and Disadvantages of Cognitive Heuristics in Political Decision Making." また本章後記の議論も見よ。
111) Krishna K. Lada, "The Condorcet Jury Theorem, Free Speech, and Correlated Votes," *American Journal of Political Science* 36 (1992): 617–34 を見よ。
112) Krishna K. Ladha, "Information Pooling Through Majority-Rule Voting: Condorcet's Jury Theorem with Correlated Votes," *Journal of Law, Economics, and Organization* 26 (1995): 353–72.
113) この種の初期の結果については Converse, "The Nature of Belief Systems in Mass Publics" を見よ。
114) 性別と人種による政治的知識の相違については、たとえば Ilya Somin, "Political Ignorance and the Countermajoritarian Difficulty: A New Perspective on the 'Central Obsession' of Constitutional Theory," *Iowa Law Review* 87 (2004): 1354–63 とそこにあげられた文献を見よ。他の相違については、たとえば Delli Carpini and Keeter, *What Americans Know About Politics*, 135–77; Althaus, *Collective Preferences*, 16–17 を見よ。
115) David O. Sears and Carolyn Funk, "Self-Interest in Americans' Political Opinions," in *Beyond Self-Interest*, ed. Jane J. Mansbridge (Chicago: University of Chicago Press, 1990): 147–71 を見よ。また D. Roderick Kiewet, *Macroeconomics and Micropolitics*, (Chicago: University of Chicago Press, 1983) も見よ。関連する文献の最近の要約として、Caplan, *Myth of the Rational Voter*, 148–51 [『選挙の経済学』281–8 ページ] も見よ。
116) Caplan, *Myth of the Rational Voter*, 147–51 [邦訳 279–288 ページ].
117) Ibid., 150 [邦訳 285 ページ].
118) Robert Wolpert and James Gimpel, "Self-Interest, Symbolic Politics, and Public Attitudes Towards Gun Control," *Political Behavior* 20 (1998): 241–62.
119) たとえば Tali Mendelberg, *The Race Card* (Chicago: University of Chicago Press, 2001) を見よ。
120) Donald R. Kinder and Cindy Kam, *Us Against Them: Ethnocentric Foundations of American Public Opinion* (Chicago: University of Chicago Press, 2009) を見よ。
121) たとえば Scott E. Page, *The Difference: How the Power of Diversity Creates Better Groups, Schools, Firms, and Societies* (Princeton, NJ: Princeton University Press, 2007), 182–88 [ページ『「多

注（第4章）

様な意見」はなぜ正しいのか』（日経BP出版センター，2009年）235‐242ページ］; Hélène Landemore, "Democracy and Reason: Why the Many Are Smarter Than the Few and Why It Matters," *Journal of Public Deliberation* 8 (2012): 1‐14; Jack Knight and James Johnson, *The Priority of Democracy: Political Consequences of Pragmatism* (Princeton, NJ: Princeton University Press, 2011), 158‐61 を見よ。Landemore は自らの議論を Hélène Landemore, *Democratic Reason: Politics, Collective Intelligence, and the Rule of the Many* (Princeton: Princeton University Press, 2013) の中で拡充しているが，残念ながらその刊行が最近であるために，ここでは十分考慮できなかった。

122) たとえば Page, *The Difference*, 152‐74 ［邦訳 199‐225 ページ］; Lu Hong and Scott E. Page, "Groups of Diverse Problem Solvers Can Outperform Groups of High-Ability Problem Solvers," *Proceedings of the National Academy of Sciences* 101 (2004): 16385‐89, esp. 16386 を見よ。

123) Hong and Page, 16386.

124) Landemore, "Democracy and Reason," 3. また Hélène Landemore, "Democratic Reason: The Mechanisms of Collective Intelligence in Politics," in *Collective Wisdom: Principles and Mechanisms*, ed. Helene Landemore and Jon Elster (Cambridge: Cambridge University Press, 2012) を見よ。また Landemore, *Democratic Reason*, 97‐99 も見よ。

125) Landemore, "Democracy and Reason," 3.

126) 第3章の議論を見よ。

127) 第3章を見よ。

128) Landemore, "Democracy and Reason," 4; Hong and Page, "Groups of Diverse Problem Solvers."

129) 前記の議論を見よ。

130) Landemore, *Democratic Reason*, 102.

131) 正当にも Landemore は，「市民が間違った見解 ── 人種的偏見や，ブライアン・キャプランが診断した経済的事柄における体系的バイアス ── を共有しているならば，多数決原理は単にこれらの間違いを拡大して，ランダムに選ばれた一人の市民が行う決定よりも，民主的決定を一層愚かなものにするだけだろう」と認めている。Landemore, "Democracy and Reason," 5. しかし彼女は，大きなグループの中ではある種の間違いが別の種類の間違いよりわずかに優越しているだけでもこの結果に至り，かくして多様性がもたらす利益の大部分を打ち消すかもしれないという可能性を考慮していない。

132) 〈陪審定理〉とそれに関する最近の文献の議論は，Kerstin Gerling, Hans Peter Grüner, Alexandra Kiel, and Elisabeth Schulte, "Information Acquisition and Decisionmaking in Committees: A Survey," European Central Bank, working paper no. 236 (2003) を見よ。

133) この原理の有益な再定式化と説明は Dennis C. Mueller, *Public Choice III* (New York: Cambridge University Press, 2003), 128‐29 を見よ。

134) この見解の最近の擁護は Cesare Martinelli, "Would Rational Voters Acquire Costly Information?" *Journal of Economic Theory* 129 (2006): 225‐51; Yukio Koriyama and Balazs Szentes, "A Resurrection of the Condorcet Jury Theory," *Theoretical Economics* 4 (2009): 227‐52; and Christian List and Robert E. Goodin, "Epistemic Democracy: Generalizing the Condorcet Jury Theorem," *Journal of Political Philosophy* 9 (2001): 277‐306 を見よ。

135) ある条件下では，この定理は投票者の誤りが相互に結びついている場合でさえも成立するかもしれない。Krishna K. Lada, "The Condorcet Jury Theorem, Free Speech, and Correlated Votes," *American Journal of Political Science* 36 (1992): 617–34 を見よ。しかしながら，誤りの間の相互連関が高くなればなるほど，個々の投票者の判断の質は有意に向上するに違いない。(ibid.)
136) Landemore は，〈陪審定理〉は投票者たちの決定が「低い」相関関係しか持っていない限りで効力を持ちうると論ずる。Landemore, *Democratic Reason*, 153. しかし実際にはその相関関係はしばしば極めて高い。このことは政党やイデオロギーやエスニック・グループやその他の政治的集団への広汎な忠誠心の存在が示すところだ。
137) Gerling, et al., "Information Acquisition and Decision Making in Committees," を見よ。文献のサーヴェイは Kaushik Mukhopadhaya, "Jury Size and the Free Rider Problem," *Journal of Law, Economics, and Organization* 19 (2003): 24–44 も見よ。この結果は，選挙人団が大きくなるにつれて追加的情報獲得のコストがゼロに近づくならば妥当しないかもしれない。Martinelli, "Would Rational Voters Acquire Costly Information?" and Koriyama and Szentes, "A Resurrection of the Condorcet Jury Theory" を見よ。しかし情報獲得の主たるコストが情報を得て処理するための時間と努力だという事実に照らすと，そのような想定はもっともらしくない。
138) Mukhopadhaya, "Jury Size and the Free Rider Problem."

第5章

1) Garabed Sarkissian, "Thoughts on the Business of Life," *Forbes*, July 2, 2007 に引用。
2) 関連する歴史の概観は Scott Gordon, *Controlling the State: Constitutionalism From Ancient Athens to Today* (Cambridge: Harvard University Press, 2002) を見よ。
3) 私自身は以前のいくつかの出版物でこれらの利益を簡潔に論じた。たとえば Ilya Somin, "Foot Voting, Political Ignorance, and Constitutional Design," *Social Philosphy and Policy* 28 (2011): 202–26; Ilya Somin, "Political Ignorance and the Countermajoritarian Difficulty: A New Perspective on the 'Central Obsession' of Constitutional Theory," *Iowa Law Review* 87 (2004): 1287–1371; Ilya Somin, "Knowledge About Ignorance: New Directions in the Study of Political Information," *Critical Review* 18 (2006): 255–78; and Ilya Somin, "When Ignorance Isn't Bliss: How Political Ignorance Threatens Democracy," *Cato Institute Policy Analysis* No. 525 (2004) を見よ。しかしながら，本章ははるかに広範な分析である。Viktor Vanberg と James Buchanan は合理的な政治的無知が立憲過程にとって有する重要性を分析した。Viktor Vanberg and James Buchanan, "Constitutional Choice, Rational Ignorance and the Limits of Reason," in *Rules and Choice in Economics*, ed. Viktor Vanberg (New York: Routledge, 1994), 178–92 を見よ。しかしその論文は憲法の設計において連邦制が持ちうる含意に簡単に言及するにすぎない (ibid., 188–89)。民主主義理論にとって退出権が持つ含意を，有権者の無知という論点を大部分無視しながらも最近徹底的に概観したものとして，Mark Warren, "Voting with Your Feet: Exit-Based Empowerment in Democratic Theory," *American Political Science Review* 105 (2011): 683–701 を見よ。しかし Warren はこの問題に簡潔に言及してはいる (ibid., 688, 692)。

4) ここで使った「足による投票」と「投票箱の投票」という用語はアルバート・ハーシュマンの有名な「退場」と「声」の区別に近い。Albert Hirschman, *Exit, Voice, and Loyalty: Responses to Decline in Firms, Organizations, and States* (Cambridge: Harvard University Press, 1970)［ハーシュマン『組織社会の論理構造』(ミネルヴァ書房，1975年)］を見よ。しかしながら，ハーシュマンの「声」の概念の中には組織内部から影響を及ぼす方法として投票以外のものも含まれている。彼は退場と声をもっと一般的に比較するが，私は足による投票と投票箱の投票を比較しようとするにとどまる。だから私は「退場」と「声」の代わりに「足による投票」と「投票箱の投票」という用語を使って，本章がハーシュマンの古典的著作とは少し違った焦点を持っているということを明らかにしようとした。
5) Charles Tiebout, "A Pure Theory of Local Expenditures," *Journal of Political Economy* 64 (1956): 516–24.
6) 政治理論における関連する文献の多くをカバーする最近の概観として，Warren, "Voting with Your Feet." を見よ。
7) Adam Przeworksi, *Democracy and the Limits of Self-Government* (Cambridge: Cambridge University Press, 2010), 101.
8) たとえば Michael X. Delli Carpini and Scott Keeter, *What Americans Know About Politics and Why It Matters* (New Haven: Yale University Press, 1996), 147–48, 207–8 を見よ。
9) Lee Shaker, "Local Political Knowledge and Assessments of Citizen Competence," *Public Opinion Quarterly* 76 (2012): 525–37.「何も知らない」とは，選択式質問であてずっぽうで得られる以下の正答しか与えない調査回答者のこと。
10) Ibid.; Delli Carpini and Keeter, *What Americans Know About Politics*, 148–50, 207–9.
11) たとえば Frank Bryan, *Real Democracy: The New England Town Meeting and How It Works* (Chicago: University of Chicago Press, 2004); J. Eric Oliver, *Democracy in Suburbia* (Princeton, NJ: Princeton University Press, 2001), 42–52 を見よ。しかしながら，全体的な知識レベルは極めて小さなコミュニティの中でさえ低い。Ilya Somin, "Deliberative Democracy and Political Ignorance," *Critical Review* 22 (2010): 253–79, at 270 を見よ。
12) この点について David Schleicher, "Why Is There No Partisan Competition in City Council Elections? The Role of Election Law," *Journal of Law and Politics* 23 (2007): 419–73 を見よ。
13) Bill Bishop, *The Big Sort: Why the Clustering of the Like-Minded Is Tearing Apart America* (Boston: Houghton Mifflin Harcourt, 2008) を見よ。
14) 回顧的投票に関する第4章の議論を見よ。
15) Ibid.
16) Lee Shaker, "Local Political Knowledge and Assessments of Citizen Competence," *Public Opinion Quarterly* 76 (2012): 525–37, esp. 531–34.
17) Bishop, *The Big Sort* を見よ。
18) David Lowery, "Consumer Sovereignty and Quasi-Market Failure," *Journal of Public Administration Research and Theory* 8 (1998): 137–172, 152–53. 統治領域間の競争から生じうる他の情報問題の要約は，Peter J. Boettke, Christopher Coyne, and Peter Leeson, "Quasimarket Failure," *Public Choice* 149 (2011): 209–24, 213–14 を見よ。
19) Lowery, "Consumer Sovereignty and Quasi-Market Failure," 148–49; Boettke, et al., "Quasi-

market Failure," 213.
20) 回顧的投票に関する第4章の議論を見よ。
21) 回顧的投票に関する第4章の節の中の、この点に関する議論を見よ。
22) 明らかに、自分自身か自分の地方の狭い自己利益しか気にかけない投票者は一国の政策がその国の他の地方に及ぼすインパクトを考慮する理由を持たない。しかしながら、証拠が示唆するところによれば、大部分の投票者は自分の政治的意見を狭い自己利益に基づかせておらず、多くの人々は一国全体の利益になるように投票しようとしている。自己利益的投票に関する第2章の議論を見よ。
23) Sarkissian, "Thoughts on the Business of Life" に引用。
24) 第3章の議論を見よ。
25) Edward Rubin and Malcolm Feeley, "Federalism: Some Notes on a National Neurosis," *UCLA Law Review* 41 (1994): 903–52, esp. 936–42.
26) たとえば ibid., 936–51; Malcolm Feeley and Edward Rubin, *Federalism: Political Identity and Tragic Compromise* (Ann Arbor: University of Michigan Press, 2008) を見よ。
27) Thomas Dye, *American Federalism: Competition Among Governments* (New York: John Wiley & Sons, 1990), 1–33; Ilya Somin, "Closing the Pandora's Box of Federalism: The Case for Judicial Restriction of Federal Subsidies to State Governments," *Georgetown Law Journal* 90 (2002): 468–71; Barry Weingast, "The Economic Role of Political Institutions: Market-Preserving Federalism and Economic Development," *Journal of Law, Economics, and Organization* 11 (1995):1–31. 初期の議論は F. A. Hayek, *Law Legislation and Liberty*, vol. 3, *The Political Order of a Free People* (Chicago: University of Chicago Press, 1979), 146–47 [『ハイエク全集10 法と立法と自由Ⅲ』(春秋社、2008年) 200ページ] を見よ。
28) Somin, "Political Ignorance and the Countermajoritarian Difficulty."
29) この問題についてはたくさんの文献がある。たとえば Lawrence R. Jacobs and Robert Shapiro, *Politicians Don't Pander: Political Manipulation and the Loss of Democratic Responsiveness* (Chicago: University of Chicago Press, 2000); Tali Mendelberg, *The Race Card* (Chicago: University of Chicago Press, 2001); Ilya Somin, "Voter Knowledge and Constitutional Change: Assessing the New Deal Experience," *William & Mary Law Review* 45 (2003): 595–674, at 652–54 を見よ。
30) Paul Teske, Mark Schneider, Michael Mintrom, and Samuel Best, "Establishing the Micro Foundations of a Macro Model: Information, Movers, and the Market for Local Public Goods," *American Political Science Review* 87 (1993): 702–13 を見よ。
31) 集合の奇跡に関する第4章の議論を見よ。
32) 新しいユタ州へのモルモン教徒の居住が引き起こした連邦制問題に関するよい議論は、Sarah Barringer Gordon, *The Mormon Question: Polygamy and Constitutional Conflict in Nineteenth-Century America* (Chapel Hill: University of North Carolina Press, 2002) を見よ。ピルグリムがヨーロッパを去ってマサチューセッツに新たな社会を建設しようとした決定に関する最近の記述は、Nathan Philbrick, *Mayflower: A Story of Courage, Community, and War* (New York: Viking, 2006) を見よ。
33) たとえば Adolf Ens, *Subjects or Citizens? The Mennonite Experience in Canada, 1870–1925*

(Ottawa: University of Ottawa Press, 1994); Steven Nolt, *A History of the Amish*, rev. ed. (Intercourse, PA: Good Books, 2004) を見よ。

34) William Cohen, *At Freedom's Edge: Black Mobility and the Southern White Quest for Racial Control, 1861 – 1915* (Baton Rouge: Louisiana State University Press, 1991); Florette Henri, *Black Migration: Movement North 1900 – 20* (New York: Doubleday, 1975); Daniel M. Johnson and Rex R. Campbell, *Black Migration in America: A Social Demographic History* (Durham, NC : Duke University Press, 1981); David E. Bernstein, "The Law and Economics of Post–Civil War Restrictions on Interstate Migration by African-Americans," *Texas Law Review* 76 (1998): 782 – 85 を見よ。

35) Johnson and Campbell, *Black Migration in America*, 74 – 75.

36) Ibid., 77.

37) Ibid., 114 – 23.

38) Ibid., 60 – 61; Cohen, *At Freedom's Edge*; Robert Higgs, *Competition and Coercion: Blacks in the American Economy 1865 – 1914* (New York: Cambridge University Press, 1977).

39) Price V. Fishback, "Can Competition Among Employers Reduce Governmental Discrimination? Coal Companies and Segregated Schools in West Virginia in the Early 1900s," *Journal of Law and Economics* 32 (1989): 324 – 41; Cohen, *At Freedom's Edge*; Robert Higgs, *Competition and Coercion*.

40) United States Bureau of the Census, *A Half-Century of Learning: Historical Statistics on Educational Attainment in the United States, 1940 to 2000* (Washington, DC: Bureau of the Census, 2000), Tables 7a and 11a.

41) James D. Anderson, *The Education of Blacks in the South, 1860 – 1935* (Chapel Hill: University of North Carolina Press, 1988).

42) Henri, *Black Migration*, 59 – 60.

43) Johnson and Campbell, *Black Migration in America*, 83.

44) ショートカットの提唱者の中には，合理的に無知な有権者は自分よりも知識のある「オピニオンリーダー」からのキューに依存できると論ずる人がいる。私はこの理論を Ilya Somin, "Voter Ignorance and the Democratic Ideal," *Critical Review* 12 (1998): 413 – 58; and Ilya Somin, "Resolving the Democratic Dilemma?" *Yale Journal on Regulation* 16 (1999): 401 – 16 で批判した。

45) Henri, *Black Migration*, 63 – 64.

46) これらの移民代理人と彼らが南部黒人に情報を提供した役割の詳細な記述は，Bernstein, "The Law and Economics of Post–Civil War Restrictions," 782 – 83, 792 – 802 を見よ。また Henri, *Black Migration*, 60 – 62; Cohen, *At Freedom's Edge*, 119 – 27, 259 – 70; Ira Berlin, *The Making of African America: The Four Great Migrations* (New York: Viking, 2010), 158 – 59 も見よ。

47) Henri, *Black Migration*, 62 – 63.

48) Ibid.; Bernstein, "The Law and Economics of Post–Civil War Restrictions."

49) Henri, *Black Migration*, 57 – 60; Johnson and Campbell, *Black Migration in America*, 84 – 85.

50) Frederick Douglass, *Selected Speeches and Writings*, ed. Philip S. Foner and Yuval Taylor (Chi-

cago: Lawrence Hill Books, 1999 [1886]), 702.
51) Michael J. Klarman, *From Jim Crow to Civil Rights: The Supreme Court and the Struggle for Racial Equality* (New York: Oxford University Press, 2004), 164 に引用。
52) Henri, *Black Migration*, 168–73.
53) たとえば Thomas R. Dye, *American Federalism: Competition Among Governments* (New York: John Wiley & Sons, 1990); Weingast, "The Economic Role of Political Institutions" を見よ。
54) Bernstein, "The Law and Economics of Post-Civil War Restrictions," 784. また Henri, *Black Migration*, 75–76, 170–71; Higgs, *Competition and Coercion*, 29–32, 59, 119–20, 152–53 も見よ。
55) Michael J. Pfeifer, *Rough Justice: Lynching and American Society, 1874–1947* (Urbana: University of Illinois Press, 2004).
56) Henri, *Black Migration*, 57–58; Johnson and Campbell, *Black Migration in America*, 84–85.
57) Fishback, "Can Competition Among Employers Reduce Governmental Discrimination?" 移住が教育における差別を減少させた力についての一般的な議論は、Robert A. Margo, "Segregated Schools and the Mobility Hypothesis: A Model of Local Government Discrimination," *Quarterly Journal of Economics* 106 (1991): 61–75.
58) Douglass, *Selected Speeches and Writings*, 702 を見よ。
59) しかしながら、その失敗の部分的な原因は、南部諸州の政府が黒人の流動性を減少させようとした努力にあるということを指摘しなければならない。Cohen, *At Freedom's Edge*, 201–72; Bernstein, "The Law and Economics of Post-Civil War Restrictions," 810–27 を見よ。
60) 回顧的投票に関する第4章の議論と Ilya Somin, "When Ignorance Isn't Bliss: How Political Ignorance Threatens Democracy," Cato Institute Policy Analysis No. 525, 2004 を見よ。
61) U.S. Bureau of the Census, *A Half-Century of Learning: Historical Statistics on Educational Attainment in the United States, 1940 to 2000*. Washington, DC: Bureau of the Census, 2000, Tables 7a and 11a.
62) Sandra Gunning, *Race, Rape, and Lynching: The Red Record of American Literature, 1890–1912* (New York: Oxford University Press, 1996); Pfeifer, *Rough Justice*.
63) Pfeifer, *Rough Justice*.
64) リンチのこの理由づけを反証するもっともよく知られる努力の一つは、Patricia Schechter, *Ida B. Wells-Barnett and American Reform, 1880–1930* (Chapel Hill: University of North Carolina Press, 2000) を見よ。
65) このレイプ神話を信じていた南部の白人の厳密な人数を示す調査データは何もないが、当時の観察者たちはそれが広く受け入れられていると信じており、政治家も決まってそれを選挙運動の中で利用した。またリンチの正当化については、一般的に Pfeifer, *Rough Justice* を見よ。
66) Numan V. Bartley, *The New South, 1945–1980* (Baton Rouge: Louisiana State University Press, 1995), 245–60.
67) 本章の前の議論を見よ。
68) 古典的分析は V. O. Key, *Southern Politics in State and Nation* (New York: Knopf, 1949), chs. 24–31 を見よ。また Earl Black and Merle Black, *Politics and Society in the South* (Cambridge:

注（第5章）

Harvard University Press, 1987), 75‒77 も見よ。
69) 私的セクターの状況における認知的失敗に関する文献の要約と議論は，Cass Sunstein and Richard H. Thaler, *Nudge* (Princeton, NJ: Princeton University Press, 2008)［サンスティーン／セイラー『実践行動経済学』（日経 BP 出版センター，2009年）］, chs. 1‒4 を見よ。また Dan Ariely, *Predictably Irrational: The Hidden Forces That Shape Our Decisions* (New York: HarperCollins, 2008)［アリエリー『予想どおりに不合理』（早川書房，2013年）］; Christine Jolls, Cass R. Sunstein, and Richard Thaler, "A Behavioral Approach to Law and Economics," in *Behavioral Law and Economics,* ed. Cass Sunstein (New York: Cambridge University Press, 2000) も見よ。
70) たとえば Joshua D. Wright and Douglas H. Ginsburg, "Behavioral Law and Economics: Its Origins, Fatal Flaws, and Implications for Liberty," *Northwestern University Law Review* 106 (2012): 1‒58, esp. 12‒20; Lee Jussim, *Social Perceptions and Social Reality: Why Accuracy Dominates Bias and Self-Fulfilling Prophecy* (New York: Oxford University Press, 2012); Richard B. McKenzie, *Predictably Rational? In Search of Defenses for Rational Behavior in Economics* (Heidelberg, Germany: Springer, 2010); Richard A. Epstein, *Skepticism and Freedom: A Modern Case for Classical Liberalism* (Chicago: University of Chicago Press, 2003), chs. 8‒9 を見よ。
71) Charles R. Plott and Kathryn Zeiler, "Are Asymmetries in Exchange Behavior Incorrectly Interpreted as Evidence of Endowment Effect Theory and Prospect Theory?" *American Economic Review* 97 (2007): 1449‒71; Charles R. Plott and Kathryn Zeiler, "The Willingness to Pay-Willingness to Accept Gap, the 'Endowment Effect,' Subject Misconceptions, and Experimental Procedures for Eliciting Valuations," *American Economic Review* 95 (2005): 530‒45. また Epstein, *Skepticism and Freedom,* 210‒18 も見よ。
72) たとえば Oren Bar-Gill, "Seduction by Plastic," *Northwestern University Law Review* 98 (2004): 1373‒1430 を見よ。
73) 詳細なレビューは Joshua D. Wright, "Behavioral Law and Economics, Paternalism, and Consumer Contracts: An Empirical Perspective," *NYU Journal of Law and Liberty* 2007 (2007): 470‒511 を見よ。
74) この線に沿った個人的相違の重要性については，Jeffrey J. Rachlinski, "Cognitive Errors, Individual Differences, and Paternalism," *University of Chicago Law Review* 73 (2006): 207‒29 を見よ。
75) 関連する議論は Edward Glaeser, "Paternalism and Psychology," *University of Chicago Law Review* 73 (2006): 133‒57 を見よ。
76) Hayek, *Law Legislation and Liberty,* 75［『法と立法と自由Ⅲ』107 ページ］（強調を加えた）。
77) 序章と第1章を見よ。
78) Daniel McFadden, "Free Markets and Fettered Consumers," *American Economic Review* 96 (2006): 5‒29, 17‒21.
79) Ibid., 22.
80) Ibid. 高度にリスク回避的な人ならば，リスク中立的な計算が命ずるよりも保険をたくさん買うことを選ぶかもしれない。
81) Ibid., 23.

82）Ibid., 18.
83）Robert Nelson, *Private Neighborhoods and the Transformation of Local Government* (Washington, DC: Urban Institute, 2005), xiii.
84）Ibid.
85）一般的に Georg Glasze, Chris Webster, and Klaus Frantz, eds., *Private Cities: Global and Local Perspectives* (New York: Routledge, 2006) を見よ。
86）私的に計画されたコミュニティは政府団体に比べて決定と熟議の質を向上させると示唆する，関連した議論は Guido Pincione and Fernando Teson, *Rational Choice and Democratic Deliberation: A Theory of Discourse Failure* (New York: Cambridge University Press, 2006), 228 – 47 を見よ。また Vanberg and Buchanan, "Constitutional Choice, Rational Ignorance, and the Limits of Reason," 186 – 90 も見よ。後者は，諸個人は投票よりも市場における方が，憲法的制度の選択について賢明な選択をするだろうと論ずる。
87）Ilya Somin, "Closing the Pandora's Box of Federalism: The Case for Judicial Restriction of Federal Subsidies to State Governments," *Georgetown Law Journal* 90 (2002): 461 – 502.
88）たとえば John O. McGinnis and Ilya Somin, "Federalism vs. States' Rights: A Defense of Judicial Review in a Federal System," *Northwestern University Law Review* 99 (2004): 89 – 130, at 107 – 10 を見よ。
89）本章の前記の議論を見よ。
90）Bruno Frey, "A Utopia? Government Without Territorial Monopoly," *Independent Review* 6 (2001), 99 – 112; Bruno Frey, *Happiness: A Revolution in Economics* (Cambridge: MIT Press, 2008), 189 – 97 ［フレイ『幸福度をはかる経済学』(NTT 出版，2012 年) 220 – 233 ページ］; Bruno S. Frey and Reiner Eichenberger, *The New Democratic Federalism for Europe: Functional, Overlapping, and Competing Jurisdictions*, new ed. (London: Edward Elgar, 2004) を見よ。
91）Erin O'Hara and Larry Ribstein, *The Law Market* (New York: Oxford University Press, 2009) を見よ。
92）たとえば Heather Gerken, "Foreword: Federalism All the Way Down," *Harvard Law Review* 124 (2010): 6 – 74; Richard C. Schragger, "Cities as Constitutional Actors: The Case of Same-Sex Marriage," *Journal of Law and Politics* 21 (2005): 147 – 76; Heather K. Gerken, "A New Progressive Federalism," *Democracy* 24 (Spring 2012), http://www.democracyjournal.org/24/a-new-progressive-federalism.php?page=1. を見よ。
93）所有権という特別の文脈でこれらの点を一層詳細に議論するものとして，Ilya Somin, "Federalism and Property Rights," *University of Chicago Legal Forum* (2011): 53 – 88, at 71 を見よ。
94）James Madison, "Federalist 62," *The Federalist*, ed. Clinton Rossiter (New York: Mentor, 1961) ［『ザ・フェデラリスト』(岩波文庫，1999 年) 285 ページ］.
95）International Monetary Fund, *Government Finance Statistics Yearbook 2008* (Washington, DC: IM F, 2008) を見よ。
96）Organization for Economic Cooperation and Development, *Country Statistical Profile: United States, 2011 – 12*, http://www.oecd-ilibrary.org/economics/country-statistical-profile-united-states_20752288-table-usa.『大統領経済報告書』はもう少し低い数字を与えている。すべ

てのレベルにおける政府支出は，2007年ではGDPの31.5パーセント，2001年では36パーセントである。Council of Economic Advisers, *Economic Report of the President 2011* (Washington, DC: Government Printing Office, 2011), Tables B‒1, B‒82 からの計算による。

97) たとえば Robert Higgs, *Crisis and Leviathan: Critical Episodes in the Growth of American Government* (New York: Oxford University Press, 1987) を見よ。

98) Department of Commerce, *U.S. Government Manual 2008‒2009* (Washington, DC: Government Printing Office, 2008), vii–ix からの数字。

99) たとえば Delli Carpini and Keeter, *What Americans Know About Politics*, 91‒93 を見よ。

100) Glenn Altschuler and Stuart M. Blumin, *Rude Republic: Americans and Their Politics in the Nineteenth Century* (Princeton, NJ: Princeton University Press, 2000) を見よ。

101) Paul Angle, ed., *The Complete Lincoln-Douglas Debates*, 2nd ed. (Chicago: University of Chicago Press, 1991)[『リンカーン演説集』(岩波文庫) 56‒60 ページ]; Harry V. Jaffa, *Crisis of the House Divided: An Interpretation of the Issues in the Lincoln-Douglas Debates* (New York: Doubleday, 1959).

102) "Inaugural Address Analysis Shows Bush's Ranking Against Predecessors: YourDictionary.com Provides Linguistic Analysis in Historical Context," YourDictionary.com (January 20, 2001), http://www.yourdictionary.com/about/news038.html.

103) Ibid.

104) Ibid.

105) Elvin T. Lim, *The Anti-Intellectual Presidency: The Decline of Presidential Rhetoric from George Washington to George W. Bush* (New York: Oxford University Press, 2008).

106) Paul JJ Payack, "Presidential Debates Mirror Long-Term School Decline," YourDictionary.com (2000), http://www.yourdictionary.com/library/presart1.html.

107) Ibid.

108) 入手できる証拠とその曖昧な性質に関する議論は，Ilya Somin, "Originalism and Political Ignorance," *Minnesota Law Review* 97 (2012): 625‒68, 645‒48 を見よ。

109) これらの論点のいくつかに関するもっと詳細な議論は，Ilya Somin, "Foot Voting, Federalism, and Political Freedom," *Nomos*, forthcoming, available at http://ssrn.com/abstract=2160388. を見よ。

110) Pew Research Center, *Who Moves? Who Stays Put? Where's Home?* (Washington, DC: Pew Research Center, December 2008), 8, 13.

111) Mark Deen and Alan Katz, "London's French Foreign Legion Shuns Sarkozy Plea to Come Home," *Bloomberg News*, January 17, 2008, http://www.bloomberg.com/apps/news?pid=newsarchive&sid=acDlozxrk7iE.

112) Ibid.

113) Tony Paterson, "German 'Brain Drain' at Highest Level Since 1940s," *The Independent*, June 1, 2007.

114) Nathan J. Ashby, "Economic Freedom and Migration Flows Between U.S. States," *Southern Economic Journal* 73 (2007): 677‒97 を見よ。

115) William P. Ruger and Jason Sorens, *Freedom in the Fifty States: An Index of Personal and Eco-

nomic Freedom (Arlington, VA : Mercatus Center, George Mason University, 2009), 34 を見よ。
116) Kenneth Johnson, *The Changing Faces of New Hamphsire: Recent Demographic Trends in the Granite State* (Durham, NH : Carsey Institute, University of New Hampshire, 2007).
117) Somin, "Political Ignorance and the Countermajoritarian Difficulty," 1351.
118) たとえば Robert C. Ellickson, "Legal Sources of Residential Lock-Ins: Why French Households Move Half as Often as US Households," *University of Illinois Law Review* (2012): 373‐404, esp. 395‐97; Paul W. Rhode and Koleman S. Strumpf, "Assessing the Importance of Tiebout Sorting: Local Heterogeneity from 1885 to 1990," *American Economic Review* 93 (2003): 1648‐77, at 1649 を見よ。Ellickson は，アメリカの移動者の 16 パーセントとフランスの移動者の 26 パーセントが職のゆえに住む場所を変えたということを示す調査データを引用している。Rhode and Strumpf が引用するそれ以前の別の用語を使った調査によると，公共サービス（教育）が理由で移動した人は 5 パーセントにすぎないが，家族か職の考慮でそうした人は 50 パーセントになる。
119) 本章の前の部分における，私的に計画されたコミュニティと，Bruno Frey の非領域的基礎を持つ政府の提案に関する議論を見よ。
120) 「底辺への競争」理論の役に立つ要約と用語は，Kirsten H. Engel, "State Environmental Standard-Setting: Is there a 'Race' and Is It 'to the Bottom'?" *Hastings Law Journal* 48 (1997): 274‐369 を見よ。現代の他の擁護論は，たとえば Kirsten Engel and Scott R. Saleska, "Facts Are Stubborn Things: An Empirical Reality Check in the Theoretical Debate Over State Environmental Rate-Setting, *Cornell Journal of Law and Public Policy* 8 (1998): 55‐88; and Joshua D. Sarnoff, "The Continuing Imperative (But Only from a National Perspective) for Federal Environmental Protection," *Duke Environmental Law and Policy Forum* 7 (1997): 225‐54 を見よ。
121) Richard Revesz, "Rehabilitating Interstate Competition: Rethinking the 'Race to the Bottom' Rationale for Federal Environmental Regulation," *NYU Law Review* 67 (1992): 1210‐54; Richard Revesz, "The Race to the Bottom and Federal Environmental Regulation: A Response to Critics," *Minnesota Law Review* 82 (1997): 535‐64.
122) Revesz, "Rehabilitating Interstate Competition."
123) この点に関する証拠の要約は，Ilya Somin and Jonathan H. Adler, "The Green Costs of Kelo: Economic Development Takings and Environmental Protection," *Washington Law Review* 84 (2006): 623‐66, at 663‐64 を見よ。
124) 一般的に Richard C. Schragger, "Mobile Capital, Local Economic Regulation, and the Disciplining City," *Harvard Law Review* 123 (2009): 483‐540 を見よ。
125) たとえば Jonathan H. Adler, "Judicial Federalism and the Future of Federal Environmental Regulation," *Iowa Law Review* 90 (2005): 377‐474; Jonathan H. Adler, "Interstate Competition and the Race to the Top," *Harvard Journal of Law and Public Policy* 35 (2012): 89‐99 を見よ。
126) 247 U.S. 251 (1918).
127) Carolyn Moehling, "State Child Labor Laws and the Decline of Child Labor," *Explorations in Economic History* 36 (1999): 72‐106, at Table 1, 76‐77 を見よ。
128) Michael S. Greve, *The Upside-Down Constitution* (Cambridge: Harvard University Press, 2012), 187‐88. また Moehling, "State Child Labor Laws and the Decline of Child Labor," 94‐

注（第5章）

95 も見よ。1918年連邦法は農業における児童労働を禁じておらず，それは今でも合法的である。Moehling は，児童労働禁止法は産業における児童労働の減少にほとんど何の効果も持たなかった，減少は大部分が以前から流れに従ったものだった，と論じている。しかし連邦法が影響を持ったとしても，それ以上の効果を持ったかどうかは明らかでない。ブリテンにおける全国的な児童労働の制限は，そこでの児童労働減少にほとんど何の効果も持たなかった。Clark Nardinelli, "Child Labor and the Factory Acts," *Journal of Economic History* 40 (1980): 739–55 を見よ。

129) 州法に関する要約と議論は Moehling, "State Child Labor Laws and the Decline of Child Labor" を見よ。

130) もっと詳しい議論 Somin, "Federalism and Property Rights," 60–64 を見よ。

131) この慣習的知恵に関する最近のよい要約は，Douglas Laycock, "Protecting Liberty in a Federal System: The US Experience," in *Patterns of Regionalism and Federalism: Lessons for the UK*, ed. Jorg Fedtke and B. S. Markesisinis (London: Hart, 2006), 121–45 を見よ。

132) William H. Riker, *Federalism: Origin, Operation, Significance* (Boston: Little, Brown, 1964), 152–53, 55. Riker はその後，アメリカの連邦制度についてもっと否定的な見解を展開した。William H. Riker, *The Development of American Federalism* (Boston: Kluwer Academic Publishers, 1987), xii–xiii を見よ。．

133) Arthur Zilversmit, *The First Emancipation: The Abolition of Slavery in the North* (Chicago: University of Chicago Press, 1967); Joanne Pope Melish, *Disowning Slavery: Gradual Emancipation and 'Race' in New England 1780–1860* (Ithaca: Cornell University Press, 1998) を見よ。ヴァーモント州は1791年に州になる以前から奴隷制を廃止していた。Melish, *Disowning Slavery*, 64.

134) 北部の州と奴隷制廃止論者の中には，「州権」の根拠によって「逃亡奴隷法」に反対する者さえあった。Robert Kaczorowski, "The Tragic Irony of American Federalism: National Sovereignty Versus State Sovereignty in Slavery and Freedom," *University of Kansas Law Review* 45 (1997): 1015–61, 1034–40 を見よ。

135) James M. McPherson, *Battle Cry of Freedom: The Civil War Era* (New York: Oxford University Press, 1988), 497.

136) この記録の短いレビューは Lynn Baker and Ernest Young, "Federalism and the Double Standard of Judicial Review," *Duke Law Journal* 51 (2001): 75–164, at 143–47 を見よ。

137) この時期の隔離主義的な連邦政策の概観は Desmond King, *Separate and Unequal: African-Americans and the US Federal Government*, rev. ed. (New York: Oxford University Press, 2007) を見よ。

138) Roger Daniels, *Concentration Camps, USA: The Japanese Americans and World War II* (New York: Holt, Rinehart & Wilson, 1971); Sarah Barringer Gordon, *The Mormon Question: Polygamy and Constitutional Conflict in Nineteenth-Century America* (Chapel Hill: University of North Carolina Press, 2002) を見よ。

139) 本章前記の，20世紀前半のアフリカ系アメリカ人に移住に関する議論を見よ。

140) 一般的に Stephen Clark, "Progressive Federalism? A Gay Liberationist Perspective," *Albany Law Review* 66 (2003): 719–57 を見よ。

141) そのような多くのケースをカバーする概観は Luis Moreno and César Colino, eds., *Diversity and Unity in Federal Countries* (Montreal and Kingston: McGill-Queen's University Press, 2010) を見よ。また Dawn Brancati, *Peace By Design: Managing Intrastate Conflict through Decentralization* (New York: Oxford University Press, 2009) も見よ。
142) Gerken, "A New Progressive Federalism" を見よ。
143) 合衆国では連邦制による保障があるから司法による介入は不必要だという，よく知られている議論は，Larry D. Kramer, "Putting the Politics Back into the Political Safeguards of Federalism," *Columbia Law Review* 100 (2000), 215–311; Jesse H. Choper, *Judicial Review and the National Political Process* (Chicago: University of Chicago Press, 1980); Jesse H. Choper, "The Scope of National Power Vis-à-Vis the States: The Dispensability of Judicial Review," *Yale Law Journal* 86 (1977), 1552–84; Herbert J. Wechsler, "The Political Safeguards of Federalism: The Role of the States in the Composition and Selection of the Federal Government," *Columbia Law Review* 54 (1954), 543–64 を見よ。
144) これらの点は McGinnis and Somin, "Federalism vs. States' Rights." の中で一層詳論されている。
145) Ibid. and Weingast, "The Economic Role of Political Institutions" を見よ。また James Buchanan and Geoffrey Brennan, *The Power to Tax: Analytical Foundations of a Fiscal Constitution* (Cambridge: Cambridge University Press, 1980), 214–15 [ブキャナン／ブレナン『公共選択の租税理論』（文眞堂，1984 年）270–2 ページ]; Jonathan Rodden, *Hamilton's Paradox: The Promise and Peril of Fiscal Federalism* (New York: Cambridge University Press, 2006), ch. 4 も見よ。
146) Barry Weingast, "Second Generation Fiscal Federalism: Implications for Decentralized Democratic Governance and Economic Development," draft paper (2007), 13–16, 42–43 を見よ。
147) Ibid. を見よ。また Somin, "Closing the Pandora's Box of Federalism" も見よ。
148) 第 1 章と第 4 章に引用したそのようなケースの例を見よ。
149) 前者を支持する特に有力な議論は Weingast, "The Economic Role of Political Institutions." を見よ。
150) Ibid.; Somin, "Closing the Pandora's Box of Federalism."
151) その見解の最近の言明は Laycock, "Protecting Liberty in a Federal System" を見よ。
152) Klarman, *From Jim Crow to Civil Rights*.
153) Ilya Somin, "Tiebout Goes Global: International Migration as a Tool for Voting with Your Feet, *Missouri Law Review* 73 (2008): 1247–64; Somin, "Foot Voting, Federalism, and Political Freedom" を見よ。
154) 足による投票のこの二つの限界は，Richard A. Epstein, "Exit Rights Under Federalism," *Law and Contemporary Problems* 55 (1992): 147–65 の中で論じられている。土地のような不動産の権利を保護する際に足による投票は限界があることは，Somin, "Federalism and Property Rights," 57–66 を見よ。
155) 関連するさまざまな考慮に関する文献の最近のサーヴェイは，Larry Ribstein and Bruce Kobayashi, "The Economics of Federalism," in *The Economics of Federalism,* ed. Larry Ribstein and Bruce Kobayashi (New York: Edward Elgar, 2010) を見よ。

156) Richard Revesz, "Federalism and Interstate Environmental Externalities," *University of Pennsylvania Law Review* 144 (1996): 2341‐2402 を見よ。しかしながら多くの小規模な外部性問題は地方政府間の交渉によって解決できる。Thomas W. Merrill, "Golden Rules for Transboundary Pollution," *Duke Law Journal* 46 (1997): 931‐1019 を見よ。
157) たとえば Paul E. Peterson, *The Price of Federalism* (Washington, DC: Brookings Institution, 1995) を見よ。この論点に関する慣習的知恵の批判は, Frank H. Buckley and Margaret Brinig, "Welfare Magnets: The Race for the Top," *Supreme Court Economic Review* 5 (1997): 141‐77 を見よ。

第6章

1) Alexander M. Bickel, *The Least Dangerous Branch: The Supreme Court at the Bar of Politics* (New Haven: Yale University Press, 1962), 16.
2) 反多数主義の難問に関する論争の有益な歴史については Barry Friedman, "The Birth of an Academic Obsession: The History of the Countermajoritarian Difficulty, Part Five:" *Yale Law Journal* 112 (2002): 153 と G. Edward White, "The Arrival of History in Constitutional Scholarship," *Virginia Law Review* 88 (2002): 485, 523‐607 を見よ。また Laura Kalman, *The Strange Career of Legal Liberalism* (New Haven: Yale University Press, 1996) も見よ。
3) Barry Friedman, "The History of the Countermajoritarian Difficulty, Part One: The Road to Judicial Supremacy," *New York University Law Review* 73 (1998): 334.
4) 1962年に「反多数決主義の難問」というフレーズを作り出したのはビッケルだ。Ibid., 334‐35. この難問に関するビッケルの見解の展開は, Anthony T. Kronman, "Alexander Bickel's Philosophy of Prudence," *Yale Law Journal* 94 (1985): 1567; and John Moeller, "Alexander M. Bickel: Toward a Theory of Politics," *Journal of Politics* 47 (1985): 113 を見よ。
5) Bickel, *The Least Dangerous Branch*, 16.
6) Ibid., 18.
7) 反多数決主義の難問をめぐる最近の重要な著作のいくつかとして, Barry Friedman, *The Will of the People: How Public Opinion Has Influenced the Supreme Court and Shaped the Meaning of the Constitution* (New York: Farrar, Straus, and Giroux, 2009); Christopher Eisgruber, *Constitutional Self-Government* (Cambridge: Harvard University Press, 2001); Paul W. Kahn, *Legitimacy and History: Self-Government in American Constitutional Theory* (New Haven: Yale University Press, 1992); Terri Jennings Peretti, *In Defense of a Political Court* (Princeton, NJ: Princeton University Press, 1999); Jed Rubenfeld, *Freedom and Time: A Theory of Constitutional Self-Government* (New Haven: Yale University Press 2001); Mark Tushnet, *Taking the Constitution Away from the Courts* (Princeton, NJ: Princeton University Press, 1999); Larry D. Kramer, *The People Themselves: Popular Constitutionalism and Judicial Review* (New York: Oxford University Press, 2004); Jeremy Waldron, *Law and Disagreement* (New York: Oxford University Press, 1999); Rachel E. Barkow, "More Supreme Than Court? The Fall of the Political Question Doctrine and the Rise of Judicial Supremacy," *Columbia Law Review* 102 (2002): 237; Steven G. Calabresi, "Textualism and the Countermajoritarian Difficulty," *George Washington Law Review* 66 (1998): 1373; Friedman, "The Birth of an Academic Obsession"; Friedman, "The History of the Countermajoritarian Difficulty"; Larry D. Kramer, "The Supreme Court 2000 Term Foreword: We

the Court," *Harvard Law Review* 115 (2001): 4; Edward L. Rubin, "Getting Past Democracy," *University of Pennsylvania Law Review* 149 (2001): 711 を見よ。

8) 高名なリベラル派法学者による司法審査廃止論として，Tushnet, *Taking the Constitution Away from the Courts* を見よ。Kramer, "The Supreme Court 2000 Term Foreword: We the Court" も同じ結論に近づく。有名な保守主義者による同様の議論として，たとえば Robert H. Bork, *Slouching Toward Gomorrah* (New York: Regan Books, 1996), 196 を見よ。司法審査を全面的に廃止しないまでも大幅に制限することによって反多数決主義の難問を軽減せよという提案として，たとえば Raoul Berger, *Government by Judiciary* (Cambridge: Harvard University Press, 1977); Cass R. Sunstein, *One Case at a Time: Judicial Minimalism at the Supreme Court* (Cambridge: Harvard University Press 2000); Barkow, "More Supreme Than Court?"; Neal Kumar Katyal, "Legislative Constitutional Interpretation," *Duke Law Journal* 50 (2001): 1335, 1358–94 を見よ。

9) Robert H. Bork, "The Impossibility of Finding Welfare Rights in the Constitution," *Washington University Law Quarterly* 1979 (1979): 697. ボークが司法審査は完全に廃止されるべきだと信ずる前にこれらの文言を書いていたことは注目に値する。完全廃止論は 1996 年に初めて印刷上公表された立場である。Bork, *Slouching Toward Gomorrah*, 117 を見よ。

10) Katyal, "Legislative Constitutional Interpretation," 1340.

11) そのような議論の一例として，Robert H. Bork, *The Tempting of America* (New York: Free Press, 1990), 2–3 を見よ。この恐れは誇張されていると証拠の要約として，一般的に Peretti, *In Defense of a Political Court* を見よ。

12) 第 2 章を見よ。

13) 第 3 章における分析を見よ。

14) R. Douglas Arnold, *The Logic of Congressional Action* (New Haven: Yale University Press, 1990), 70–87, 239–41, 270–72; Michael X. Delli Carpini and Scott Keeter, *What Americans Know About Politics and Why It Matters* (New Haven: Yale University Press), 78–86; Somin, "Voter Ignorance and the Democratic Ideal," *Critical Review* 12 (1998): 413–58, at 431–33 を見よ。

15) Lawrence Jacobs and Robert Shapiro, *Politicians Don't Pander* (Princeton, NJ: Princeton University Press, 2000), 75–294 を見よ。またその本の私による書評も見よ。Ilya Somin, "Do Politicians Pander?," *Critical Review* 14 (2001) 147–59.

16) Ilya Somin, "Voter Knowledge and Constitutional Change: Assessing the New Deal Experience," *William and Mary Law Review* 45 (2003): 595.

17) Bruce Ackerman, *We the People: Foundations* (Cambridge: Belknap Press, 1991). アッカマンの議論に対する私の批判は，Ilya Somin, "Voter Knowledge and Constitutional Change," 607–11 を見よ。

18) 注 7 にあげた文献を見よ。

19) "Jackson Calls Court Curb on Democracy; Says Law Reviews Block United Functioning," *New York Times*, October 13, 1937, 6. 一般的に Robert H. Jackson, *The Struggle for Judicial Supremacy* (New York: Octagon, 1941) を見よ。

20) *United States v. Virginia*, 518 U.S. 515, 601 (1996)（Scalia 判事の反対意見）；また *Romer v.*

注（第6章）

Evans, 517 U.S. 620, 636, 653（1996）（Scalia 判事の反対意見）（同性愛の地位という争点が「通常の民主的手段」によって決せられることを妨げ，「コロラド州民の多数派」の意志を覆すとして，多数意見を批判する）; *Planned Parenthood v. Casey*, 505 U.S. 833, 1002（1992）（Scalia 判事。多数意見に賛成する少数意見）（「この争点［妊娠中絶］が引き起こす深い激情への民主的はけ口のすべてを閉ざす」として法廷意見を批判する）も見よ。一般的に Antonin M. Scalia, *A Matter of Interpretation*（Princeton, NJ: Princeton University Press, 1997）を見よ。

21) たとえば *United States v. Morrison*, 529 U.S. 598, 649（2000）（Souter 判事の反対意見）（連邦制に関する争点は「人民との一体性」のゆえに議会が決めるのが最善だと論ずる）; *United States v. Lopez*, 514 U.S. 549, 604（1995）（Souter 判事の反対意見）（連邦制に関する争点の決定にあたって，人民に対する「議会の政治的説明責任」の利益を無視しているとして法廷の多数意見を批判する）を見よ。また Stephen Breyer, *Active Liberty: Interpreting Our Democratic Constitution*（New York: Knopf, 2005）, 39 - 85 も見よ。

22) Barry Friedman, "Dialogue and Judicial Review," *Michigan Law Review* 91（1993）: 577 - 682, at 630 を見よ。この論文は，立法府の意志だけを反映し人民の意志を反映しない立法を覆すことについて反多数決主義の問題は存在しない，という趣旨の強力な議論を行う。

23) Ibid.

24) たとえば Lino A. Graglia, *Disaster by Decree: The Supreme Court Decisions on Race and the Schools*（Ithaca: Cornell University Press, 1976）, 282 - 83; Donald L. Horowitz, *The Courts and Social Policy*（Washington, DC: Brookings Institution Press, 1977）を見よ。

25) たとえば Gerald N. Rosenberg, *The Hollow Hope: Can Courts Bring About Social Change?*（Chicago: University of Chicago Press, 1991）, 13 - 15, 21; Robert A. Dahl, "Decision Making in a Democracy: The Supreme Court as National Policy Maker," *Journal of Public Law* 6（1957）: 279 を見よ。しかしながら，かなりの文献が Rosenberg と Dahl のテーゼを問題視している。David J. Garrow, *Liberty and Sexuality: The Right to Privacy and the Making of Roe v. Wade*（Berkeley: University of California Press, 1994）; R. Shep Melnick, *Between the Lines* 236（Washington, DC: Brookings Institution Press, 1994）; David J. Garrow, "Hopelessly Hollow History: Revisionist Devaluing of Brown v. Board of Education," *Virginia Law Review* 80（1994）: 151, 151 - 52; Ronald Kahn, "The Supreme Court as a（Counter）Majoritarian Institution: Misperceptions of the Warren, Burger, and Rehnquist Courts," *Detroit College of Law Review* 1994（1994）: 1, 21 - 58; Michael J. Klarman, "Brown, Racial Change, and the Civil Rights Movement," *Virginia Law Review* 80（1994）: 7; Mark Tushnet, "The Significance of Brown v. Board of Education," *Virginia Law Review* 80（1994）: 173, 175 - 77 を見よ。

26) 原意主義の有力な弁護として，Bork, *The Tempting of America*, 143 - 69; Akhil R. Amar, "The Document and the Doctrine," *Harvard Law Review* 114（2000）26, 133 - 34; and Randy E. Barnett, "An Originalism for Nonoriginalists," *Loyola Law Review* 45（1999）: 611, 654 を見よ。また Randy E. Barnett, *Restoring the Lost Constitution: The Presumption of Liberty*（Princeton, NJ: Princeton University Press, 2004）; Berger, *Government by Judiciary*; Antonin Scalia, "Originalism: The Lesser Evil," *University of Cincinnati Law Review* 57（1989）: 849 も見よ。よく知られている批判として，一般的に Paul Brest, "The Misconceived Quest for the Original Un-

derstanding," *Boston University Law Review* 60 (1980): 204; H. Jefferson Powell, "Rules for Originalists," *Virginia Law Review* 73 (1987): 659 を見よ。

27) 回顧的投票に関する第4章の議論を見よ。
28) Ibid.
29) Ibid.
30) Delli Carpini and Keeter, *What Americans Know About Politics*, 80.
31) *United States v. Eichman*, 496 U.S. 310, 310‒11 (1990) を見よ。これは連邦の国旗反焼却法を無効にした。また *Texas v. Johnson*, 491 U.S. 397, 397 (1989) も見よ。これは国旗焼却を禁ずるテクサス州法を無効としたもの。
32) 1990年7月の *Times Mirror* の調査によれば、回答者の52パーセントが、国旗焼却禁止法は違憲だとされたことを知っていた。Somin, "Political Ignorance and the Countermajoritarian Difficulty," 1333. 1990年6月の ABC News の調査によれば、回答者の58パーセントが、最高裁判所の決定を覆すための憲法修正を支持した。Ibid.
33) 第4章の議論を見よ。
34) たとえば Calabresi, "Textualism and the Countermajoritarian Difficulty." を見よ。
35) たとえば Ronald Dworkin, *Freedom's Law* (Cambridge: Harvard University Press, 1996) ［ドゥオーキン『自由の法』（木鐸社、1999年）］; Ronald Dworkin, *Taking Rights Seriously* (Cambridge: Harvard University Press, 1977) ［邦訳『権利論［増補版］』;『権利論Ⅱ』（木鐸社）］; Michael J. Perry, *The Constitution, the Courts, and Human Rights* (New Haven: Yale University Press, 1982) ［ペリィ『憲法・裁判所・人権』（東京大学出版会、1987年）］を見よ。
36) Barkow, "More Supreme Than Court?"
37) たとえば Sunstein, *One Case at a Time* を見よ。
38) Bickel, *The Least Dangerous Branch*, 111‒98; Alexander M. Bickel, "The Supreme Court 1960 Term Foreword: The Passive Virtues," *Harvard Law Review* 75 (1961): 40.
39) 第2章を見よ。また Somin, "Voter Ignorance and the Democratic Ideal," 435‒38 も見よ。
40) この議論は最初 Somin, "Voter Ignorance and the Democratic Ideal," 431‒35 で提出された。また第5章の議論も見よ。
41) Somin, "Voter Ignorance and the Democratic Ideal," 431‒35.
42) Ibid., 431.
43) 第5章を見よ。
44) Robert Higgs, *Crisis and Leviathan: Critical Episodes in the Growth of American Government* (New York: Oxford University Press, 1987), 20‒34.
45) 第5章を見よ。
46) たとえば *R.A.V. v. St. Paul*, 505 U.S. 377, 382 (1992) を見よ。これは第一修正の下では「［言論の］内容に基づく規制は違憲と推定される」と判じた。
47) たとえば *Watson v. Jones*, 80 U.S. (13 Wall.) 679, 728 (1871) を見よ。これは「法は異端を知らず、いかなる教説の支持にも、いかなる教派の公定にもコミットしない」という理由で、政府は教会内部の紛争に介入してはならないという原理を確立した。
48) Richard A. Epstein, *Takings: Private Property and Eminent Domain* (Cambridge: Harvard University Press, 1985), 281 ［エプステイン『公用収用の理論』（木鐸社、2000年）328ペー

注（第 6 章）

ジ］．明らかに，その効果が発生するのは，裁判所がエプステインの立場をとるだけでなく，政府の他の部門をしてその決定に従わさせるための十分な力を持っている場合に限られる．

49) *United States v. Morrison*, 529 U.S. 598, 613 (2000).
50) John Hart Ely, *Democracy and Distrust* (Cambridge: Harvard University Press, 1980), 87 ［エリィ『民主主義と司法審査』（成文堂，1990 年）］．
51) Somin, "Voter Ignorance and the Democratic Ideal," 434‒35.
52) たとえば *Missouri v. Jenkins*, 495 U.S. 33, 57‒58 (1990) を見よ．この判決は，州政府からカンザス市学校区を奪う地区裁判所の判決を部分的に維持して，学校分離軽減の目的のための増税を命じた．最高裁判所はさらに，後続事件でカンザス市の学校の司法的コントロールを制限した．*Missouri v. Jenkins*, 515 U.S. 70, 101‒02 (1995).
53) Malcolm Feeley and Edward Rubin, *Judicial Policy Making and the Modern State* (New York: Oxford University Press, 1998).
54) たとえば *Jenkins*, 495 U.S., 36‒45 を見よ．これは地方裁判所がいかにして新税制の創設と学校地域制度の様々の変化を命令するかを述べている．
55) Adrian Vermeule, "Centralization and the Commerce Clause," *Environmental Law Report* 33 (2001): 11, 334; Adrian Vermeule, "Does Commerce Clause Review Have Perverse Effects?" *Villanova Law Review* 46 (2001): 1325, 1325.
56) 531 U.S. 1046 (2000).
57) *United States v. Morrison*, 529 U.S. 598, 649 (2000) (Souter 判事の反対意見) (部分的には議会と「人民との一体性」という理由から，連邦制の論点は議会が解決するのが最善だと論ずる); *United States v. Lopez*, 514 U.S. 549, 604 (1995) (Souter 判事の反対意見) (連邦制に関する争点を決定する際に，人民に対する「議会の政治的説明責任」の利益を無視しているとして法廷の多数意見を批判を見よ．
58) 連邦制に関する裁判所の判決を反多数決主義という根拠によって批判する法学文献として，たとえば，Larry D. Kramer, "Putting the Politics Back into the Political Safeguards of Federalism," *Columbia Law Review* 100 (2000): 215, 293; Larry D. Kramer, "The Supreme Court 2000 Term Foreword: We the Court"; William P. Marshall, "Conservatives and the Seven Sins of Judicial Activism," *University of Colorado Law Review* 73 (2002): 1217, 1226‒28; Robert Post and Reva Siegel, "Equal Protection by Law: Federal Antidiscrimination Legislation After Morrison and Kimel," *Yale Law Journal* 110 (2000): 441, 523; Peter M. Shane, "Federalism's 'Old Deal': What's Right and Wrong With Conservative Judicial Activism," *Villanova Law Review* 45 (2000): 201, 223‒25; and John T. Noonan Jr., *Narrowing the Nation's Power: The Supreme Court Sides with the States* (Berkeley: University of California Press, 2002) を見よ．
59) *Gonzales v. Raich*, 545 U.S. 1 (2005). *Raich* についての私の分析は Ilya Somin, "*Gonzales v. Raich*: Federalism as a Casualty of the War on Drugs," *Cornell Journal of Law and Public Policy* 15 (2006): 507‒49 を見よ．
60) 132 S.Ct. 2566 (2012). この点に関するさまざまのパースペクティヴは，Gillian Metzger, Trevor Morrison, and Nathaniel Persily, eds., *The Health Care Case: The Supreme Court's Decision and Its Implications* (New York: Oxford University Press, 2013) を見よ．
61) 連邦制の司法による執行に反対する古典的な議論は，Jesse Choper と Herbert Wechsler

のものだ。一般的に Jesse H. Choper, *Judicial Review and the National Political Process* (Chicago: University of Chicago Press, 1980); Jesse H. Choper, "The Scope of National Power Vis-à-Vis the States: The Dispensability of Judicial Review," *Yale Law Journal* 86 (1977): 1552; Herbert J. Wechsler, "The Political Safe Guards of Federalism: The Role of the States in the Composition and Selection of the Federal Government," *Columbia Law Review* 54 (1954): 543 を見よ。最近の著作者の中には, Choper-Wechler の立場をとるものがいる。Bradford R. Clark, "Separation of Powers as a Safe Guard of Federalism," *Texas Law Review* 79 (2001): 1321; Kramer, "Putting the Politics Back"; Shane, "Federalism's 'Old Deal.'" を見よ。それを攻撃する人たちもいる。Lynn A. Baker and Ernest A. Young, "Federalism and the Double Standard of Judicial Review," *Duke Law Journal* 51 (2001): 75; Saikrishna B. Prakash and John C. Yoo, "The Puzzling Persistence of Process-Based Federalism Theories," *Texas Law Review* 79 (2001): 1459 を見よ。私自身の Choper-Wechsler 批判は, Ilya Somin, "Closing the Pandora's Box of Federalism: The Case for Judicial Restriction of Federal Subsidies to State Governments," *Georgetown Law Journal* 90 (2002): 461–502, 494–97, and John O. McGinnis and Ilya Somin, "Federalism vs. States' Rights: A Defense of Judicial Review in a Federal System," *Northwestern University Law Review* 99 (2004): 89–130 を見よ。

62) 連邦制が持つと主張される主要な利点の簡潔で有用な要約は, Michael W. McConnell, "Federalism: Evaluating the Founders' Design," *University of Chicago Law Review* 54 (1987): 1484, 1493–1500. を見よ。

63) 州間競争の利益の要約は Thomas R. Dye, *American Federalism: Competition Among Governments* (Lanham, MD: Lexington, 1990), 1–33 を見よ。また Somin, "Closing the Pandora's Box of Federalism," 468–69 と第5章の議論も見よ。

64) この点の古典的著作は Charles M. Tiebout, "A Pure Theory of Local Expenditures," *Journal of Political Economy* 65 (1956): 41 である。また Somin, "Closing the Pandora's Box of Federalism," 464–65 の議論も見よ。

65) 第2章の議論を見よ。また Somin, "Voter Ignorance and the Democratic Ideal," 417–18; Angus Campbell, Philip Converse, Donald Stokes, and Warren Miller, *The American Voter* (New York: John Wiley & Sons, 1960); W. Russell Neumann, *The Paradox of Mass Politics* (Cambridge: Harvard University Press, 1986); Philip Converse, "The Nature of Belief Systems in Mass Publics," in *Ideology and Discontent*, ed. David Apter (New York: Free Press, 1964) [『イデオロギーと現代政治』]; M. Kent Jennings, "Ideological Thinking Among Mass Publics and Political Elites," *Public Opinion Quarterly* 56 (1992): 419–41 も見よ。

66) 徹底したサーヴェイは Linda Bennett and Stephen Bennett, *Living with Leviathan: Americans Coming to Terms with Big Government* (Lawrence: University Press of Kansas, 1990) を見よ。

67) 第1章を見よ。

68) Robert J. Kaczorowski, "The Tragic Irony of American Federalism: National Sovereignty Versus State Sovereignty in Slavery and Freedom," *University of Kansas Law Review* 45 (1997): 1015–61, 1025–40.

69) Ibid., 1034–40; Somin, "Closing the Pandora's Box of Federalism," 467. また人種主義と連

邦主義との間の関係に関する第5章の議論も見よ。
70) Somin, "Closing the Pandora's Box of Federalism," 461‒62.
71) 1986年のGeneral Revenue Sharingプログラムの廃止以来，州政府への連邦の補助金は事実上すべて条件を付している。Ibid., 462.
72) 州政府への連邦補助金が引き起こす連邦主義の諸争点に関する詳細な議論は，Somin, "Closing the Pandora's Box of Federalism."を見よ。またLynn A. Baker, "The Spending Power and the Federalist Revival," *Chapman Law Review* 4 (2001): 195 も見よ。
73) *Printz v. United States*, 521 U.S. 898 (1997); *New York v. United States*, 505 U.S. 144 (1992).
74) *United States v. Morrison*, 529 U.S. 598 (2000); *United States v. Lopez*, 514 U.S. 549 (1995).
75) Calabresi, "Textualism and the Countermajoritarian Difficulty," 1382‒83. またSteven G. Calabresi, "The Structural Constitution and the Countermajoritarian Difficulty," *Harvard Journal of Law and Public Policy* 22 (1998): 3, 6‒8 も見よ。
76) Robert A. Dahl, *Democracy and Its Critics* (New Haven: Yale University Press, 1989), 119‒22.
77) たとえばRichard A. Epstein, "Exit Rights Under Federalism," *Law and Contemporary Problems* 55 (1992): 147, 154‒59 を見よ。またこれらの論点に関する第5章の議論も見よ。

第7章

1) Thomas Jefferson, "Letter to William C. Jarvis, Sept. 28, 1820," in *The Writings of Thomas Jefferson*, Vol. 15, ed. Andrew Lipscomb and Albert Bergh (Washington, DC: 1904), 278.
2) これらの点に関する第2章の議論を見よ。
3) Jefferson, "Letter to William C. Jarvis."
4) John Stuart Mill, *Considerations on Representative Government* (Indianapolis: Bobbs-Merrill, 1958 [1861])『代議制統治論』, ch. X.
5) Milton Friedman, *Capitalism and Freedom* (Chicago: University of Chicago Press, 1962), 86‒89.［フリードマン『資本主義と自由』（日経BP出版センター，2008年）］
6) 公民教育への投資の増大は政治的知識の向上だけでなく公民的関与一般の向上も生み出しうるという考えの最近の擁護は，Ben Berger, *Attention Deficit Democracy: The Paradox of Civic Engagement* (Princeton, NJ: Princeton University Press, 2011), 153‒57を見よ。
7) たとえば第2章に集めたデータを見よ。またMichael X. Delli Carpini and Scott Keeter, *What Americans Know About Politics and Why It Matters* (New Haven: Yale University Press, 1996), 184‒85; Scott L. Althaus, *Collective Preferences in Democratic Politics* (New York: Cambridge University Press, 2003), 68, 134‒36; Norman Nie, et al., *Education and Democratic Citizenship in America* (Chicago: University of Chicago Press, 1996), ch. 2 も見よ。
8) 第1章に引用した研究を見よ。
9) Nie, et al., *Education and Democratic Citizenship in America*, 116‒17; を見よ。 also William A. Galston, "Political Knowledge, Political Engagement, and Civic Education," *Annual Review of Political Science* 4 (2001): 217‒34.
10) Delli Carpini and Keeter, *What Americans Know About Politics*, 197‒98.
11) Michael Flynn, *Are We Getting Smarter? Rising IQ in the Twenty-First Century* (New York: Cambridge University Press, 2012) を見よ。

注（第 7 章）

12) Nie, et al, *Education and Democratic Citizenship in America*, 39–58, 187–88.
13) Bryan Caplan and Stephen C. Miller, "Intelligence Makes People Think Like Economists: Evidence from the General Social Survey," *Intelligence* 38 (2010): 636–47.
14) 利他主義と政治的情報獲得のインセンティヴに関する第 3 章の議論を見よ。
15) John Stuart Mill, *On Liberty*, ed. David Spitz (New York: Norton, 1975 [1859]), 98 [『自由論』（岩波文庫, 1971 年）212 ページ］.
16) たとえば Eugen Weber, *Peasants into Frenchmen* (Stanford: Stanford University Press, 1976); E. G. West, *Education and the State*, 3rd ed. (Indianapolis: Liberty Press, 1994), 84–107; and John R. Lott Jr., "An Explanation for Public Provision of Schooling: The Importance of Indoctrination," *Journal of Law and Economics* 33 (1990): 199–231 を見よ。.
17) たとえば Diane Ravitch, *The Language Police: How Pressure Groups Restrict What Students Learn* (New York: Knopf, 2003) を見よ。
18) Ibid., 71.
19) Ibid., chs. 6–7.
20) Alberto Alesina and Nicola Fuchs-Schuendeln, "Goodbye Lenin (or Not?): The Effects of Communism on Peoples' Preferences," *American Economic Review* 97 (2007): 507–28 を見よ。
21) Jamie Terence Kelly, *Framing Democracy: A Behavioral Approach to Democratic Theory* (Princeton: Princeton University Press, 2012), 119–22 を見よ。
22) データが支持する可能な示唆について, Galston, "Political Knowledge, Political Engagement, and Civic Education," 225–32 を見よ。
23) 証拠の最近のレビューは Eric A. Hanushek, *Schoolhouses, Courthouses, and Statehouses: Solving the Funding-Achievement Puzzle in America's Public Schools* (Princeton, NJ: Princeton University Press, 2009) を見よ。
24) Terry Moe and John Chubb, *Liberating Learning: Technology, Politics, and the Future of American Education* (San Francisco: Jossey-Bass, 2009) を見よ。
25) David E. Campbell, "Making Democratic Education Work," in *Charters, Vouchers, and Public Education*, ed. Paul E. Peterson and David E. Campbell (Washington, DC: Brookings Institution, 2001), 254–55.
26) Friedman, *Capitalism and Freedom* [『資本主義と自由』], ch. 5.; Mill, *On Liberty*, 98–99 [『自由論』212 ページ］.
27) バウチャーに対する政治的障害のレビューは Terry M. Moe, *Schools, Vouchers and the American Public* (Washington, DC: Brookings Institution, 2001) を見よ。小規模な私立学校バウチャー・プログラム以上のものの実施を効果的に妨害している教員組合の役割についての議論は, Terry M. Moe, *Special Interest: Teachers Unions and America's Public Schools* (Washington, DC: Brookings Institution Press, 2011), 327–30 を見よ。
28) Bruce Ackerman and James S. Fishkin, *Deliberation Day* (New Haven: Yale University Press, 2004)［アッカマン／フィシュキン『熟議の日』（早稲田大学出版部, 2015 年）］. また James S. Fishkin, "Deliberative Democracy and Constitutions," *Social Philosophy and Policy* 28 (2011): 242–60, at 257–58 も見よ。
29) Ackerman and Fishkin, *Deliberation Day*, 9.

注（第7章）

30) Lawrence Jacobs, Fay Lomax Cook, and Michael X. Delli Carpini, *Talking Together: Public Deliberation and Political Participation in America* (Chicago: University of Chicago Press, 2009), 37.
31) 第4章の議論を見よ。
32) Diana Mutz, *Hearing the Other Side: Deliberative Versus Participatory Democracy* (New York: Cambridge University Press, 2006), 29–41.
33) Ackerman and Fishkin, *Deliberation Day*, ch. 3.
34) Ibid., 17.
35) Ibid.
36) たとえば，James S. Fishkin, *When the People Speak: Deliberative Democracy and Public Consultation* (New York: Oxford University Press, 2009)［フィシュキン『人々の声が響き合うとき』（早川書房，2011年）］; James S. Fishkin, *The Voice of the People* (New Haven: Yale University Press, 1997); James S. Fishkin, *Democracy and Deliberation: New Directions for Democratic Reform* (New Haven: Yale University Press, 1991); Robert Luskin, et al., "Considered Opinions: Deliberative Polling in the UK," *British Journal of Political Science* 32 (2002): 455–78 を見よ。
37) Ackerman and Fishkin, *Deliberation Day*, 226.
38) 「熟議の日」の提案への関連した批判は，Guido Pincione and Fernando Teson, *Rational Choice and Democratic Deliberation* (New York: Cambridge University Press, 2006), 95–97; and Arthur Lupia, "The Wrong Tack," *Legal Affairs*, January-February 2004, http://www.legalaffairs.org/issues/January-February-2004/feature_lupia_janfeb04.msp. を見よ。
39) 第4章を見よ。
40) Ackerman and Fishkin, *Deliberation Day*, 25–29. 候補者たちは，彼らが論ずる意図がある2つから4つの争点を〈熟議の日〉の一か月前に公表するように前もって依頼されるだろう。(ibid., 24).
41) Ibid. 24–37.
42) 他の何人かの議論は，Jacobs, et al., *Talking Together*, ch. 7 を見よ。また Robert Goodin, *Innovating Democracy: Democratic Theory and Practice After the Deliberative Turn* (New York: Oxford University Press, 2008) も見よ。
43) 熟議の構造の提案一般について適用されたこれらの問題をもっと詳しく議論するものとして，Ilya Somin, "Deliberative Democracy and Political Ignorance," *Critical Review* 22 (2010): 253–79, 268–69 を見よ。また Mark Pennington, "Democracy and the Deliberative Conceit," *Critical Review* 22 (2010): 159–85 も見よ。
44) Mill, *Considerations on Representative Government*［『代議制統治論』］.
45) Ibid., 142.
46) Pam Belluck, "States Face Decisions on Who Is Mentally Fit to Vote," *New York Times*, June 19, 2007 を見よ。
47) Solomon Skolnick, *The Great American Citizenship Quiz: Could You Pass Your Own Country's Citizenship Test?* (New York: Walker & Co., 2005) を見よ。
48) Ibid.
49) 序章の議論を見よ。
50) Bryan Caplan, *The Myth of the Rational Voter: Why Democracies Choose Bad Policies* (Princeton,

NJ: Princeton University Press, 2007), 197 [『選挙の経済学』198-200 ページ]. 知識に基づいて投票を制約することは正当化しうるという考えの最近の哲学的擁護は Jason Brennan, "The Right to a Competent Electorate," *Philosophical Quarterly* 61 (2011): 700-24 を見よ.
51) Alex Keyssar, *The Right to Vote* (New York: Basic Books, 2000), 111-16, 141-46 を見よ.
52) Caplan, *Myth of the Rational Voter*, 148-53, 198 [『選挙の経済学』279-291, 376 ページ].
53) 第4章の議論を見よ.
54) 重罪犯人を投票から排除することは公衆によって受け入れられているようだが, これは原則を証明する例外だ. 重罪犯人市民権剥奪法によって約400万人が投票を妨げられている. Keyssar, *Right to Vote*, 308. 重罪犯人の除外を公衆が受け入れているのは, おそらく彼らが道徳的に腐敗していて, 自分自身の行為によって投票権を放棄しているとみなされているからだろう. 単に無知な投票者であるというだけのことが同じような非難に値するかどうか, それについて民衆のコンセンサスはない.
55) Stephen Breyer, *Breaking the Vicious Circle: Toward Effective Risk Regulation* (Cambridge: Harvard University Press, 1993), ch. 3; Cass Sunstein, *Risk and Reason: Safety, Law and the Environment* (New York: Oxford University Press, 2002) を見よ.
56) 第6章の議論を見よ.
57) Breyer, *Breaking the Vicious Circle*, ch. 2; Sunstein, *Risk and Reason*, 25-52 を見よ.
58) 関連する文献のレビューは Dennis C. Mueller, *Public Choice III* (New York: Cambridge University Press, 2003), 347-53 を見よ.
59) Cass R. Sunstein and Timur Kuran, "Availability Cascades and Risk Regulation," *Stanford Law Review* 51 (1999): 683-768.
60) F. A. Hayek, "The Use of Knowledge in Society", *American Economic Review* 4 (1945): 519-30 [「社会における知識の利用」『ハイエク全集3 個人主義と経済秩序』(春秋社, 2008年)].
61) Eric Crampton, "Public Health and the New Paternalism," *Policy* (September 15, 2009), http://www.cis.org.au/publications/policy-magazine/article/2661-public-healthand-the-new-paternalism. を見よ. 大部分の喫煙者は実際には喫煙のリスクを**過大評価している**という証拠は, W. Kip Viscusi, *Smoking: Making the Risky Decision* (Cambridge: Oxford University Press, 1992) を見よ.
62) この種の議論は, たとえば Thomas E. Patterson, *The Vanishing Voter: Public Involvement in an Age of Uncertainty* (New York: Vintage, 2003), ch. 3; Thomas Patterson, *Out of Order* (New York: Vintage, 1994); Stephen J. Farnsworth and S. Robert Lichter, *The Nightly News Nightmare: Network Television's Coverage of U.S. Presidential Elections, 1988-2004*, 2nd ed. (New York: Rowman & Littlefield, 2007) を見よ. このような議論のサーヴェイと批判は Doris Graber, "The Media and Democracy: Beyond Myths and Stereotypes," *Annual Review of Political Science* 6 (2003): 139-60 を見よ.
63) たとえば Patterson, *Out of Order*; Farnsworth and Lichter, *Nightly News Nightmare* を見よ.
64) 第1章の議論を見よ.
65) たとえば Markus Prior, "News vs. Entertainment: How Increasing Media Choice Widens Gaps in Political Knowledge and Turnout," *American Journal of Political Science* 49 (2005): 577

注（第7章）

-92 を見よ。また John Hindman, *The Myth of Digital Democracy* (Princeton, NJ: Princeton University Press, 2008), 60-61 も見よ。

66) Markus Prior, *Post-Broadcast Democracy: How Media Choice Increases Inequality in Political Involvement and Polarizes Elections* (New York: Cambridge University Press, 2007), chs. 4 and 8; Prior, "News vs. Entertainment." を見よ。

67) Shanto Iyengar, et al., "Cross-National vs. Individual-Level Differences in Political Information: A Media Systems Perspective," *Journal of Elections, Public Opinion, and Parties* 20 (2010): 291-309 を見よ。

68) Ibid., 299 を見よ。この研究によれば，アメリカ人は国内の知識に関する質問の 78 パーセントに正しく答えた。それと比較すると，英国人は 75 パーセント，フィンランド人は 83 パーセント，デンマーク人は 85 パーセントだった。対照的に，アメリカ人は国際問題の 40 パーセントにしか正答せず，他の 3 国の正答率は 65 パーセントから 69 パーセントだった。

69) 本章の前の議論を見よ。

70) 本章の最初の節を見よ。

71) たとえば Kelly, *Framing Democracy*, 106-07 を見よ。

72) 第 3 章を見よ。

73) Prior, *Post-Broadcast Democracy*, chs. 4, 8; Prior, "News vs. Entertainment" を見よ。

74) 情報処理の改善を含む新しいテクノロジーの発展を通じて政治的知識を向上させる可能性についての楽観的見解は，John O. McGinnis, *Accelerating Democracy* (Princeton, NJ: Princeton University Press, 2013) を見よ。

75) これが McGinnis, *Accelerating Democracy* の他の点では説得力あるテクノロジー楽観主義に対する，私の主たる留保だ。彼が述べる進歩の可能性は大部分が情報の獲得・拡散のコストを下げるもので，情報の学習と分析に必要な時間と努力に関するものではない。その点では，それらの進歩は最近 50 年間の進歩と大部分共通で，それは他の有益な効果にもかかわらず，政治的知識の向上にはほとんど役立たなかった。

76) たとえば Michael Abramowicz, *Predictocracy: Market Mechanisms for Public and Private Decisionmaking* (New Haven: Yale University Press, 2008); McGinnis, *Accelerating Democracy*, ch. 4 を見よ。

77) Steve Schaeffer, "Intrade Closets to US Bettors, Bowing to Pressure from Regulators," *Forbes*, November 27, 2012, http://www.forbes.com/sites/steveschaefer/2012/11/27/cftc-takes-aim-at-intrade-files-suit-going-after-prediction-market. を見よ。

78) 第 5 章を見よ。

79) Arthur Lupia and Markus Prior, "Money, Time and Political Knowledge: Distinguishing Quick Recall and Political Learning Skills," *American Political Science Review* 52 (2008), 169-83.

80) Ibid., 174.

81) Ibid., 177. 金銭的報賞に反応して正答が増えたと報告する最近の研究は，2010 年 3 月に Western Political Science Association で発表された論文である John Bullock, Alan Gerber, and Gregory Huber, "Partisan Bias in Responses to Factual Questions" を見よ。

82) 本章の三つ目の節を見よ。

結 論

1) F. A. Hayek, *The Constitution of Liberty* (Chicago: University of Chicago Press, 1960), 115 – 16 [『ハイエク全集5　自由の条件Ⅰ』(春秋社，2011年) 164ページ].
2) 第4章における回顧的投票に関する議論を見よ．
3) 自由貿易は大部分の場合すぐれているが，ターゲットを狭く絞った保護主義は時には国民の福利を向上させうるという議論については，たとえば Paul Krugman, *Pop Internationalism* (Cambridge: MIT Press, 1996) [クルーグマン『良い経済学悪い経済学』(日経ビジネス人文庫，2000年)] を見よ．
4) Bryan Caplan, *The Myth of the Rational Voter: Why Democracies Choose Bad Policies* (Princeton, NJ: Princeton University Press, 2007), 36 – 39 [『選挙の経済学』144 – 145 ページ] を見よ．
5) Siegel-Gale survey, September 18, 2009, http://www.siegelgale.com/2009/09/18/new-poll-americans-still-confused-by-president-obama%E2%80%99s-health-care-plan/.
6) Wolf Linder, *Swiss Democracy* (New York: St. Martin's Press, 1994), ch. 2 を見よ．
7) 4か国はすべて人口一人当たりの GDP の上位30か国の中にはいっている．リヒテンシュタインとルクセンブルクがそれぞれ1位と3位である．Central Intelligence Agency, *The World Fact Book* (Washington, DC: Central Intelligence Agency, 2009), https://www.cia.gov/library/publications/the-world-factbook/rankorder/2004rank.html. を見よ．
8) 古典的な分析は，Robert Dahl and Edward Tufte, *Size and Democracy* (Stanford: Stanford University Press, 1973) [ダール／タフティ『規模とデモクラシー』(慶応通信，1979年)] である．
9) Caplan, *Myth of the Rational Voter*, ch. 4.
10) Jane Kelsey, *The New Zealand Experiment: A World Model for Structural Adjustment* (Auckland: Auckland University Press, 1995) を見よ．
11) James Gwartney and Robert Lawson, *Economic Freedom of the World: 2009 Annual Report* (Washington, DC: Cato Institute, 2009), 145.
12) David Henderson, "Canada's Budget Triumph," Mercatus Center working paper no. 10 – 52, George Mason University (2010) を見よ．
13) 2007年には，経済的自由指数において合衆国は 7.88 で，それに対してアイルランドは 8.03，スイスは 8.19，ニュージーランドは 8.30 だった．Gwartney and Lawson, *Economic Freedom of the World*, 112, 145, 172, 185. 公正のために言えば，アイルランドの支出も合衆国と同様，金融危機の結果大幅に増大した．
14) カナダの成績は 2007年には 7.85 で，合衆国の 7.88 と事実上変わりない．Gwartney and Lawson, *Economic Freedom of the World: 2009 Annual Report*, 73. 2009年には，カナダ (7.78) は合衆国 (7.58) をわずかに上回った．James Gwartney, Robert Lawson, and Joshua Hall, *Economic Freedom of the World: 2011 Annual Report* (Washington, DC: Cato Institute, 2011), 49, 161.
15) *Washington Post*-ABC News Poll, January 12 – 15, 2010, http://www.washingtonpost.com/wp-srv/politics/polls/postpoll_011610.html.
16) Ibid.

注（結論）

17) Frank Newport, "Americans More Likely to Say Government Doing Too Much," Gallup Politics, September 21, 2009, http://www.gallup.com/poll/123101/americans-likely-say-government-doing-too-much.aspx.
18) CNN exit poll, November 7, 2012, http://www.cnn.com/election/2012/results/race/president#exit-polls.
19) Pew Research Foundation, "Public Wants Changes in Entitlements, Not Changes in Benefits," July 7, 2011, http://www.people-press.org/2011/07/07/section-1-impressionsof-entitlement-programs.
20) たとえば Samuel DeCanio, "State Autonomy and American Political Development: How Mass Democracy Promoted State Power," *Studies in American Political Development* 19 (2005): 117-136 を見よ。
21) 第 2 章を見よ。
22) 第 2 章の議論と Ilya Somin, "Voter Ignorance and the Democratic Ideal," *Critical Review* 12 (1998): 413-58, at 438-42 を見よ。
23) 第 5 章を見よ。以前の文献の中でこの可能性を認めた珍しいものとして、Guido Pincione and Fernando Teson, *Rational Choice and Democratic Deliberation: A Theory of Discourse Failure* (New York: Cambridge University Press, 2006), 242-45 を見よ。
24) 知能指数の上昇に関するデータについては、Michael Flynn, *Are We Getting Smarter? Rising IQ in the Twenty-First Century* (New York: Cambridge University Press, 2012), 6 を見よ。
25) 第 1 章を見よ。
26) 序章の議論を見よ。

訳者あとがき

本書は Ilya Somin, *Democracy and Political Ignorance: Why Smaller Government Is Smarter*（Stanford University Press, 2013）の全訳であり，この訳書のための序文も加わっている。著者のソミンは1973年に旧ソヴィエト連邦に生まれ，5歳の時に家族とアメリカ合衆国に移住し，アマースト・カレッジ，ハーヴァード大学，イェール・ロースクールに学んだ。現在はヴァージニア州にあるジョージ・メイソン大学ロースクール教授で憲法などを教えている。著書としては本書のほかに

A Conspiracy against Obamacare: The Volokh Conspiracy and the Health Care Case (Palgrave, 2013)（共著）

The Grasping Hand: "Kelo v. City of New London" and the Limits of Eminent Domain (University of Chicago Press, 2015)
がある。彼はまた学術雑誌以外にもしばしば一般の新聞・雑誌に寄稿している。

私は2005年5月にスペインのグラナダで開かれた国際法哲学・社会哲学学会連合（略称IVR）の第22回世界会議で，初めてソミンに会った。私はその会議においてリバタリアニズムに関するワークショップを組織したのだが，ソミンはそこで「無知の政治学」という報告を行った。そして2007年8月にポーランドのクラコフで次のIVR第23回世界会議が開かれた時にも私はリバタリアニズムのワークショップを組織し，今度もソミンは「連邦制，政治的無知，足による投票」という報告を行った。この論文は本書第5章の基になったものだが，すでに森村進（編著）『リバタリアニズムの多面体』（勁草書房，2009年）の中に訳出した。私はその論文を大変面白いと感じたのだが，その後ソミンが出版した本書を読んで，日本でも広く読まれるべきだと思い，ここに訳書を刊行する運びとなったのである。

本書の題名になっている政治的無知 ── 政治に関する民衆の無知 ── は民主政治における重大な問題だが，本格的な研究の対象になることがあまり多くないようだ。邦訳されている『選挙の経済学』の著者であり本書でもしばしば言

i

及される経済学者ブライアン・キャプランによれば、「『民主主義と政治的無知』は、政治的無知に関する、最も説得力ある、考え深い、最新の書物である」(原書裏表紙の推薦文)。

本書の内容の要約は、「序論」最後の「本書の見取り図」という節(本文13－16ページ)がすでにしているのでここでは繰り返さないが、ともかく本書の第1章から第4章は現代のアメリカにおける政治的無知の広範さと、それがさまざまの民主主義理論にとって有する深刻な含意を述べ、第5章から第7章はその問題への解決策を比較検討している。著者は政治的無知の問題への簡単な解決策はないが、小さな政府と分権化と「足による投票」が政治的無知の悪影響を緩和すると主張する。

本書の特色は、有権者の無知の遍在を指摘して、民主主義をいくら徹底してもそれが民主主義原理主義者の考えるような問題解決に至らないことを指摘した前半部以上に——それだけならばすでにキャプランも前掲書で指摘している——、政治的無知の原因の除去よりも結果の改善に関心を集中し、「足による投票」や小さな政府や分権化(これらは相互に密接に関係する)、さらに司法審査がそのために役立つことを論じた後半部にあるだろう。

本書の第1章で詳しく紹介される今日のアメリカ人の政治的無知の程度はいささかショッキングなほどだが、これと同じような質問を日本の有権者に向けてもその結果は大差ないだろうということは、「日本語版への序文」で指摘されている。私もこの点で身につまされるところがあった。

従来の民主主義理論が政治的無知という問題を不当に軽視してきたということは、第2章が指摘する通りである(その軽視の原因は、論者のほとんどが政治への関心と知識を十二分に持っているために、一般市民の無知の程度を過小評価しがちだということにあるのかもしれない)。その章では「回顧的投票」「バーク的信託」「多数派の選好の代表」「熟議民主主義」という四つの民主主義理論が検討されているが、これらは必ずしも相互排除的な理論ではなく相互補完的に提唱されることもあるだろうし、これら以外にも民主主義を正当化しようとする理論はいくつもある。なお本書で重視されていない(ただし第2章注55を参照)が、民衆の政治参加を重視し、時には自己目的化するような共和主義が政治思想の領域では有力だが、この思想にとって政治的無知は一層致命的な難問になる。

訳者あとがき

　第3章と第7章で指摘されているように，今日の情報メディアとテクノロジーの急速な発展も，人々の政治的知識を大きく向上させることにはなってはいない。重大なのは政治的情報の供給が少ないことではなく，それに対する人々の需要が少ないことだからである。むしろその発展は，人々が自分の信念を強化させるような情報だけを受け取り，耳障りな情報を無視することを可能にするという弊害さえ持ちかねない。

　第5章の中では「足による投票」との関係で競争的連邦制度の長所が指摘されている。連邦制度はアメリカ合衆国と違って日本では実際的な論点ではないが，「地方自治の本旨」（憲法92条）を考えるにあたっては，分権化のそのような長所も考慮に入れるべきだろう。また日本では分権化と「小さな政府」が全く別の論点のように考えられがちだが，両者の間の関係を強調している点でもこの章は意義がある。

　以上にあげたほかにも，本書の議論がアメリカだけでなく日本の政治の現状の理解と評価に寄与するところは少なくない。たいていの人は公共精神にも合理性にも欠けているわけではないが，賢明な投票をするために必要な政治的知識が乏しく，またそれを持とうとする動機や意欲も持たない。――この指摘を無視して現代の民主政について論じても，それは空理空論にしかならないだろう。この訳書が民主政の問題点とそれへの対策を読者に考えてもらうことになり，さらにいくらかでも日本の政治の改善に役立つならば，訳者として本望である。

　訳語について一言。"democracy" は文脈に応じて「民主主義」「民主政」などと訳し分けたが，不統一なところもあるだろう。"voter" はたいてい「有権者」と訳したが，棄権者を含めずに実際に投票した人だけを意味している場合は「投票者」と訳した。邦訳のある文献は容易に入手できる場合は基本的にそれを尊重したが，いくらか変えた個所もある。

　邦訳文献の調査には永石尚也君を，索引の作成には太田寿明君（ともに一橋大学大学院生）を煩わせた。また本書刊行の過程全般で信山社の柴田尚到さんに大変お世話になった。この方々に深く感謝する次第である。

　　2015年師走

森　村　　進

索 引
（注からは重要なものに限る）

事項索引

あ 行

〈愛国者法〉 PTRIOT Act　30
足による投票　foot voting　iii-iv, 4, 14, 123-158
　アフリカ系アメリカ人による――　133-139, 151
　足による――対投票箱による投票　123-124, 127-131, 137-139, 199
　――と憲法の設計　153-156
　――と司法審査　15, 159, 169-172
　――と集団移住　132-133
　――と底辺への競争　150-151
　――と分権化　15, 123, 156
　――と民間で計画されたコミュニティ　142-144
　――と連邦制　123, 169-172
　――のコスト　148-150
　――の情報上の利点　123-133, 156-157
　民間セクターにおける――　123-124, 139-141
アフリカ系アメリカ人　African American
　――と公共政策　56-57, 133-139, 151-152
　――と連邦主義　151-154
　――に対する選挙権の制限　186
　――の足による投票　133-139, 153
アメリカ合衆国憲法　Constitution, U. S.　8, 19, 59, 146, 152, 154-156, 159-168
アメリカ建国の父　Founding Fathers of United States　8　「ジェファーソン」「マディソン」も参照
アメリカ全国選挙調査　American National Election Studies (ANES)　21, 31-36, 43, 46, 50, 97
アメリカ大統領選挙　primary elections　98
「アメリカとの契約」　Contract with America　161
意識下における情報処理過程　subconscious information process　111-114
イスラム　Islam　18, 27
イデオロギー　ideology
　投票者の――理解　20, 98
　――による教化　177-179
　――の多様性の効果　45-46
移民（の投票権）　immigrants, voting rights of　185-186
依頼人-代理人問題　principal-agent problems　101-102
インターネット（政治的な情報の源として）　internet, as source of political information　20, 68, 77-78, 190, 203
イントレード　intrade　192
インフレーション　95-96
陰謀理論　conspiracy theories　87-91
裏切り　deception
　投票者の――　87-91
エスノセントリズム　117-118　「反ユダヤ主義」「人種と人種主義」も参照
エリート　elite　7, 94
エンタテインメント　entertainment
　政治の代替としての――　190-191
　――の一形態として政治を描く　81-85, 103, 181
欧州連合（EU）　European Union　30, 149
オピニオンリーダー　opinion leaders　101-103

iv

事項索引

オンライン情報処理　online information processing　111-114

か　行

回顧的投票　retrospective voting
　情報ショートカットとしての──　103-109
　──という用語の用い方　2章注10
　──と合理的非合理性　104-109
　──の効果　104-108
　──のタイプ　104
　──のために必要とされる政治的知識のレベル　41-44
　──を反映した立法　163
カトリック学校　catholic schools　180
環境政策　environmental policy　150-151
　「公害」も参照
飢饉　famine　107, 196, 4章注73
技術（政治的知識を増強する手段としての）technology, as tool for increasing political knowledge　179-180, 191-192, 203
北大西洋条約機構（NATO）North Atlantic Treaty Organization　19
教育　education
　私立──　180
　──における教化の危険　177-179
　──に対する改革の見込み　177
　──の失敗　20-21, 64, 79, 85-86, 174-181
　──バウチャー制度　180
　──を通した政治的知識　174-181
共産主義　communism　178
行政単位間の競争　interjurisdictional competition　131-132, 136　「足による投票」も参照
行政府　executive branch　145
競争　competition　「底辺への競争」も参照
　行政単位間の──　131-132, 136
　破壊的──　150-151
共有地の悲劇　tragedy of the commons　111
　「集合行為問題」も参照
共和党　Republican Party
　1994年選挙における──　19
　2010年選挙における──　21, 23-25
　──と「アメリカとの契約」　161

　──による下院／上院の支配　1, 18, 21, 25
　──の争点上の立場　50
金銭的インセンティヴ　financial incentive　182, 193-194
金融危機（2008年）　financial crisis of 2008　21, 23, 25-28, 88-89
9月11日の攻撃　September 11 attacks　30-31, 87-89
　──に関する陰謀論　87-89
経済　economy　「金融危機」「保護主義」も参照
　選挙の争点としての──　23, 43-44, 48
　──と限定的分権化　200
　──に関する合理性と非合理性　139-141
　──に関する投票行動　60, 104
　──の知識　95
　分離された南部の──　138
　──を理由とする反外国バイアス　96, 197
経済刺激税　economic stimulus tax　23, 46
ケイトー研究所とフレイザー研究所の「経済的自由指数」　Cato Institute-Fraser Institute economic liberties index　200
決定作成　decision making　「合理的無知」「合理的非合理性」も参照
　集合的──　114-122
　──と足による投票　125-126
　──と手続主義者　54-55
権威主義　authoritarianism　12, 196　「独裁制」「全体主義」も参照
権限移譲に関する司法判決　power-transferring judicial decisions　169
健康保険　health insurance　27
憲法の設計　constitutional design　154-156
公害（公共財の問題における）pollution, as public goods problem　6, 66-67
抗議　blame　96　「説明責任」も参照
公共財の問題　public goods problems　6, 66
　「集合行為問題」も参照
公共財理論　public goods theory　197「集合行為問題」も参照
向社会的投票　sociotropic voting　59, 104, 117, 186,「福祉」も参照
候補者　candidates「政治的指導者」も参照

v

索　引

公民教育　civil education　　178-181　「教育」も参照
公務員　officials　「政治的指導者」を参照
合理的非合理性　rational irrationality
　　——と裏切りと誤解への疑い　87-91
　　——とオンライン情報処理　113-114
　　——と回顧的投票　108-109
　　——と教育における教化　178
　　——と合理的無知　14, 87, 90
　　——と個人的体験　96
　　——と政治的指導者　102-103
　　——と政党　99-100
　　情報の獲得と利用における——　80-84, 94, 96, 115
　　——の定義　14, 82
合理的無知　rational ignorance　4, 14, 64-92
　　教育による——の緩和の失敗　175-177
　　説明された——　65-66
　　——と裏切りと誤解への疑い　87-91
　　——と個人的体験　96
　　——と集合行為問題　5, 66-67, 76
　　——と情報の獲得と利用　80-84
　　——と政治的指導者　101-103
　　——と政治的でないタイプの——　79-80, 139-141
　　——と政治における利益　84-87
　　——と世論形成　73-75
　　——と利他性（主義）　67-68
　　——と投票のパラドックス　68-73
　　——の起源　2章注6
　　——のファクターとしての合理的非合理性　13, 87, 91
声（退出と対比された意味での）　voice, contrasted with exit　5-4　「足による投票」も参照
国際的移民　international migration　157　「足による投票」も参照
黒人　blacks　「アフリカ系アメリカ人」を参照
国内支出　domestic spending　18　「メディケア」「社会保障」も見よ
誤情報　misinformation　87-91
個人的体験（政治的知識を引き出す所在としての）　private experience, drawing political knowledge from　96

国旗の焼却　flag burning（最高裁判所の判決）164
コンドルセの陪審定理　Condorcer Jury Theorem　120-122

さ　行

最高裁判所（合衆国）　Supreme Court, U. S.　「司法審査」も参照
　　専門家パネルとしての——　187
　　——と国旗の焼却　162-163
　　——と選挙広告　24
　　——と中絶　19
　　——のイデオロギー傾向　24
　　——の構成とイデオロギー　24
財政赤字　budget deficit　「連邦の財政赤字」を見よ
C-Span　ケーブルネットワーク　C-Span cable network　190
自己利益（投票者の）　self-interest, of voters　58-60, 117
市場　markets　「民間セクター」も参照
　　——と足による投票　139-143
　　——と情報獲得におけるインセンティヴ　139-143, 199-201
児童労働　child labor　150
司法審査　jucical review　159-173
司法の抑制　judical absentation　165
司法ミニマリズム　judical minimalism　165-166
　　——と足による投票　15, 159, 169-173
　　——と制限された政府　15, 169-173
　　——と政治的無知　15, 159-173
　　——と専門家の支配　187-188
　　——と反多数主義の難問　159-173
　　——と連邦制　169-173
市民的義務　civil duties　76-78
ジム・クロウ時代の政策　Jim Crow policies　56-57, 133-139, 178, 186
社会保障　social security　110, 201
集計の奇跡　miracle of aggregation　114-122, 4章注3
　　——と多く情報を持った少数派　118
　　——とコンドルセの定理　120-122
　　——と多様性　118-120

事項索引

――とランダムでない誤りの分布　114-117
集合行為問題　collective action problem　5-6, 66-67, 76, 125-126, 129
集合理論（民主政の）　aggregative theory of democracy　52
州政府と地方政府　state and lacal government　「連邦制」も参照
　境界に縛られない地方政府　143
　――という文脈における政党への加入　99
　――と行政単位間の競争　131-132, 136
　――と少数者集団　153-154
　――にかんする知識　126-127
　――に対する一致／介入　129
　――に対する集権化へのインセンティヴ　155
　――に適合した情報の獲得と活用　129-132
『十二人の怒れる男』（映画）Twelve Angry Men　118-119
重犯罪人（の選挙への制限）felons, restrictions on voting by　7章注54
自由貿易　free trade　61, 197 「保護主義」も参照
熟議民主主義（政）deliberative democracy　13, 16, 51-54, 202-203
熟議　deliberation　「熟議民主主義」「熟議調査」「陪審団の熟議」を参照
熟議調査　deliberative polling　182
「熟議の日」Deliberation Day　181-185
「出生者主義」"Birtherism"　87-91
少数派　minority
　――と熟議民主主義　52
　――と知識　10-11, 55-58
情報ショートカット　information shortcut　14, 92-122
　――源としての意識下の知識　111-114
　――源としてのオピニオンリーダー　101-103
　――源としてのオンライン情報処理　111-114
　――源としての回顧的投票　103-109
　――源としての集合　114-122, 4章注3

　――源としての政党　97-101
　――源としての争点の公衆　109-111
　――源としての日常生活　94-96
　――の効果　9, 40, 93-94, 122
　――を選択する理由　94
情報の獲得と利用　information acquisition and use
　逆境における――　135-139
　個人的体験からの――　96
　――と足による投票　125-131, 157
　――と合理的非合理性　80-81, 113
　――の評価におけるバイアス　81-83, 90-91, 101-102, 113, 129-131, 181
進化（論）evolution ――に関する公衆の無知　79-80
人種と人種主義　race and racism
　教育における――　178
　――と足による投票　133-139
　――と投票者の行動　115
　――と連邦制　151-154
　――に関する世論と政策　56-57, 133-137, 178, 186
　――のファクターとしての無知　11, 137-138
人頭税　poll tax　70
真理の追求（情報獲得の動機として）truth-seeking, as motive for acquiring information　84 「合理的非合理性」も参照
スポーツファン　sports fans　81 「『政治ファン』」も参照
政策と争点　policies and issues
　――と回顧的投票　41-44, 103-109
　――と専門家支配　187-189
　――と悪い価値　55-58
　――に関する投票者の知識　6, 9, 15, 19, 42-44, 61-62, 103-106, 114-115, 161-162, 164-165, 170-172, 198
　――の政治的無知への含意　198-202
　――のメディアの報道　189-192
　――への選好　47-51, 114-115
政策表明の民主政理論　policy representation theory of democracy　47-51
政治参加（の理論）political participation, theories of

vii

索引

　　——と回顧的投票　41-44
　　——と熟議民主主義　51-54
　　——と政治代表　47-51
　　——とバーク的信託　44-46
政治的運動家　political activists　101-102
政治的エリート　political elites　7, 93
　　オピニオンリーダーとしての——　101-103
政治的指導者　political leaders
　　——と回顧的投票　41-44
　　——と世論　90-91, 100
　　——とバーク的信託　44-46
　　——に対する有権者の認識　17-19, 24-28, 46
　　——の権威と責任　2-3, 19, 44-45, 105-106, 108
　　——の説明責任　2-3
　　——の徳性　46
　　——のパフォーマンス　41-44, 103-108
政治的知識　political knowledge　「政治的無知」「政治的知識のレベル」も参照
　　個人的——対集合的——　40, 114-122
　　潜在的に危険なものとしての——　40, 55-62
　　——と「熟慮の日」　181-185
　　——と足による投票　123-133
　　——と回顧的投票　41-44
　　——と自己利益　58-60
　　——と集計の奇跡　115
　　——と熟議民主主義　51-54
　　——と情報の獲得と利用　80-84
　　——と政府の規模　144-148, 166-168, 197
　　——と道徳　10
　　——とバーク的信託　44-46
　　——とメディアの報道　189-192
　　——の定義　9-12
　　——に依存する説明責任　2-3
　　——に影響される政策　114-115
　　——における教育の役割　175-181
　　——に対する障害　15-16
　　——に対する障害としての合理的無知　179, 192, 194, 197, 199
　　——に基づく選挙権の制限　185-187
　　——の増強の失敗　20

　　——の増強のための金銭的インセンティヴ　182, 192-194
政治的知識のレベル　political knowledge levels　39-63
　　19世紀における——　146-147
　　過剰な——　55-63
　　——とバーク的信託　44-46
　　——と熟議民主主義　51-54
　　——と回顧的投票　41-44
　　——の評価　33-37
　　無意識化の——　111-114
　　——を獲得する動機　54, 66-67, 70-72, 80-82, 182, 192-194
政治的無知　political ignorance
　　2004年の——　28-31, 48, 98
　　2008年の——　25-28, 48
　　2010年の——　21-25, 48
　　2012年の——　18, 21
　　エリートの——　7
　　合理的行動としての——　3-4, 5, 13, 64-92
　　相殺するタイプの——　61-63
　　それ自身の軽減への障害としての——　179, 192, 197, 199
　　——と裏切りと誤情報への疑い　87-91
　　——と司法審査　15, 157-167
　　——と政府の規模　144-148, 166-168, 197
　　——とパターナリズム　4-7
　　——と反多数主義の難問　159-166
　　——に関するANESのデータ　31-36
　　——に起因する害　4-7, 186
　　——に対する解法　4, 14-15, 20, 174-195
　　——に対する非政治的無知　79-80
　　——の証拠　1-2, 9, 12-13, 17-38
　　——の政策への含意　198-201
　　——の民主政への含意　202-203
　　——と道徳　10
　　有益な——　40
　　——をめぐる歴史上の議論　7-9, 序論注25
「政治ファン」"political fans"　81-82
政党と党派心　political parties and partisanship
　　——合理的非合理性　99-100

viii

事項索引

――と政治的知識　115
――における二者択一の誤謬　100-101
――の州/地域レベル　99
制度設計　institutional design　14, 154-156
政府　government　「分権化」「連邦制」「制限された政府」も参照
　――の規模と世論　200-201
　――の構造と操作　19
政府の制限　limitation of government　「分権化」も参照
　――と司法審査　15, 166-168,
　――と民間セクターの役割　139-141
　――に対する世論　200-201
　――により強化される足による投票　15
　――の情報上の利点　15, 124, 144-148, 166-168
　――を阻害する要因　154-156, 199
税率　tax rates　18
責任　responsibility
　政策結果に対する――の賦課　20, 105, 112
説明責任　accountability（政府の役人における）　2-3
選挙　voting
　1992年の――　95, 98
　1996年の――　98
　2000年の――　97
　2004年の――　28-31, 48, 98
　2008年の――　25-28, 48
　2010年の――　21-25, 43, 48
　2012年の――　18, 21, 200-201
全国黒人地位向上協会（NAACP）　National Association for the Advancement of Colored People　135
全体主義　totalitarianism　8, 12　「独裁制」も参照
専門家（政治的無知に対する解法としての）experts, as solution to political ignorance　187-189
争点の公衆　issue publics　109-111

た　行

第一修正　First Amendment　19, 164
退出（声との対比における）　exit, contrasted with voice　5章注4　「足による投票」も参照
大統領就任演説　inaugural addresses of presidents　147
代表　representation
　――と政策理論　47-51
　――とバーク的信託　44-46、2章注26
　――と反多数決主義の難問　159-166
　――の司法審査による強化　166-169
　――の理論　39-55
大量殺人（独裁制における）　mass murder, under dictatorship　9, 107, 196
多数派の支配と多数主義　majority and majoritarianism　5　「反多数主義の難問」「民主政」も参照
　――と集計の奇跡　114
　――の強化　166-169
　――の代表　47-51
　――への警告　8-9
　――を反映した立法　159-163
多様性　diversity　「集合の奇跡」も見よ
　――がある集合的知識　118-120
小さな政府　small government　「分権化」「政府の制限」を参照
知性　intelligence　64, 176
知能指数　IQ　「知性」を参照
地方政府　local government　「州政府と地方政府」を参照
中絶　abortion　31
　――に関する価値と事実　11
　――の合法化以前　序論注42
　――の合法性　19
　部分的出生の――　30
調査　surveys
　――における質問の滞欧　25, 34-36
　――の戦略としての推測　25, 34
底辺への競争　races to the bottom　150-151
　「連邦制」「行政単位間の競争」も参照
手続主義的な民主政理論　proceduralist theories of democracy　54-55
テレビ　television　20, 203　「政治に関するメディア報道」も参照
テレビ番組における公共の奉仕　public service television programming　190-191

ix

索　引

〈テロに対する戦争〉　War on Terror　3, 18, 27, 30, 48
同性愛　homosexuality　10, 58, 153, 序論注38, 2章注91
道徳的相対主義　12, 57
投票　voting　「民主政」「足による投票」「投票者の行動」も参照
　　足による――対投票箱による――　123-124, 127-131, 137-139, 199
　　回顧的――　59, 104, 117, 186
　　――が他の――に与える影響　3, 5, 76-78, 186
　　向社会的――　59, 104, 117, 186
投票者の行動　voter behavior　「投票のパラドックス」「政治的知識」「合理的無知」「合理的非合理性」も参照
　　自己利益に基づく――　58-60, 117
　　――と義務　76-77, 144
　　――と金銭的インセンティヴ　182, 191
　　――における動機　68-73, 75-78
　　――における浮動層有権者　99
　　――の心理学　80-85, 89, 91
　　単一の――のインパクト　66, 69-70, 72, 76, 81, 3章注33
　　――と政治的無知　37, 70-72, 85
　　――に関する誤解　37
　　――に対する規制　185-187, 202, 7章注54
　　――の効用　69-73　「――の表出効用」も参照
　　――のパラドックス　68-73
　　――の表出効用　76-77
投票のパラドックス　paradox of voting　68-73, 76
投票率　electoral turnout　198
投票権／市民権（の制限）　franchise, restriction of　185-187, 202, 7章54
独裁制　dictatorship　9, 107　「全体主義」も参照
奴隷制　slavery　152-153, 171
奴隷逃亡法　Fugitive Slave Acts　152, 171, 5章注34

な　行

ナチス・ドイツ　Nazi Germany　9, 57-58
南部アメリカ　South America
　　――における人種差別　56-57, 133-139, 178, 186
日常生活　daily life
　　情報ショートカットとして――から得られる情報　94-96
日系アメリカ人　Japanese Americans　153
ニューディール　New Deal　161-162

は　行

バーク的信託　Burkean trusteeship　44-46, 2章注26　「政治参加（の理論）」も参照
バイアス（先行する見解に好ましい）　bias, in favor of preexisting views　80-83, 89, 103, 113, 129-130, 181　「合理的非合理性」も参照
陪審団の義務　jury duty　194
陪審団の熟議　jury deliberations　119
反外国バイアス　anti-foreign bias　96, 197
犯罪率　crime rate　43
反多数決主義の困難　countermajoritarian difficulty　159-173　「司法審査」も参照
反ユダヤ主義　anti-Semitism　12, 57, 58
非政治的無知　79-80, 139-141
非投票者（棄権者）　nonvoters　1章，結論を参照
表出効用　expressive utility　76-77
費用便益分析　cost-benefit analysis　70
ピルグリム・ファーザーズ　Pilgrims　132
ファンの行動　fan behavior　81-82
福祉　welfare　「向社会的投票」も参照
　　――改革　43
　　個人的――か集団的――か　41-42, 67, 69, 71-72, 77, 95, 117, 176
不注意の無知　inadvertent ignorance　78-79,「合理的無知」も参照
浮動層有権者　swing voters　99, 116-117, 132
不良債権救済プログラム（TARP）　Troubled Assets Relief Program　23, 27-28, 105
分権化（政府の）　decentralization of govern-

x

ment 「連邦主義」「統治の制限」も参照
　── と足による投票　15, 123-124, 156
　── と司法審査　15, 159, 171-172
　── に反対する要因　154-156, 158, 199
　── の移植可能性　200
　── の利点と利益　199
ヘルスケア　health care　1, 21, 25, 161, 170, 198
防衛費　defense spending　23, 28
防災費　disaster spending　107
法律　legislation
　多数派の意思の反映としての──　6-7, 159-165
　── と回顧的投票　163
　── の司法審査　159-173
北米自由貿易協定（NAFTA）North American Free Trade Agreement　61
保護主義　protectionism　10, 61, 197
保有効果　endowment effect　139

ま 行

未確認飛行物体　UFO　80
民間で計画されたコミュニティ　private planned community　142-144
民主政　democracy
　限定された──　2
　── における知識の受容　39-54
　── についての悲観論　196-197
　── の将来　203
　── の制限　8, 9, 11, 12, 203
　── の利点と利益　9, 12, 107, 196, 203
民主政理論　democtratic theory
　総計的──　52
　── と回顧的投票　41-44
　── と手続主義者　54-55
　── における政策表明と議題選好　47-51
　── に対する知識の受容　39-54
　── にとっての政治的無知の含意　202-203
　── の種類　39
民主党　Democratic Party
　── による下院／上院の支配　25
　── の争点上の立場　50
ムスリム　Muslims　i

シーア派──　18, 27
スンニ派──　18, 27
無知　ignorance「合理的無知」「情報の獲得と利用」「政治的無知」「不注意の無知」を参照
メディアの政治報道　media coverage of politics　91
　政治的知識を増強する手段としての──　189-192
メディケア　medicare　2, 23, 30, 141, 164, 201
メディケア処方薬ベネフィット　medicare prescription drug benefit　2, 30, 48, 104, 140-141
メノナイト　Mennonites　132
モーゲージ（住宅抵当貸付債権）不履行危機　Mortgage default crisis　25, 28
モルモン教徒　Mormons　132, 153

や 行

ユダヤ人　Jews　57-58, 87-89「反ユダヤ主義」も参照
予言市場　prediction markets　192-193
予測的投票　prospective voting　43, 103
読み書きテスト（選挙のための）　literacy tests, for voting　186
世論　public opinion
　政治的知識への金銭的インセンティヴに対する──　194
　政府に対する──　200-201
　── のインパクト　7, 100, 163

ら 行

リーダーシップ　leadership　46
利益集団　interest groups　58-59, 99, 131, 155, 178-179, 185
利他性（利他主義）altruism　60, 67, 92, 176, 3章注 15, 17
リバタリアニズム　libertarianism　197
リンカーン・ダグラス論争　Lincoln-Douglas debates　146-147
冷戦　Cold War　19
レント・シーキング　rent-seeking　58-59, 188

xi

索 引

連邦準備制度理事会　Federal Reserve Board
　28, 106, 187
連邦制 federalism　「分権化」も参照
　「一番下までの──」　143
　──と足による投票　123, 169-173
　──と権限委譲　143-144
　──と合理的非合理性　156
　──と合理的無知　125, 138
　──と司法審査　169-173
　──と少数者の権利　124, 151-154, 157
　──と底辺への競争　150-151
　──の情報に関しての短所　128-129
　──の情報に関しての長所　124, 128-
　　129, 139, 156-157
連邦の支出　federal spending　23, 43, 144, 166,「防衛費」も参照
連邦予算の赤字 federal budget deficit　18, 21, 31, 43
ログローリング　60

わ 行

悪い価値　bad values　55-58
　投票行動の決定要因としての──　10-11
　──に関連する知識　10-11, 55-58

人名索引

あ 行

アカロフ　Akerlof, George　82
アッカマン　Ackerman, Bruce　174, 181-184
アリストテレス　Aristotle　8
アルトハウス　Althaus, Scott　115
イエンガー　Iyengar, Shanto　110
イリィ　Ely, John Hart　107
ヴァーミュール　Vermeule, Adrian　169
ヴァン・ビューレン　Van Buren, Martin　97
ウォレス　Wallace, Geroge　56-57
エイケン　Achen, Christopher　106
エストランド　Estlund, David　2章注66
エプステイン　Epstein, Richard　167
オバマ　Obama, Barack　1, 18, 23-25, 27, 48, 61, 65, 87-89, 105, 170, 198
オルソン　Olson, Mancur　110

か 行

カチャル　Katyal, Neal　159
ガットマン　Gutman, Amy　51, 53
カラブレージ　Calabresi, Stephen　172
キャプラン　Caplan, Bryan　14, 82, 186, 199-200
キャメロン　Cameron, David　24-25
キャンベル　Campbell, Angus　47
ギングリッチ　Gingrich, Newt　19
クラン　Kuran, Timur　188
クリントン，ビル　Clinton, Bill　33, 35, 43, 45, 161
クリントン，ヒラリー　Clinton, Hillary　25, 27, 88
ケイガン　Kagan, Elena　24
ケネディ　Kennedy, John F.　88
ケリー，ジェイミー・テレンス　Kelly, Jamie Terence　2章注5
ケリー，ジョン　Kerry, John　97
ゲルマン　Gelman, Milton　72-73
ゴア　Gore, Al　33, 35, 50, 97
コーエン　Cohen, Joshua　52
ゴルバチョフ　Gorbachev, Mikhail　19

さ 行

ザイラー　Zeiler, Kathryn　139
サルコジ　Sarkozy, Nicolas　149
サンスティーン　Sunstein, Cass　187-188
ジェファーソン　Jefferson, Thomas　174-175

人名索引

ジャクソン　Jackson, Robert　162
シャピロ　Shapiro, Ian　11, 12, 序論注73
シュンペーター　Schumpeter, Joseph　39, 41, 2章注10
スカリア　Scalia, Antonin　162
スターリン　Stalin, Joseph　4章注73

た　行

ダウンズ　Downs, Anthony　17, 20, 3章注6
ダグラス，スティーヴン　Douglas, Stephen　146-147
ダグラス，フレデリック　Douglass, Frederick　135-136
チェニー　Cheney, Dick　33
ティボー　Tiebout, Charles　123
テイラー　Taylor, Stuart　90-91
ドゥオーキン　Dworkin, Ronald　51, 2章注63
トゥキュディデス　Thucydides　序論注25
ドナヒュー　Donahue, Phil　103
トムソン　Thompson, Dennis　51, 53

は　行

パー　Paar, Jack　123, 129
バーク　Burke, Edmund　44, 45
ハーシュマン　Hirschman, Albert　5章注4
ハーディン　Hardin, Russel　69
バーテルズ　Bartels, Larry　106
バーナンキ　Bernanke, Ben　28
バーバー　Barber, Benjamin　9
パーフィット　Parfit, Derek　3章注15-16
ハイエク　Hayek, F. A.　140, 189, 196
ハイト　Haidt, Jonathan　83-84
バスティア　Bastiat, Frederic　105
ハバーマス　Habermas, Jürgen　52-53
ビッケル　Bickel, Alexander　159, 165, 6章注4
ピトキン　Pitkin, Hannah　2章注26
ヒトラー　Hitler, Adolf　9
フィオリーナ　Fiorina, Morris　41, 2章13
フィシュキン　Fishkin, James　174, 181-184
フェアジョン　Ferejohn, John　17
フォンダ　Fonda, Henry　119
フォード　Ford, Harrison　84-85
プシェヴォルスキー　Przeworski, Adam　126
フセイン　Hussein, Saddam　30-31
ブッシュ（父）　Bush, George H. W.　95
ブッシュ（子）　Bush, George W.　2, 23, 29, 35, 50, 87-89, 97, 104-105, 140
プライア　Prior, Markus　193
ブライアー　Breyer, Stephen　187
プラトン　Plato　8-9
フリードマン，バリー　Friedman, Barry　162
フリードマン，ミルトン　Friedman, Milton　175, 180
ブレア　Blair, Tony　64-65
フレイ　Frey, Bruno　143
ブレナン　Brennan, Jason　序論注11, 7章注50
ブロック　Bullock, John　36
プロット　Plott, Charles　139
ペイジ　Page, Scott　118
ペイヤク　Payack, Paul J.J.　147
ペイリン　Palin, Sarah　17
ベーナー　Boehner, John　25, 46
ベネット　Bennett, Stephen　34
ペロシ　Pelosi, Nancy　25
ボーク　Bork, Robert　5, 160, 6章注9
ポールソン　Paulson, Henry "Hank"　28
ホング　Hong, Lu　118

ま　行

マーガリット　Margalit, Yoram　87
マクカビンズ　McCubbins, Matthew　103
マクギニス　McGinnis, John O.　7章注75
マクファデン　McFadden, Daniel　141
マケイン　McCain, John　25, 88
マッキー　Mackie, Gerry　3章注9, 18
マディソン　Madison, James　1
マルクス　Marx, Karl　19
マルホータ　Malhorta, Neil　87
ミル　Mill, John Stuart　5, 8, 21, 84, 175, 177, 180
メンケン　Mencken, H. L.　5
毛沢東　Mao Zedong　4章注73

xiii

ら行

ライアン　Ryan, Paul　17
ライカー　Riker, William　151
ラスキン　Luskin, Robert　36
ランドモア　Landemore, Helene　118, 120, 5章注121, 131, 136
リード　Reid, Harry　24-25, 46
リーバーマン　Lieberman, Joseph　35
リップマン　Lippman, Walter　93

リム　Lim, Elvin　147
リンカーン　Lincoln, Abraham　2, 146, 147
リンボー　Limbaugh, Rush　103
ルピア　Lupia, Arthur　103, 193
レヴェス　Revesz, Rochard　150
レーニン　Lenin, Vladimir　8
ロールズ　Rawls, John　51-52, 2章注64
ロット　Lott, Trent　2章注31, 46
ロバーツ　Roberts, John　24

裁判事件索引

Bush v. Gore (2000)　169
Citizens United v. Federal Election Commission (2010)　24
Gonzales v. Raich (2005)　169

Hammer v. Dagenhart (1918)　151
Kelo v. City of New London (2005)　48
NFIB v. Sebelius (2012)　170
Roe v. Wade (1975)　19

国名・地域索引
（頻出するアメリカ合衆国は除く）

アイルランド　200
アフガニスタン　21, 24-25, 79
アテナイ　7, 8, 序論注24, 25
イギリス（ブリテン，英国）　24, 64, 149, 7章注68
イタリア　i
イラク　18, 24, 27-28, 79
イラン　27
カナダ　130, 132, 200
ケベック　130
スイス　149, 199-200
スウェーデン　ii, v

ソヴィエト連邦　19, 4章注73
中国　4章注73
デンマーク　199, 7章注68
ドイツ　v, 8-10, 57-58, 149, 178
日本　i-v
ニュージーランド　107, 200
東ドイツ　178
フィンランド　7章注68
フランス　149
ユタ州　132, 153
リヒテンシュタイン　199
ルクセンブルク　199

〈著者紹介〉

イリヤ・ソミン（Ilya Somin）

1973年　旧ソ連・サンクト・ペテルブルク生まれ
2001年　イェール大学ロースクール修了
現　在　ジョージ・メイソン大学ロースクール教授
専　攻　憲法，財産法，政治参加論

〔主要著作〕

A Conspiracy Against Obamacare: The Volokh Conspiracy and the Health Care Case (Palgrave Macmillan, 2013) (coauthored with Jonathan Adler, Randy Barnett, David Bernstein, Orin Kerr, and David Kopel), *The Grasping Hand: Kelo v. City of New London and the Limits of Eminent Domain* (University of Chicago Press, 2015).

〈訳者紹介〉

森村　進（もりむら・すすむ）

1955年　東京生まれ
1978年　東京大学法学部卒業
現　在　一橋大学大学院法学研究科教授
専　攻　法哲学，リバタリアニズム

〔主要著作〕

『ギリシア人の刑罰観』（木鐸社，1988年），『権利と人格』（創文社，1989年），『財産権の理論』（弘文堂，1995年），『ロック所有論の再生』（有斐閣，1997年），『リバタリアンはこう考える』（信山社，2013年），『法哲学講義』（筑摩書房，2015年），デレク・パーフィット『理由と人格』（勁草書房，1998年），マリー・ロスバード『自由の倫理学』（勁草書房，2003年）他多数。

民主主義と政治的無知 ── 小さな政府の方が賢い理由

2016年（平成28年）2月22日　初版第1刷発行

著　者　イリヤ・ソミン
訳　者　森　村　　　進
発行者　今　井　　　貴
　　　　渡　辺　左　近
発行所　信山社出版株式会社
〒113-0033　東京都文京区本郷6-2-9-102
電話　03-3818-1019
FAX　03-3818-0344

Printed in Japan

©森村進，2016．

印刷・製本／亜細亜印刷・渋谷文泉閣

ISBN 978-4-7972-2758-1　C3332

森村　進 著
リバタリアンはこう考える　　　　　　　10,000 円

井上達夫 責任編集
法と哲学　創刊第 1 号　　　　　　　　　2,800 円

井上達夫 編
現代法哲学講義　　　　　　　　　　　　3,200 円

長谷川晃・角田猛之 編
ブリッジブック法哲学〔第 2 版〕　　　　2,300 円

(本体価格)

────────── 信 山 社 ──────────